路基结构有限元电算技术

蒋 鑫　邱延峻◎著

西南交通大学出版社
·成 都·

内容简介

本书聚焦于路基结构，尝试构建起路基结构有限元电算技术相对完整的框架体系，较为系统、深入地阐述路基结构有限元电算实施中的诸多关键之处、难点问题。

全书介绍了 PLAST、slope64、AFENA 等弹塑性有限元电算程序的应用技术，讨论了路基结构有限元电算实施前处理、计算求解和后处理中的若干核心细节，阐述了 PLAXIS 3D、Phase2 等现代代表性有限元电算软件在路基结构分析中的应用技巧，开展了基于 PLAXIS 软件的软土地基路堤领域两个实例分析，辨析了路基结构有限元电算实施中的其它相关问题。

本书系笔者 20 余载以来在道路工程精细化数值模拟领域学习与探索的一些思考，可供从事路基结构电算分析、计算岩土力学软件开发相关人员参考，亦可作为高等院校道路与铁道工程、土木水利、交通运输等专业研究生教材。

图书在版编目（CIP）数据

路基结构有限元电算技术 / 蒋鑫，邱延峻著.

成都：西南交通大学出版社，2024.8. -- ISBN 978-7

-5774-0030-3

Ⅰ．U416.1

中国国家版本馆 CIP 数据核字第 202460H770 号

Luji Jiegou Youxianyuan Diansuan Jishu

路基结构有限元电算技术

蒋　鑫　　邱延峻 / 著

策划编辑 / 韩　林　李芳芳

责任编辑 / 杨　勇

助理编辑 / 陈发明

封面设计 / GT 工作室

西南交通大学出版社出版发行

（四川省成都市金牛区二环路北一段 111 号西南交通大学创新大厦 21 楼　610031）

营销部电话：028-87600564　　028-87600533

网址：http://www.xnjdcbs.com

印刷：四川煤田地质制图印务有限责任公司

成品尺寸　185 mm×260 mm

印张　21.75　　字数　434 千

版次　2024 年 8 月第 1 版　　印次　2024 年 8 月第 1 次

书号　ISBN 978-7-5774-0030-3

定价　49.00 元

课件咨询电话：028-81435775

前　言

　　路基是路面、道面、轨道等的基础，路基工程在交通基础设施建设中的占比巨大，对保证道路、机场、铁路的顺利建成、安全运营至关重要。路基结构分析就是分析路基结构在荷载（含路基自重、交通荷载等）、环境作用下的应力、应变、位移等力学响应，包括沉降变形、稳定性、土压力、渗流与固结、承载力、温度场等。而结构分析是否正确、高效将直接影响后续设计、施工的成败，并有助于相关人员理解其工作机理。路基结构种类繁多、构造复杂，岩土性与结构性兼具，暴露于自然环境当中，承受来自汽车、机车车辆、飞机机轮的荷载。传统的解析推导、模型试验、现场监测等往往难以全面、细致地反映路基材料性状、荷载条件、施工力学等，而有限元法具有数学理论严密成熟、电算实施方便快捷等突出优势，在路基结构分析中的应用愈加广泛。

　　笔者有幸于 20 多年前接触道路工程精细化数值模拟领域，并成功运用有限元电算技术，较好地解决了实际工程中的一些关键问题。在此过程中，笔者深感有限元电算技术的强大，但也常困惑于滥用、错用的窘境，会用、用对、用活电算技术实为不易，故萌发了撰写一本专门介绍路基有限元电算技术著作的念头，以弥补当前这方面的欠缺。

　　目前已有一些关于岩土工程数值计算方面的著作，这些著作或以阐述岩土工程有限元数值计算理论为主，几乎或很少涉及电算程序，或以阐述有限元法在岩土工程各领域中应用为主，或以具体介绍某款有限元电算软件在岩土工程中某些领域的应用为主，或主要介绍如何将岩土工程有限元数值计算理论电算化。作为岩土工程中的一个相对具体的领域，路基结构具有其自身的特殊性、复杂性，专门阐述路基结构有限元电算技术的著作笔者尚未见到，故撰写这样一本著作自然颇有必要。然而如何组织、安排本书的内容曾让笔者苦恼许久。在多年的教学、科研中，也常有学生提出这样或那样的问题，包括：解决这个问题，是自己开发程序还是直接用商业软件更合适？该选用哪款软件更好？怎么知道这款软件能解决这个问题呢？为什么选择这种单元类型、材料模型？模型为什么这样抽象简化呢？……

部分学生在较为系统地学习过弹性力学、土塑性力学、有限单元法等课程的前提下，面对具体的路基结构开展有限元电算分析时或仍无从下手，或畏惧于复杂烦琐的源程序代码、矩阵运算等，这些都启发我们，作为实践性极强的有限元电算技术，应采取更有效的方法予以介绍。笔者在不经意间联想到若干年前报名驾校学习机动车驾驶技术、考取驾照的经历。驾校教练基本上没有长篇累牍地讲解汽车发动机、传动、空气动力学等原理，而是让笔者从打方向盘、走直线、倒车入库、侧方位停车等基本操作入手，重视实操，多多上路，勤加练习。笔者很快就在较短的时间内顺利考取了驾照，而后又经数年的实路驾驶，技术日臻熟练，享受着现代汽车文明带来的便利。这与路基结构有限元电算类似，对于绝大多数人而言，因多款软件（类似汽车）已经被开发出来，学会、掌握电算技术（类似学会开车）并不必须以精通土的本构模型、数值计算理论等（类似汽车原理）为前提，首要任务应是因地制宜，学习如何选用适宜的电算软件，如何正确抽象出数值模型（类似如何因地制宜购车、正确安全开车，例如是购买燃油车还是新能源车、如何根据雨况调整雨刮器挡位、不同情况下如何使用灯光等）。待初步会用、用对，获得一定的感性认识之后，在合适的时候再倒过来思考如何用活，即遵循开车、修车（改车）、造车的顺序。

本书即按照上述思路，聚焦路基结构，全面、深入讲解路基结构有限元电算技术。全书共9章，主要包括六大块内容：第1块（即第1章）在介绍路基的定义、分类及构造、结构分析的主要内容的基础上，主要阐述有限元电算的优势、特点及岩土工程有限元电算的发展历程；第2块（即第2章）主要介绍早年基于Fortran语言所编制的弹塑性有限元电算程序的应用技术，涵盖PLAST（英国斯旺西大学的D. R. J. Owen教授和E. Hinton教授开发）、slope64（美国科罗拉多矿业大学的D. V. Griffiths教授开发）、AFENA（澳大利亚悉尼大学的John P. Carter教授和Nigel P. Balaam教授开发）这三款非线性有限元程序，结合典型算例，帮助读者从纵向上宏观了解岩土工程有限元电算技术实施的重要理念；第3块（即第3~5章）主要借助AFENA程序，充分利用其颇具特色的宏命令语言（Macro instruction language，MIL），重点讨论路基结构有限元电算实施前处理、计算求解、后处理中的若干核心技术；第4块（即第6、7章）结合路基结构主要考虑的荷载为土体自重，分别从路基结构本体、路基支挡结构物出发，以砂井处治软土地基路堤、路基重力式挡土墙为例，阐述PLAXIS 3D、Phase2等具有代表性的有限元电算软件在路基结构分析中的应用；第5块（即第8章）主要介绍笔者近年来指导研究生所开展的部分路基结构有限元电算工作，即利用PLAXIS软件，分别开展宽路堤作用下软土地基沉降特性、软土地基高速公路路基拓宽塑料排水板与粉喷桩处治比较的实例讨论；第6块（即第9章）则主要结合笔者在道路工程精细化数值模拟领域中的实践体会和理解思考，进一步深入讨论路基结构有限元电算实施中的一些有趣问题，

目 录

包括如何校验修正电算模型、如何辨析路基结构有限元电算中的若干重要关系、如何有效学习电算技术等。附录则列出了利用 AFENA 开展第 3 章路基结构有限元电算时的两份数据输入文件。

建议读者按照如下顺序使用本书：首先阅读第 1 章，粗略知悉路基结构的构造、特点及有限元电算的特殊性、复杂性；接着阅读第 8 章，直接感受现代有限元电算技术在路基结构分析中的巨大优势（即以乘客身份体验他人驾车）；然后阅读第 6、7 章，可掌握当前主流有限元电算程序在路基结构分析中的应用技术（即以驾驶员身份初步学习驾车）；再精读第 2~5 章及附录，可进一步加强对有限单元法、路基结构电算等的深度理解；最后阅读第 9 章，可帮助读者初步实现中高级进阶，一定程度上用活路基结构有限元电算技术。

我们认为本书具有如下特色：

（1）路基结构有限元电算非线性问题突出，涉及材料非线性、几何非线性、场耦合非线性、变结构非线性、接触非线性等，全书紧密围绕这些非线性问题，或夹叙夹议、或先叙后议，较为细致地讨论了这些问题在有限元电算软件中的实现技术。

（2）从具体典型算例入手，紧密结合主流电算软件，娓娓道来，但绝非简单的软件使用操作介绍，而是站在路基结构分析角度予以思考、组织，强调如何合理简化、科学建模，如何与路基结构设计、工作机理认识等联系起来。

（3）书中提供了不少关于路基结构有限元电算技术方面的图书、软件等的相关资料，有利于帮助感兴趣者进一步拓展视野，了解其来龙去脉、发展历程等。

本书是笔者 20 多年来在道路工程精细化数值模拟领域学习与探索的阶段性总结。其中，笔者所指导的 2021 级硕士生张免参与了第 6 章、第 7 章的编撰工作，第 8 章则主要引自笔者指导的 2016 级硕士生陈晓丽、2012 级硕士生蒋怡所完成的研究工作。据我们所知，本书或是第一本关于路基结构有限元电算技术的著作，主要供从事路基结构电算分析、计算岩土力学软件开发等相关人员参考，亦可作为高等院校道路与铁道工程、建筑与土木工程、交通运输工程等专业研究生教材。

本书的出版受西南交通大学研究生教材（专著）经费建设项目专项资助（项目编号：SWJTU-JC2022-001），谨致谢意。

蒋 鑫

2023 年 8 月于西南交通大学

第 1 章 绪 论

1.1 路基概述

1.1.1 路基的定义

路基作为路面、轨道、道面的基础，在公路、城市道路、铁路、机场等交通基础设施建设中的重要性不言而喻。关于路基的定义，近年来我国部分行业规范均给出较为严格的说法，下面扼要做一汇总。

1. 公路行业

《公路路基设计规范》（JTG D30—2004）、《公路路基设计规范》（JTG D30—2015）所给出的路基定义均完全相同，皆为"按照路线位置和一定技术要求修筑的带状构造物，是路面的基础，承受由路面传来的行车荷载"，且英文术语均使用"subgrade"一词；《公路路基施工技术规范》（JTG F10—2006）未给出路基的严格定义，《公路路基施工技术规范》（JTG/T 3610—2019）中的路基定义、英文术语则与《公路路基设计规范》（JTG D30—2004）、《公路路基设计规范》（JTG D30—2015）中的近乎完全相同，仅将"按照"一词改为"按"。

2. 城市道路行业

《城市道路路基设计规范》（CJJ 194—2013）将路基（subgrade）定义为"按照道路路线位置和横断面要求修筑的带状结构物，是路面结构的基础，承受由路面传来的行车荷载"。

3. 铁路行业

《铁路路基设计规范》（TB 10001—2005）定义路基（subgrade）为"经开挖或填筑而形成的直接支承轨道结构的土工结构物"；《铁路路基设计规范》（TB 10001—2016）中的定义与之完全相同，但将路基的英文术语由"subgrade"修改为"earth structure"。

4. 机场行业

《民用机场沥青道面设计规范》（MH/T 5010—2017）定义道基（subgrade）为"碾

压密实、均匀稳定或者经过特殊处理达到设计要求的基础";《民用机场水泥混凝土道面设计规范》（MH/T 5004—2010）则未给出道基这一术语的严格定义。《民用机场岩土工程设计规范》（MH/T 5027—2013）定义道基（subgrade）为"道面下受道面传递飞机或车辆荷载影响的天然或人工填筑土（岩）体"。

另外，一些重要的网络搜索引擎亦给出了关于路基的定义，大致如下：

百度百科中的定义为"路基是轨道或者路面的基础，是经过开挖或填筑而形成的土工构筑物。路基的主要作用是为轨道或者路面铺设及列车或行车运营提供必要条件，并承受轨道及机车车辆或者路面及交通荷载的静荷载和动荷载，同时将荷载向地基深处传递与扩散。在纵断面上，路基必须保证线路需要的高程；在平面上，路基与桥梁、隧道连接组成完整贯通的线路。在土木工程中，路基在施工数量、占地面积及投资方面都占有重要地位。"

中文维基百科中的定义为"路基是一种带状构造物，在铁路和公路中，路基是路面的基础。路基位于路面以下，承受由其传来的行车载荷，对路面起支撑作用。根据使用条件不同，路基使用土方、石料等材料或混合材料建成。高于原地面的填方路基称路堤，路堤分为上路堤和下路堤。低于原地面的挖方路基称路堑。"

谷歌搜索引擎中的定义为"路基是一种带状构造物，在铁路和公路中，路基是路面的基础。路基位于路面以下，承受由其传来的行车载荷，对路面起支撑作用。根据使用条件不同，路基使用土方、石料等材料或混合材料建成。高于原地面的填方路基称路堤，路堤分为上路堤和下路堤。"

1.1.2　路基的分类及构造

可根据不同的标准，对路基结构予以科学分类，下面将详细阐述。

1. 路基断面形式

路基断面形式一般分为路堤、路堑和半填半挖路基，如图1-1所示，图中一并标注了取土坑、护道、侧沟、天沟等路基构造。其中，路堤（embankment）是指高于原地面的填方路基；路堑（cutting）则为低于原地面的挖方路基，包括全路堑、半路堑、半山峒等。

（a）路堤

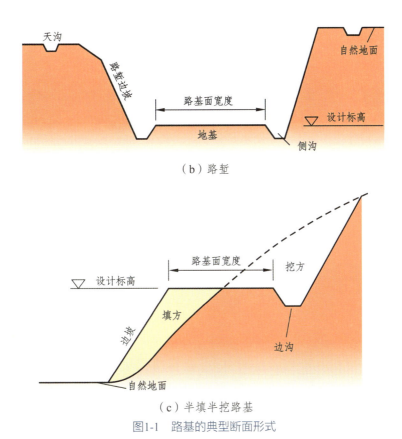

（b）路堑

（c）半填半挖路基

图1-1　路基的典型断面形式

如果依据我国《公路路基设计规范》（JTG D30—2015），可进一步地根据路基高度细分：对于路堤，如填土高度小于路基工作区深度，则称为低路堤（low embankment）；如路基填土边坡高度大于20 m，则称为高路堤（high embankment）。对于路堑，如土质挖方边坡高度大于20 m或岩石挖方边坡高度大于30 m，则称为深路堑（deep cutting）。根据地面斜坡坡度，如地面斜坡陡于1∶2.5，则称为陡坡路堤（steep slope embankment）。

2. 一般路基和特殊路基

一般路基是指修筑在良好的地质、水文、气候条件下的路基。通常认为一般路基可以结合当地的地形、地质情况，直接选用典型横断面图或设计规定。但高填方路堤、深挖方路堑需要进行个别论证和验算。

特殊路基则指有可能因自然平衡条件被打破，或者边坡过陡，或者地质承载力过低，而出现各种各样问题的路基。因此，除要按一般路基标准、要求进行设计外，还要针对特殊问题进行研究，做出处理。根据我国《公路路基设计规范》（JTG D30—2015），特殊路基指位于特殊土（岩）地段、不良地质地段及受水、气候等自然因素影响强烈，需要进行特殊设计的路基，包括滑坡地段路基、崩塌地段路基、岩堆地段路基、泥石流地段路基、岩溶地区路基、软土地基路基、红黏土与高液限土地区路基、膨胀土地区路基、黄土地区路基、盐渍土地区路基、多年冻土地区路基、风沙地区路基、雪害地段路基、采空区路基、滨海路基、水库地段路基、季节冻土地区路基等。

3. 路基材料

从路堤填料性质看，路堤可分为填土路堤、填石路堤、轻质材料路堤、工业废渣路堤等。根据《公路路基设计规范》（JTG D30—2015），填石路堤被定义为用粒径大于40 mm、含量超过 70% 的石料填筑的路堤。而用作路堤填料的轻质材料包括土工泡沫塑料块（Expanded Polystyrene, EPS 块）、泡沫轻质土、粉煤灰等；工业废渣则包括高炉矿渣、钢渣、煤矸石等。

路堑则可分为土质挖方路基和岩质挖方路基。

4. 应用行业

根据行业种类，路基可分为公路路基、城市道路路基、铁路路基、机场路基等。

5. 新建路基和拓宽改建路基

除了新建路基之外，随着经济与社会发展，目前已涌现出大量的拓宽改建路基，即通过拓宽改建的形式，达到提高通行能力、缓解交通压力之目的。以路堤拓宽为例，通常包括直接拼接式拓宽、分离式拓宽等，其中直接拼接式拓宽又包括单侧拓宽、双侧对称或非对称式拓宽，具体如图 1-2 所示。

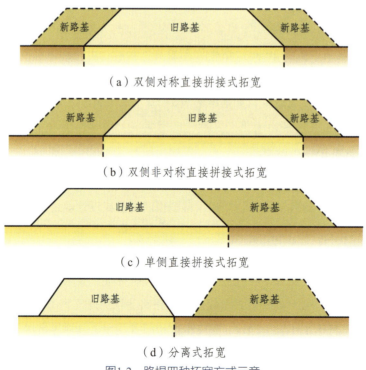

（a）双侧对称直接拼接式拓宽

（b）双侧非对称直接拼接式拓宽

（c）单侧直接拼接式拓宽

（d）分离式拓宽

图1-2 路堤四种拓宽方式示意

6. 路基的结构化程度

路基结构通常被视为岩土性结构，近年来随着地面交通高速化需求的增长，对安全性、舒适性的要求逐渐提高，已呈现结构化的趋势，诞生了诸如预应力路基、U 形结构、托盘式 U 形路基、装配箱涵式路基、（高）桩板结构、箱型梁结构等结构性路基，其基本做法是在传统的岩土性路基结构内植入刚性骨架，使得路基的结构化程度明显增强，U 形结构、桩板结构的构造如图 1-3 所示。

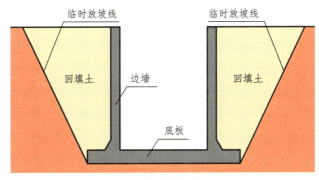

（a）U形结构

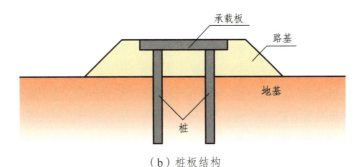

（b）桩板结构

图1-3　两种结构性路基构造示意

1.1.3　路基结构分析的主要内容

根据前述关于路基的定义，不难看出，这些定义都着重强调路基的几个特征：是一种岩土构筑物；为路面、轨道或道面结构提供支承，传递、扩散交通荷载；常伴随着填挖等施工力学行为；暴露于自然环境当中。路基结构分析就是分析路基结构在荷载（含路基自重、交通荷载等）、环境（含湿度、温度等）作用下的应力、应变、位移等力学响应，其内容丰富，包括土中应力、沉降变形、稳定性、承载力、土压力、渗流与固结、结构物内力等。本质上说，路基结构分析其实就是岩土力学基本原理在路基结构中的具体应用。

前述介绍也表明，路基结构可按照不同的标准予以分类，不同类型的路基其构造、组成亦有所不同，需要在路基结构分析中正确、充分地体现这些特点。比如说，对于直接拼接式拓宽路基，如果简单地视拓宽路堤为新增荷载，直接采用分层总和法求解新老路基之间的差异沉降，则实际上无法切实描述新旧路堤的相互作用、老路基运营使用若干年后方对其拓宽改建等客观事实。故路基的结构分析应根据实际情况，因地制宜，科学合理地选用包括解析推导、模型试验、计算机数值模拟等在内的不同方法。

1.2 路基结构有限元电算分析的特点

1.2.1 路基结构传统分析方法

传统上可采用解析法、模型试验、现场观测等方法，开展路基结构的分析。解析法是指运用 Karl Terzaghi 等前辈们所构建的土力学原理，结合弹性力学、塑性力学、流变力学、动力学等，删繁就简，抓住问题的主要矛盾或矛盾的主要方面，推导解析解答。这方面代表性的工作有 Karl Terzaghi 所撰写的 *Theoretical soil mechanics*[1]、H.G.Poulos 和 E.H.Davis 所撰写的 *Elastic solutions for soil and rock mechanics*[2]、陈子荫所撰写的《围岩力学分析中的解析方法》[3] 等著作。其中，*Elastic solutions for soil and rock mechanics* 一书系从 160 多种专门图书、刊物、研究报告等资料中收集、编辑而成的，内容为有关土力学、岩石力学的弹性解，具备手册特点，颇有实用价值，国内亦有相对应的中文译本（孙幼兰译）[4]。

模型试验是指依据几何相似、物理相似和材料相似等，通过在缩尺或等比模型上进行相应的试验，获取相关数据。岩土工程领域的模型试验通常包括离心模型试验、地震模拟振动台试验、比例模型试验等。该方法涉及模型制作、传感器布设、数据采集及分析等工作。现场观测则指选定现场某路段、断面，埋设传感器，采集数据。

以上用于路基结构分析的传统方法各有千秋，互为补充。如解析法的优势在于可通过解析表达式，展现哪些变量影响力学响应，如何影响等。缺点在于当问题高度复杂时，如不进行大量的假设，则无法进行后续推导；而如假设过多，又往往导致结果过于理想，失去了本来面目，当然问题过于复杂时甚至无法得到闭合解。通过模型试验、现场观测，则可相对直观地观察到结果，但试验一般周期较长、费用高、组织实施过程烦琐。

1.2.2 路基结构有限元电算技术的优势

作为数值计算方法之一，有限元法（Finite element method，FEM）自 1960 年由 Ray W. Clough 率先提出以来，即迅速受到重视，已在包括岩土工程在内的诸多领域得到成功应用。该方法物理概念清晰、灵活性强、适用性广，同时因采用矩阵表达形式，便于充分利用现代高速电子计算机，编制计算机程序，将算法原理等代码化。路基结构的有限元电算分析则是将有限元法与岩土力学紧密相结合，充分考虑岩土结构的特殊性，借助所编制开发的电算程序（软件）开展路基结构的力学分析。

相较于上述传统方法，将有限元电算技术应用于路基结构，无疑具有且不限于以下突出优点。

1. 可轻松、真实考虑复杂的荷载条件

路基结构形体庞大，主要承受土体重力，还承受行车荷载、地震荷载等作用，离心模型试验、地震模拟振动台试验试图较为真实地分别描述土体重力、地震荷载的作用，而多通道电液伺服加载系统则试图客观反映行车荷载。有限元电算可轻松考虑这些荷载的作用。

2. 可突破时间、空间上的局限

软土地基路堤沉降缓慢，往往需要很长时间方才趋于稳定，如开展现场监测，则颇费周折，需要开展数月甚至数年的长期观测，而通过有限元电算则可在短暂的时间内相对较为准确地预测最终沉降；如开展超多车道高速公路软土地基路堤的离心模型试验，考虑到模型箱尺寸、离心机有效半径等有限，需将模型按照较大倍数缩小，方能纳入模型箱内开展试验，这自然是不方便的。有限元电算则可考虑任意的时间尺度、空间尺寸，即有限元电算可很好地实现物理模型时间、空间上的缩放。

3. 避免潜在的人身安全风险

模型试验、现场试验的开展可能对人身安全造成潜在威胁，包括触电、溺水、中毒、爆炸、高空坠物、野外毒虫伤害等，而有限元电算则可较好地避免这些风险。当然需要注意长时间使用电子计算机可能带来的电脑终端综合征及机房通风不畅、温度升高可能诱发的火灾等。

4. 可考虑复杂的初始条件、边界条件

岩土结构具有强烈的非线性，其力学响应严重依赖于应力路径、加载历史等，故初始条件对结果的影响很大，有限元电算技术可很好地考虑各种复杂的初始条件，如初始地应力、静水压力等。在边界条件方面，有限元电算亦具有其独到优势。如开展软土地基路堤的离心模型试验，地基宽度方向的渗流往往难以精准控制，从而导致试验结果或出现较大偏差，而有限元电算可轻松考虑这些条件。

5. 可真实模拟复杂的施工过程

路基结构的形成涉及填筑、碾压、开挖、支挡、强夯、补强、注浆、排水、地基

处理等复杂的施工过程，模型试验很难准确予以模拟，而有限元电算可很好地全过程模拟。

6. 可获得全空间内全响应的分布

开展模型试验、现场试验时只能选取有限个断面、有限个测点进行力学响应的捕捉，且力学响应也是有限的，如只测得土体的变形，而未监测到孔隙水压、结构物内力分布等力学响应。观察内部力学响应往往是相当困难的，这也是透明土技术引入至模型试验的重要原因。而通过有限元电算，结合现在高度发达的后处理技术，可轻松捕获路基结构全空间内全响应的分布。

有限元电算技术应用于路基结构分析的优势远不止这些，著名科学家钱学森先生曾指出，"今日的力学要充分利用计算机和现代计算技术去回答一切宏观的实际科学技术问题，计算方法非常重要；另一个辅助手段是巧妙设计的实验"。

1.2.3 路基结构有限元电算分析的挑战

然而，看起来路基或是非常简单的岩土构造物，正如岩土工程数值计算领域国际权威、英国帝国理工学院的 David M. Potts 教授所述，"Geometrically, embankments are very simple structures"[5]。但其有限元电算实施仍颇具挑战，具有其独特性，参考卓家寿[6]所列观点，在以下几方面需要引起高度重视。

1. 材料非线性问题突出

从前述路基的定义、路基的分类及构造都可以看出，组成路基的材料主要为岩土体，这类材料具有非线性、非弹性、时间依赖性、剪胀性等特性，即材料非线性问题相当突出，需在有限元电算中引入恰当的本构模型予以充分描述。

2. 几何非线性问题明显

路基结构往往涉及大变形、大应变。以软土地基路堤为例，当地下水位较高、路堤填高较大时，在路堤自重荷载作用下，原在地下水位线之上的土体会沉落于地下水位线之下，导致有效负荷变小，这些的精细化描述都需要考虑几何非线性。

3. 变结构非线性问题显著

路基通过填筑、开挖而形成，伴随着逐级加载、卸荷，尚存在挡土墙建造、地基处理、堤身加筋、压力灌浆（注浆）等许多施工环节，结构的构造组成、刚度等也发生相应变化，需要在有限元电算中客观模拟。以软土地基路堤拓宽为例，旧路堤运营使用数年，欲在其旁拼接拓宽，则需在评估旧路基性能后，先处治新路基下的地基，而后在旧路堤坡面开挖台阶、逐层填筑新路堤，铺筑新路面并与旧路面拼接，全过程中结构组成动态变化。

4. 多物理场耦合非线性问题常存

路基结构除受应力场之外，因岩土材料的多相性、所处环境的复杂性，尚存在渗流场（如软土地基路堤）、温度场（如多年冻土地区路基、季节冻土地区路基）等，这些物理场多互相耦合，需在有限元电算中切实反映。

5. 接触状态非线性问题频遇

路基结构中包括各种结构物，如挡土墙、加筋体等，这些结构物或置于路基外侧（如挡土墙），或置于地基与路基土体内部（如水泥土搅拌桩处治软土地基、土工格栅加筋路堤），结构物与土体之间相互作用，产生张开、闭合、滑移、黏结等复杂行为，需要在有限元电算实施中细致考虑这些有关接触状态非线性的问题。

1.3　岩土工程有限元电算技术的发展

1.3.1　电算程序

岩土工程有限元分析与电算软件（程序）的开发、推广密不可分，试想如没有可用、实用、好用的电算程序，岩土工程有限元分析无疑仍局限于学术界、研究所的狭窄圈子，而无法真正走入工业界，创造更大的生产力。迄今已涌现出诸多可用于包括路基结构在内的岩土工程有限元电算软件，全部罗列这些软件几乎是不可能的，下面结合笔者的使用经验、体会，从宏观层面尝试对这些软件（程序）分类：

1. 程序的通用化程度

电算程序按通用化程度可分为通用程序与专用程序，前者可用于结构工程、岩土工程等多个领域，后者则主要用于岩土工程。通用程序包括 SAP（Structural Analysis Program，美国加利福利亚大学伯克利分校的 Edward L.Wilson 教授开发）、ABAQUS（美国 Hugh D. Hibbitt 博士等开发）、ANSYS（美国 ANSYS 公司开发）、ADINA（美国麻省理工学院的 Klaus-Jürgen Bathe 教授开发）、Nastran（美国国家航空航天局开发）、NFAP（美国阿克伦大学、布鲁克海文国家实验室的 S. Prachuktam、T. Y. Chang、M. Reich 等开发）等。这些通用程序常含有数种类型的单元，可考虑多种复杂的荷载条件。图 1-4 为 ABAQUS 软件 Version 6.5 的主界面。

岩土工程专用程序则有加拿大 Rocscience 公司开发的 RS3 和 RS2、瑞士 Zace Services 公司开发的 ZSOIL.PC、韩国浦项制铁集团公司开发的 Midas/GTS、奥地利因斯布鲁克大学开发的 FINAL、英国帝国理工学院开发的 ICFEP、美国 Seequent 公司开发的 GeoStudio 系列软件等。这些专用程序已试图考虑岩土结构分析中的一些特殊因素，如施工过程、土 - 结构相互作用、水的作用等。这里需要稍带指出的是，一般情况下岩土

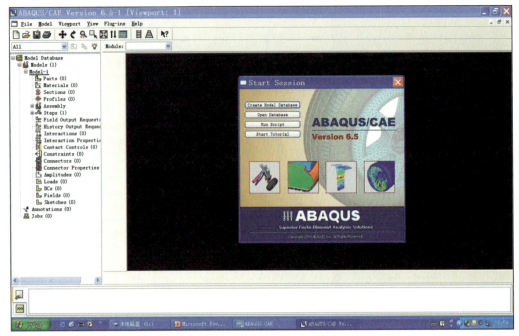

图1-4　ABAQUS（Version 6.5）软件主界面

专用程序考虑上部结构的功能偏弱，而 ZSOIL.PC 程序则可较好地同时模拟岩土工程与结构工程。而有些专用程序的专用性极强，或只能适用于某类特定问题的电算分析，如第 2 章所提及的 slope64 只能分析类似图 2-18 所示的边坡稳定性，无法直接用于斜坡路基稳定性分析。图 1-5 为 PLAXIS 8.2 软件主界面。

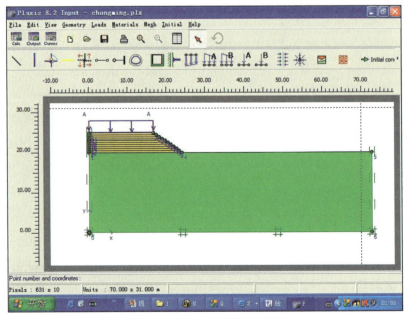

图1-5　PLAXIS 8.2软件主界面

2. 程序的商业化程度

电算程序按商业化程度可分为商用程序和非商用程序，前者按照商业化产品进行研发、推广、租售和维护，后者则主要用于教学、研究，尚未市场化、商品化。前者包括 PLAXIS、ZSOIL.PC、GeoStudio 等，后者则包括 slope64、NCAP 等，未商业化的一个主要原因是程序开发者已以教材、专著等形式主动将全部源代码公开，如 slope64 程序、NCAP 分别系美国科罗拉多矿业大学的 D.V.Griffiths 教授、我国原西安矿业学院（现西安科技大学）的刘怀恒教授开发，全部源代码见文献 [7] 和文献 [8]。

当然需要指出的是，有些程序实际上早年或早期版本并未商业化，后来才进入商业化发展阶段，如由美国麻省理工学院的 Klaus-Jürgen Bathe 教授研发的 AIDNA 程序，在 1986 年 ADINA R&D 公司成立以前，其源代码是公开的，即著名的 ADINA81 版本和 ADINA84 版本的 Fortran 源程序，后期不少有限元软件编写都或多或少参考借鉴了这些源程序。英国剑桥大学、萨里大学的 A.M.Britto 和 M.J.Gunn 开发 CRISP 程序，早年亦公开了全部源代码[9]，后期（1996 年）则成立 CRISP 公司，开始商业化。

3. 程序应用的操作系统

电算程序按操作系统可分为 DOS（Disk Operating System）程序和 Windows、Mac OS、Linux 程序，前者类似 Plascon[10]、NCAP[8]、GEOEPL2D、GEOVPL2D、DYNEXP2D、DYNIMP2D[11] 等程序，后者则包括 RS2、RS3 等。

不少程序早年都为 DOS 版本，后才与时俱进，推出具有良好 Windows 图形用户界面（Graphical User Interface, GUI）的版本，如 AFENA 的开发始于 1979 年，1999 年推出第一个 Windows 版本。DOS 程序应用时一般需要使用者建立文本形式的数据输入文件，后处理也多需使用者提取相应数据进行必要的图形可视化工作；Windows 程序则通过工具栏、菜单、按钮等，能较好地提高建模效率。

4. 国外程序与国内程序

鉴于有限元法的强大功能，如能借助矩阵运算等数学手段编制成电算程序，则可大幅度提高工作效率，促进生产力发展，故岩土工程有限元电算程序的研制、开发在欧美地区一直颇受重视，已涌现出诸多颇有影响力的程序。如英国剑桥大学于 1975 年始即着手开发 CRISP 程序；英国帝国理工学院的 ICFEP 程序已持续开发近 40 年；而澳大利亚悉尼大学的 AFENA 程序则在 1977 年所发布的 FEAP 程序基础上，于 1979 年开始研发。近年来，伴随着新技术的发展，国外岩土工程有限元电算程序的开发仍在持续推进中，如美国加利福尼亚大学伯克利分校的 Roozbeh Geraili Mikola 博士于 2013 年从学校毕业后即在开源软件的基础上，着手用于岩土分析的统一交互式有限元程序开发，经过近 3 年时间的业余编程，推出了 ADONIS 程序的第一个版本。Optum 程序则由 Kristian

和 Jørgen Krabbenhøft 兄弟与 Andrei Lyamin 于 2010 年夏天在丹麦哥本哈根启动,试图提供先进的有限元设计解决方案,让工程从业者在没有任何有限元知识的情况下都可以使用,2014 年发布了第一个商业软件包。

国内亦有不少优秀的岩土工程有限元电算程序,其中有一定影响力的程序包括原西安矿业学院(现西安科技大学)开发的 NCAP,北京大学开发的 NOLM,原华东水利学院(现河海大学)开发的 BCF,南京水利科学研究院开发的 CONDEP,浙江大学开发的 PDSS,原兰州铁道学院(现兰州交通大学)开发的 GEOEPL2D、GEOVPL2D、DYNEXP2D、DYNIMP2D,上海同岩土木工程科技股份有限公司开发的同济曙光系列软件(含同济曙光三维有限元分析软件 GeoFBA3D、二维有限元正分析软件),力软科技(大连)股份有限公司开发的 RFPA 等。

国内所开发的岩土工程有限元电算程序大致还具有以下几点特别之处:

(1)在我国,有限元电算在岩土工程中的应用初期集中于水利水电工程、人防工程、采矿工程(巷道工程),后逐渐转向岩土工程其他领域。这是可以理解的,早年在国内电子计算机技术尚欠普遍、并不发达的背景下,这些领域工程体量大,对国民经济建设更为重要,故把这些工程结构的高效化、精细化分析放在更高的位置。如我国第一部关于有限单元法的专著《弹性力学问题的有限单元法》即于 1974 年由原华东水利学院(现河海大学)徐芝纶教授编著出版,从而迈出了有限元法应用于水利水电工程的步伐。

(2)国内所开发的岩土工程有限元电算程序,有些影响力较大,有些影响力相对弱一些,主要与其源代码是否通过教材、专著等形式公开,以及后续继承者是否持续改进完善,是否调整为商业化开发有关。比如说,原西安矿业学院(现西安科技大学)刘怀恒教授开发的 NCAP 程序,于 1983 年在于学馥等编著的《地下工程围岩稳定分析》[8]一书中公开了全部源代码(时为 NCAP-1 版本),后又经过诸多相关人士的改造升级,从而不断发扬光大,如 10 年之后王芝银等在《地下工程位移分析法及程序》[12] 一书所发布的弹性、黏弹性位移反分析有限元法程序 NCAP-BA1 即参考了 NCAP 程序。而某些程序如果仅是应用性的报道,往往随着岁月的流逝而不再受到关注。

1.3.2 学术专著、教材与期刊

在学术专著、研究生或本科生教材方面,迄今为止,国内外关于岩土工程有限元数值计算的著作已有不少,部分著作可参考文献 [5,7-66]。这些著作大致划分为几类:①以阐述岩土工程有限元数值计算理论为主,几乎或很少涉及电算程序;②以阐述有限元法在岩土工程各领域中应用为主;③以具体介绍某有限元电算软件在岩土工程中某些领域应用为主;④将岩土工程有限元数值计算理论与电算程序编制有机融合,以夹叙夹议或先叙后议的形式，列出部分甚至全部有限元电算源代码。这些著作各有千秋，其中：第 1 类著作主要用于帮助读者更深入认识、理解岩土工程有限元数值计算理论；第 2 类著作可帮助读者拓宽岩土工程有限元电算的应用范畴，了解该方法可用于解决哪些方面的具体问题；第 3 类著作可帮助读者了解、掌握某具体软件的使用方法；第 4 类著作理论阐述与程序编制兼具，值得深入研读。需要特别指出的是，第 4 类著作所列的有限元电算源程序多系采用 Fortran 语言编制，需要读者具备一定的高级语言编程能力。

期刊方面，*Computers and Geotechnics*、*International Journal for Numerical and Analytical Methods in Geomechanic* 等国际期刊均刊载了大量以岩土工程数值计算为主的研究性论文，还有 *Finite Elements in Analysis and Design* 等专门刊载有限元法方面的期刊。

1.3.3 学术机构（组织、团体）与会议

国内外亦纷纷成立了关于（岩土）数值计算方面的诸多学术组织。以我国为例，为适应时代发展需要，中国岩石力学与工程学会成立了岩体物理数学模拟专业委员会、岩石力学数值计算及模型试验专业委员会（1986 年 6 月 20 日—27 日，于江西吉安召开成立大会），中国土木工程学会下设计算机应用分会，中国力学学会则下设计算力学专业委员会。同时国内外还举办了若干与岩土工程数值计算相关的学术研讨会，如：1972年 5 月，于美国密西西比州维克斯堡召开了主题为 "Applications of the finite element method in geotechnical engineering" 的研讨会；1987 年 11 月，于四川成都召开了第一届全国计算岩土力学研讨会，共有 60 多个单位 113 名代表参加了会议；1988 年 12 月、1990 年 11 月，分别召开了第一届、第二届全国岩石力学数值计算与模型实验学术研讨会。中国力学学会岩土力学专业委员会则已召开了 14 届全国岩土力学数值分析与解析方法研讨会，其中近 10 届研讨会具体如表 1-1 所列。

表1-1 近10届全国岩土力学数值分析与解析方法研讨会

会议届次	会议日期	会议地点	承办单位
5	1994年10月14日—17日	重庆	中国科学院武汉岩土力学研究所、原后勤工程学院
6	1998年7月14日—16日	广东广州	原广东省水利水电科学研究所
7	2001年9月26日—28日	辽宁大连	大连理工大学
8	2004年11月8日—10日	上海	上海交通大学、华东建筑设计研究院有限公司
9	2007年10月28日—30日	湖北武汉	中国科学院武汉岩土力学研究所
10	2010年11月5日—8日	浙江温州	温州大学、浙江大学
11	2013年10月25日—27日	江苏南京	南京工业大学

会议届次	会议日期	会议地点	承办单位
12	2016年8月12日—14日	甘肃兰州	中国科学院西北生态环境资源研究院等
13	2019年9月20日—22日	北京	北京工业大学
14	2023年4月7日—9日	湖北武汉	武汉大学

1.4 本书内容安排

本书主要分为 6 大块内容，具体安排如下：

第 1 块（即第 1 章）在介绍路基的定义、分类及构造、结构分析的主要内容的基础上，阐述有限元电算的优势、特点及岩土工程有限元电算的发展历程。

第 2 块（即第 2 章）主要是基于 PLAST、slope64、AFENA 这三款塑性力学有限元软件，介绍早年基于 Fortran 语言所编制的有限元电算程序的应用技术，结合典型算例，分别从其前处理、计算求解、后处理三方面予以介绍，帮助读者从纵向上宏观了解岩土工程有限元电算技术的发展脉络。

第 3 块（即第 3、4、5 章）主要是借助已内嵌独特的宏指令语言（macro instruction language，MIL）的 AFENA 程序，阐述路基结构有限元电算实施中的若干关键技术，包括前处理（涉及网格剖分、本构模型、材料参数等）、非线性求解中的算法、后处理中结果的可视化等。

第 4 块（即第 6、7 章）主要是借助 PLAXIS 3D、Phase2 两款有限元软件，以砂井处治软土地基路堤、路基重力式挡土墙为例，分别阐述有限元电算技术在路基本体、路基支挡结构物中的应用，涵盖材料非线性、几何非线性、接触非线性、变结构非线性、场耦合等。这两个算例虽均源自 PLAXIS 3D、Phase2 例题手册或帮助文档，但本书是在调整为密切结合"路基结构"这一背景下开展更深入、细致的讨论，即帮助读者实现由简单的"软件机械式操作"到"软件高级应用"。

第 5 块（即第 8 章）主要介绍笔者近年来指导研究生所开展的部分路基结构有限元电算工作，即利用 PLAXIS 软件，分别开展宽路堤作用下软土地基沉降特性、软土地基高速公路路基拓宽塑料排水板与粉喷桩处治比较等的实例讨论。

第 6 块（即第 9 章）主要是采用夹叙夹议的形式，结合笔者多年来从事道路工程精细化数值模拟的体会，阐述路基结构有限元电算实施中的其他有趣问题，包括如何校验修正电算模型、如何辨析路基结构有限元电算中的若干重要关系、如何有效学习电算技术等。

附录则列出了利用 AFENA 开展第 3 章路基结构有限元电算时的两份数据输入文件。

需要指出几点：

（1）本书重在阐述有限元电算技术如何应用于路基结构分析当中，故关于有限元的原理理论暂纳入不多，建议读者更深入阅读相关文献，如文献 [67-69]。这种做法类似驾驶汽车，注意到，对于绝大多数人而言，会正确、安全地驾驶汽车，并非以必须先掌握发动机、空气动力学、新能源电池制造等原理为前提。本书重在告诉驾驶员如何正确、安全地驾驶汽车，从而为后续达到熟练、快捷、舒适的驾驶奠定基础。当然，如已相当深入地掌握了有限元法的基本原理，自然对正确运用有限元电算技术具有十分积极的促进作用。

（2）用于路基结构电算分析的有限元软件甚多，本书主要阐述专用软件，暂未涉及 ABAQUS、ANSYS、AIDNA、NASTRAN 等大型通用有限元软件，也未阐述如何利用 Fortran 等高级语言编制开发相应的电算程序（即如何从源头上造车、修车）。关于后者，读者可进一步参考 *Critical state soil mechanics via finite elements*[9] 等著作。

（3）路基结构分析的内容相当丰富，针对具体背景，涉及的侧重点也不同，如软土地基路堤更多关注流力耦合（即固结），而地震区路基更多关注地震荷载作用下的性状；可供选用的电算程序众多，试图在一本书中把这些应用相关的电算技术全部都予以讲解，无疑是非常困难的。故本书关于路基结构有限元电算的应用暂不过多讨论，而重在用有限的典型算例，试图以点代面，精讲精练，站在路基结构分析的角度，帮助读者快速、深入掌握有限元电算分析技术的精髓、关键。

（4）第 3~5 章主要利用 AFENA 软件开展讨论，而不是基于现在广为流行的菜单式、具有良好图形用户界面的程序，是考虑到 AFENA 程序内嵌有宏指令语言，可将这些"代码"视为某种程度上的高级有限元编程语言，除了便于著作写作、内容组织之外，更重要的是便于读者理解有限元法的原理算法、实施过程，如网格剖分、边界条件设置、材料模型定义及参数赋予、荷载施加、非线性求解算法、后处理技巧等。

参考文献

[1] KARL TERZAGHI. Theoretical soil mechanics[M]. John Wiley & Sons, Inc., 1943.

[2] H G POULOS, E H DAVIS. Elastic solutions for soil and rock mechanics[M]. John Wiley & Sons, Inc., 1974.

[3] 陈子荫. 围岩力学分析中的解析方法[M]. 北京：煤炭工业出版社，1994.

[4] H G Poulos, E H Davis. 岩土力学弹性解[M]. 孙幼兰，译. 徐州：中国矿业大学出版社，1990.

[5] DAVID M POTTS, LIDIJA ZDRAVKOVIĆ. Finite element analysis in geotechnical engineering application[M]. Thomas Telford Limited, 2001.

[6] 卓家寿，邵国建，武清玺，等. 力学建模导论[M]. 北京：科学出版社，2007.

[7] I M SMITH, D V GRIFFITHS. Programming the finite element method（fourth edition）[M]. John Wiley & Sons, Ltd., 2004.

[8] 于学馥，郑颖人，刘怀恒，等. 地下工程围岩稳定分析[M]. 北京：煤炭工业出版社，1983.

[9] A M BRITTO, M J GUNN. Critical state soil mechanics via finite elements[M]. Ellis Horwood Limited. 1987.

[10] ROLAND W LEWIS, BERNARD A SCHREFLER. The finite element method in the deformation and consolidation of porous media[M]. John Wiley & Sons, 1987.

[11] 潘昌实. 隧道力学数值方法[M]. 北京：中国铁道出版社，1995.

[12] 王芝银，李云鹏. 地下工程位移反分析法及程序[M]. 西安：陕西科学技术出版社，1993.

[13] CHANDRAKANT S DESAI, JOHN T CHRISTIAN. Numerical methods in geotechnical engineering[M]. McGraw-Hill Book Company, 1977.

[14] D J NAYLOR, G N PANDE. Finite elements in geotechnical engineering[M]. Pineridge Press, 1981.

[15] I M SMITH. Programing the finite element method with application to geomechanics[M]. John Wiley & Sons Inc., 1982.

[16] G N PANDE, G BEER, J R WILLIAMS. Numerical methods in rock mechanics[M]. John Wiley & Sons Inc., 1990.

[17] DAVID M POTTS, LIDIJA ZDRAVKOVIĆ. Finite element analysis in geotechnical engineering theory[M]. Thomas Telford Limited, 1999.

[18] ANDREW LEES. Geotechnical finite element analysis a practical guide[M]. ICE Publishing, 2016.

[19] 张起森. 道路工程有限元分析法[M]. 北京：人民交通出版社，1983.

[20] 刘颖，谢君斐. 砂土震动液化[M]. 北京：地震出版社，1984.

[21] 张菊明，熊亮萍. 有限单元法在地热研究中的应用[M]. 北京：科学出版社，1986.

[22] 孙钧，汪炳鑑. 地下结构有限元法解析[M]. 上海：同济大学出版社，1988.

[23] 陈慧远. 土石坝有限元分析[M]. 南京：河海大学出版社，1988.

[24] 邱丽娟，余群. 地面-车辆系统力学中的有限元法[M]. 北京：机械工业出版社，1989.

[25] 朱百里，沈珠江．计算土力学[M]．上海：上海科学技术出版社，1990．

[26] 钱家欢，殷宗泽．土工数值分析[M]．北京：中国铁道出版社，1991．

[27] 姜弘道．水工结构工程与岩土工程的现代计算方法及程序[M]．南京：河海大学出版社，1992．

[28] 黄运飞，冯静．计算工程地质学 理论·程序·实例[M]．北京：兵器工业出版社，1992．

[29] 佴磊，薄景山，王世梅．岩土工程数值法[M]．长春：吉林大学出版社，1994．

[30] 潘家铮，许百立，陈际明，等．水工结构分析与计算机应用[M]．北京：北京科学技术出版社，1995．

[31] 刘汉东，张勇，贾金禄．岩土工程数值计算方法[M]．郑州：黄河水利出版社，1995．

[32] 吕家立，谢之康．矿山实用有限单元法[M]．徐州：中国矿业大学出版社，1995．

[33] 谢永利．大变形固结理论及其有限元法[M]．北京：人民交通出版社，1998．

[34] 雷晓燕．岩土工程数值计算[M]．北京：中国铁道出版社，1999．

[35] 龚晓南．土工计算机分析[M]．北京：中国建筑工业出版社，2000．

[36] 谢康和，周健．岩土工程有限元分析理论与应用[M]．北京：科学出版社，2002．

[37] 杨果林，肖宏彬．现代加筋土挡土结构[M]．北京：煤炭工业出版社，2002．

[38] 夏永旭，王秉纲．道路结构力学计算（下册）[M]．北京：人民交通出版社，2003．

[39] 张爱军，谢定义．复合地基三维数值分析[M]．北京：科学出版社，2004．

[40] 李同录，李萍．岩土工程数值分析[M]．西安：陕西人民教育出版社，2004．

[41] 朱以文，蔡元奇，徐晗．ABAQUS与岩土工程分析[M]．香港：中国图书出版社，2005．

[42] 周维垣，杨强．岩石力学数值计算方法[M]．北京：中国电力出版社，2005．

[43] 张锋．计算土力学[M]．北京：人民交通出版社，2007．

[44] 茹忠亮．岩土工程并行有限元程序设计[M]．北京：煤炭工业出版社，2007．

[45] 曾艳华，王英学，王明年．地下结构ANSYS有限元分析[M]．成都：西南交通大学出版社，2008．

[46] 卢廷浩．岩土数值分析[M]．北京：中国水利水电出版社，2008．

[47] 王芝银，李云鹏．岩体流变理论及其数值模拟[M]．北京：科学出版社，2008．

[48] 廖红建．岩土工程数值分析（第2版）[M]．北京：机械工业出版社，2009．

[49] 王金安，王树仁，冯锦艳．岩土工程数值计算方法实用教程[M]．北京：科学出版社，2010．

[50] 北京金土木软件技术有限公司．PLAXIS岩土工程软件使用指南[M]．北京：人民

交通出版社，2010．

[51] 费康，张建伟．ABAQUS在岩土工程中的应用[M]．北京：中国水利水电出版社，2010．

[52] 邵龙潭，李红军．土工结构稳定分析——有限元极限平衡法及其应用[M]．北京：科学出版社，2011．

[53] 宋惠珍，薛世峰，曾海容．构造应力场与有限单元法[M]．东营：中国石油大学出版社，2012．

[54] 李治．Midas/GTS在岩土工程中应用[M]．北京：中国建筑工业出版社，2013．

[55] 程学磊，崔春义，孙世娟．COMSOL Multiphysics在岩土工程中的应用[M]．北京：中国建筑工业出版社，2014．

[56] 刘志祥，张海清．PLAIXS 3D基础教程[M]．北京：机械工业出版社，2015．

[57] 刘志祥，张海清．PLAIXS高级应用教程[M]．北京：机械工业出版社，2015．

[58] 赵寿刚，秦忠国，姜苏阳，等．深覆盖层上面板堆石坝三维有限元应力变形计算分析研究[M]．北京：中国水利水电出版社，2015．

[59] 费康，彭劼．ABAQUS岩土工程实例详解[M]．北京：人民邮电出版社，2016．

[60] 石路杨．岩体水力劈裂的扩展有限单元法研究[M]．北京：中国水利水电出版社，2017．

[61] 刘志祥，张海清．PLAIXS 2D基础教程[M]．北京：机械工业出版社，2017．

[62] 宋二祥．土力学理论与数值方法[M]．北京：中国建筑工业出版社，2020．

[63] 杨涛，冯君，肖清华，等．岩土工程数值计算及工程应用[M]．成都：西南交通大学出版社，2021．

[64] 龚晓南，杨仲轩．岩土工程计算与分析[M]．北京：中国建筑工业出版社，2021．

[65] 张巍．岩土工程中的有限单元法：原理与程序[M]．北京：中国水利水电出版社，2022．

[66] 孔宪京，邹德高，陈楷．比例边界有限元在岩土工程中的应用[M]．北京：科学出版社，2022．

[67] ZIENKIEWICZ O C. The finite element method (3rd edition) [M]. McGraw-Hill Book Company (UK) Limited, 1977．

[68] KLAUS-JÜRGEN BATHE, EDWARD L Wilson. Numerical methods in finite element analysis[M]. Prentice-Hall, Inc., 1976．

[69] KLAUS-JÜRGEN BATHE. Finite element procedures[M]. Prentice-Hall, Inc., 1996．

第2章　早年开发的岩土弹塑性有限元程序电算实施技术

2.1　概　述

针对路基结构开展有限元电算，必须首先置于弹性力学范畴下，读者可适当查阅其他相关著作，温习有限元法求解弹性力学平面问题的主要步骤，理解有限元法中的一些基本概念（如节点、单元、形函数矩阵、几何矩阵、单元刚度矩阵、整体刚度矩阵等）。针对路基结构开展有限元求解时，一方面需采用较多数量的单元，同时需采用精度更高的单元（如4节点矩形单元、6节点三角形单元）；另一方面，考虑到岩土体材料强烈的塑性性状，自然还需从弹性力学范畴过渡到塑性力学范畴。

故本章主要考虑材料非线性，先暂时不过多关注路基结构有限元电算自身的其他特殊性，主要宏观介绍早年所开发的岩土有限元电算程序实施的一般流程，尤其是输入数据卡片（Input Data Card）的填写，帮助读者从纵向历史沿革角度掌握岩土有限元电算实施技术的发展。分别选用PLAST[1]、slope64[2,3]、AFENA[4]这三款非线性有限元程序，前二者全部Fortran源代码分别公开于1980年（采用Fortran Ⅳ语言编制）、2014年（采用Fortran 2003语言编制），后者则采用Fortran77和Fortran95语言编制，于2006年发布6.0版本，三者前后横跨30余载。

2.2　早年开发的有限元电算程序应用的一般流程

纵观NCAP（我国原西安矿业学院、现西安科技大学开发）、CRISP（英国剑桥大学开发）等岩土工程有限元电算程序，不难看出，早年的有限元程序多由Fortran语言所编制，Fortran版本包括Ⅳ、77、90、95、2004等，核心工作是执行计算分析，一般情况下缺少人机交互式良好的前、后处理图形用户界面。

利用这些程序开展岩土工程电算的流程一般是：

（1）利用集成开发环境或编译器（如 Visual Studio、Powerstation、SimplyFortran、Interl Fortran、GFortran、Ftn95 等）编制、调试 Fortran 语言有限元程序源代码，经调试成功后，将源代码编译、链接成可执行文件（即扩展名为 exe 的文件）。

（2）利用文本编辑器形成数据输入文件，文件内容一般包括控制标题、控制信息（如节点数、单元数、材料类型数、高斯积分法则）、单元信息（如单元材料类型、节点号）、节点坐标、受约束节点信息（受约束节点号、约束信息）、荷载信息（如荷载类型、荷载大小）、材料信息（如弹性模量、泊松比、屈服准则）等。将该文件保存命名为符合源代码要求的文件（如文件主名、扩展名等），并注意存放路径、位置。

（3）执行前述所生成的扩展名为 exe 的文件，按照屏幕提示，输入数据输入文件名（注意是否需同时输入文件扩展名），回车即可执行运算（有的时候亦不需要输入数据文件名，仅需双击执行扩展名为 exe 的文件），生成结果输出文件，并存放于源代码规定的路径；然后利用文本编辑器打开结果输出文件，提取相应的力学响应，进行必要的后续处理，如列表展现，或通过 Origin、Surfer、SigmaPlot、Tecplot 等软件将结果可视化。

第（2）步流程中所提及的数据输入文件通常亦被称为输入数据卡片。为帮助用户正确、顺利完成输入数据卡片的填写，一般情况下程序都提供一份类似指南性、手册性的文档供用户查阅，图 2-1 为英国斯旺西大学的 D. R. J. Owen 和 E. Hinton 所著 *Finite elements in plasticity：theory and practice*[1] 一书提供的某一弹塑性有限元程序输入数据准备指南（仅部分），供平面、轴对称和板弯曲问题分析所用。

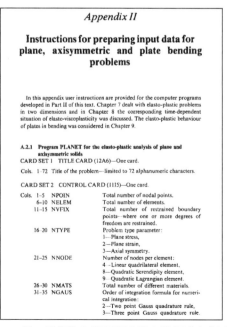

图2-1　某一弹塑性有限元程序输入数据准备指南[1]

2.3　典型塑性力学有限元程序电算实施技术——以 PLAST 程序为例

2.3.1　PLAST 程序简介

PLAST 程序引自 *Finite elements in plasticity: theory and practice*[1]，采用 Fortran Ⅳ 语言编制。该书系塑性力学有限元方面的经典著作，曾被译为中文版 [5]。本节所列 PLAST 程序曾在学术界产生了相当深远的影响，国内所编制的 GEOEPL2D 程序 [6] 即适当参考了该程序。当然需要指出的是，该程序仅可考虑材料非线性，岩土其他方面的电算特色尚不突出。

2.3.2　算例描述

Finite elements in plasticity: theory and practice[1] 一书曾针对承受内压的厚壁圆筒开展了基于 Von mises 屈服准则的弹塑性平面有限元分析，现以该算例为准，扼要介绍基于 PLAST 程序的电算实施技术。该圆筒内径、外径分别为 100 mm、200 mm，弹性模量为 2.1×10^4 dN/mm^2，泊松比为 0.3，单轴屈服应力为 24.0 dN/mm^2，应变硬化参数为 0，遵循 Von mises 屈服准则，承受均布径向内压作用。

考虑到结构的对称性，可取 1/4 结构开展分析，此处选取右上部分的 1/4 结构为分析对象。采用 8 节点单元将结构予以离散，近荷载处网格适当细密，而远离荷载处适当稀疏，共剖分 12 个单元、51 个节点，单元编号、节点编号详见图 2-2。边界条件方面，水平对称轴上的 1、8、12、19、23、30、34、41、45 等 9 个节点的水平向自由、垂直向约束，而垂直对称轴上的 7、11、18、22、29、33、40、44、51 等 9 个节点的垂直向自由、水平向约束。

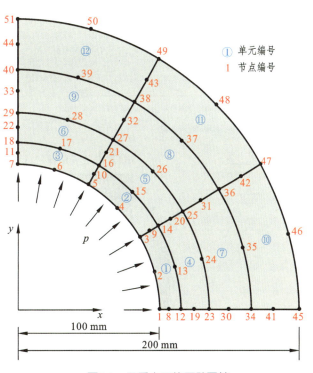

图2-2　承受内压的厚壁圆筒

2.3.3 源代码的编译、链接

因 *Finite elements in plasticity: theory and practice*[1] 一书提供的为程序源代码，故首先需将源代码编译而成可执行程序。此处应用 SimplyFortran（可访问网站 http://simplyFortran.com/，下载安装，免费试用 30 d）对 *Finite elements in plasticity: theory and practice*[1] 一书所列的源代码进行调试、编译和链接。SimplyFortran 程序主界面如图 2-3 所示。

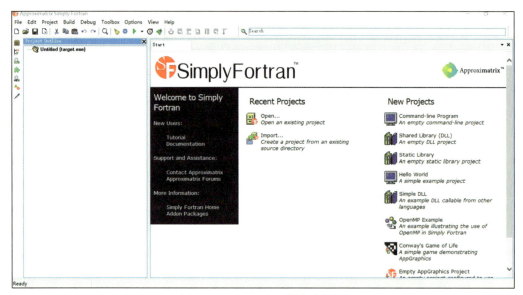

图2-3 SimplyFortran程序主界面

然后点击右侧"Command-line Program"处，弹出对话框，如图 2-4 所示，分别输入 Project Name、Directory，此处分别为 Example 01.prj、D:\。

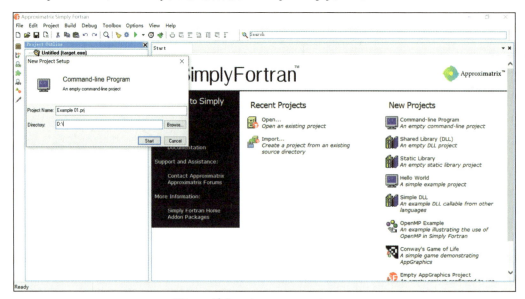

图2-4 输入Project Name、Directory

点击图 2-4 中"Start"按钮，界面如图 2-5 所示。

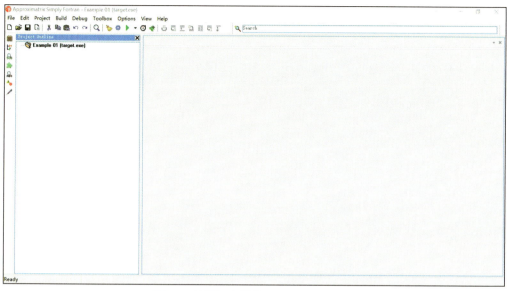

图2-5　待添加文件的SimplyFortran界面

选中图 2-5 中左侧"Example 01 （target.exe）"处，点击鼠标右键，弹出选择项，选中"Add File（s）…"，如图 2-6 所示。

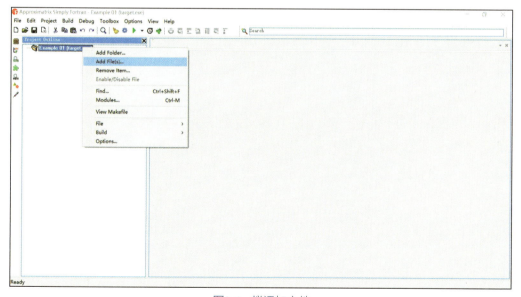

图2-6　拟添加文件

在弹出的对话框中，将放置于 D:\ 下的 ALGOR.FOR 等文件选中，如图 2-7 所示。

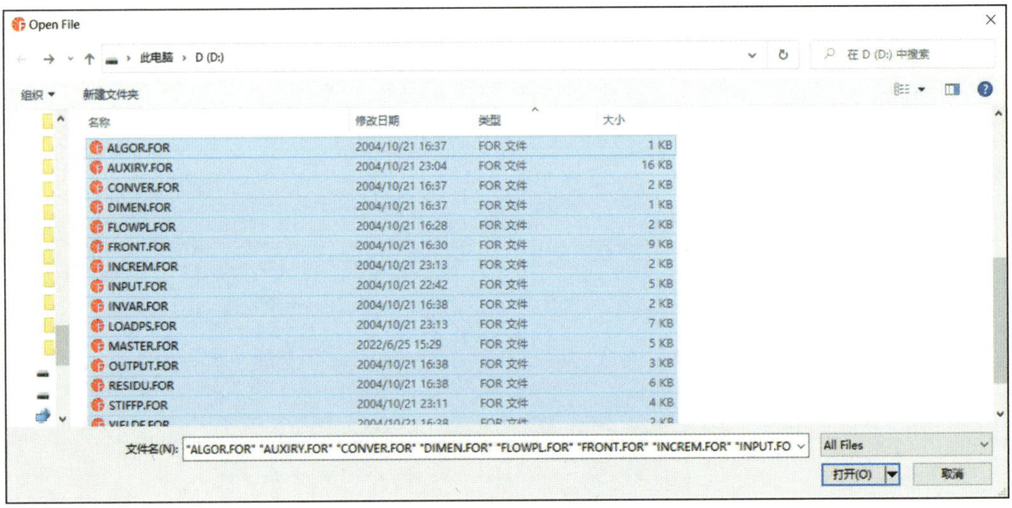

图2-7　选中拟添加的所有文件

点击图 2-7 中"打开（O）"按钮，界面如图 2-8 所示，注意到此时已将主程序 MASTER.FOR 及各子程序悉数载入。

图2-8　载入所有源文件的SimplyFortran界面

选中图 2-8 左侧"MASTER.FOR"，并双击，界面如图 2-9 所示。

点击"Build Project（F6）"（见图 2-10），程序进行编译，编译完成后界面如图 2-11 所示。

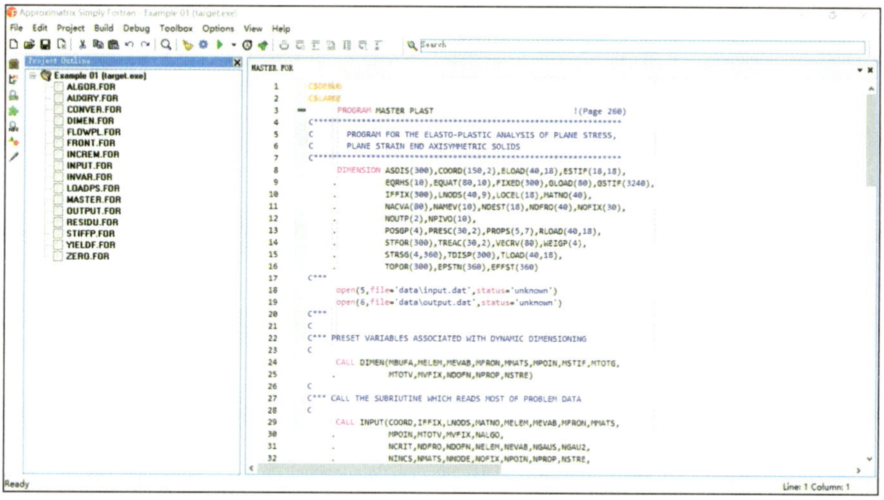

图2-9　主程序MASTER.FOR显示界面

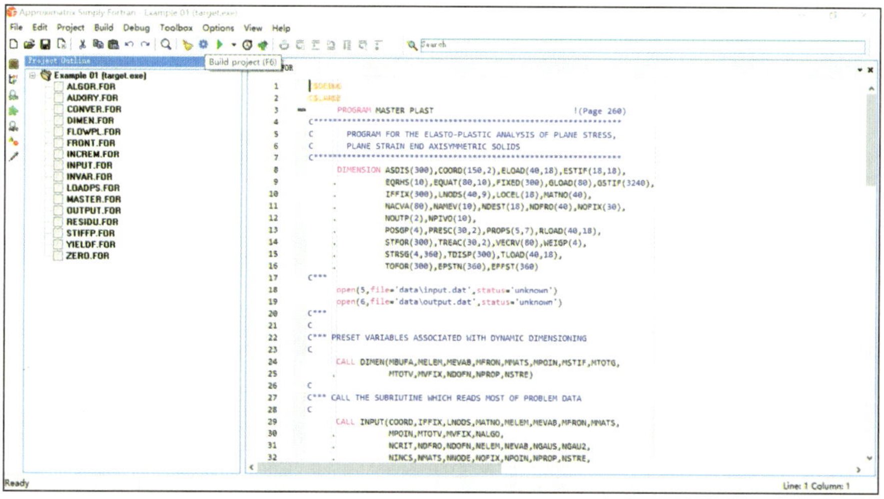

图2-10　点击"Build Project（F6）"

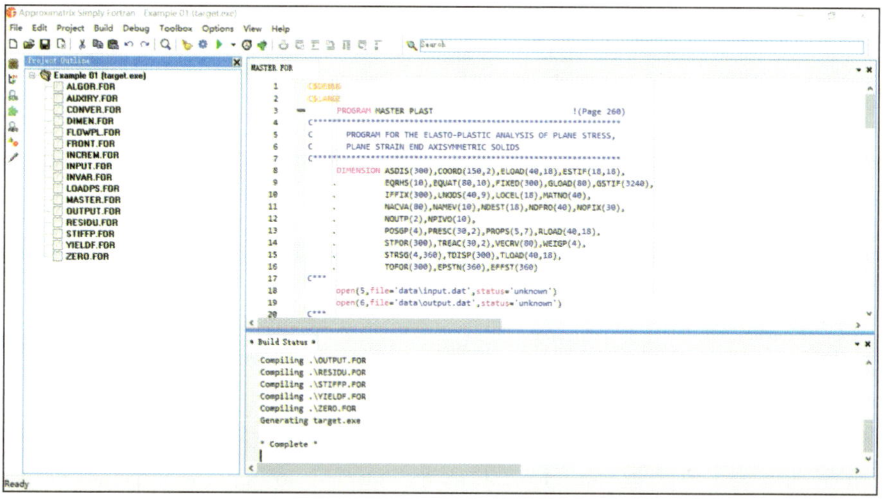

图2-11　编译完成后SimplyFortran界面

2.3.4 输入数据文件的填写

利用 UltraEdit 等文本编辑器建立一个名称为 input.dat 的输入数据文件，且将该文件放置于 D:\data 下，如图 2-12 所示。注意，因采用固定格式，输入数据文件需要严格遵照 Fortran 语言的格式要求准备。

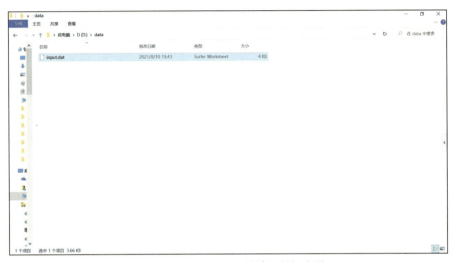

图2-12　置于D:\data下的输入数据文件

输入数据文件的具体内容详见 *Finite elements in plasticity: theory and practice*[1] 一书第 542 页、第 543 页，其中部分内容见图 2-13。该输入数据文件的具体含义，读者结合该书的 Appendix Ⅱ "Instructions for preparing input data for plane, axisymmetric and plate bending problems" 不难理解，此处不再赘述。

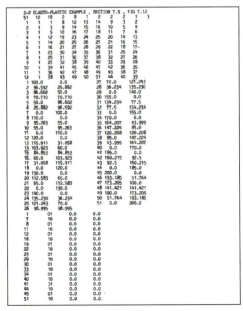

图2-13　厚壁圆筒PLAST程序电算输入数据文件（仅部分）[1]

2.3.5　计算分析的执行

如放置于 D:\data 文件夹的输入数据文件 input.dat 已准备妥当，则点击"Launch project"，如图 2-14 所示；程序开始执行计算，如无误，则界面如图 2-15 所示。

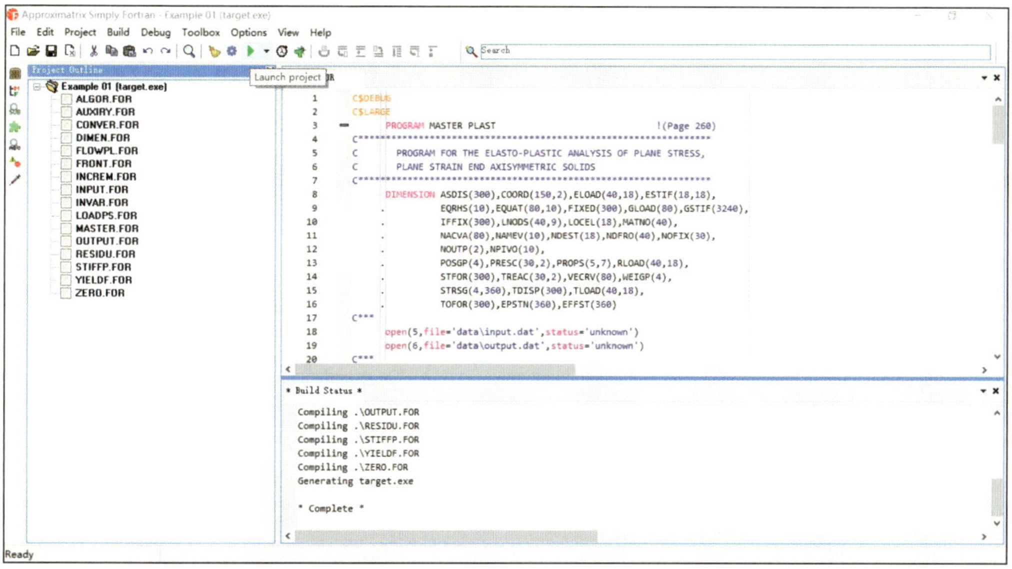

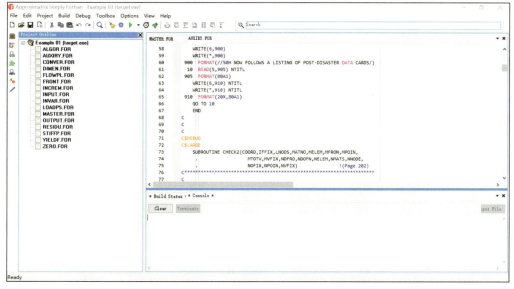

图2-14　点击"Launch project"

图2-15　执行计算后SimplyFortran界面

2.3.6　结果的处理

注意到此时 D:\data 文件夹内将新生成一个名称为"output.dat"的文本文件，如图 2-16 所示，该文件即为结果输出文件，部分结果截图类似图 2-17。利用 UltraEdit 等文本编辑器，即可打开、查看该文件，并进行必要的可视化处理工作，此处亦不过多阐述。关于如何将文本格式的输出结果绘制成各类图形，请详见本书第 5 章。

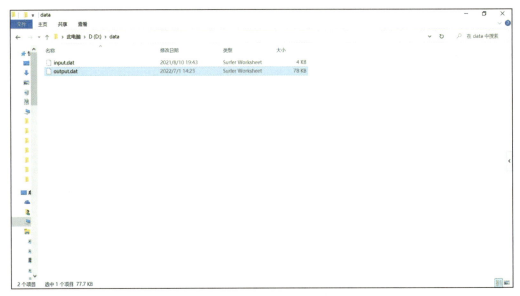

图2-16 于D:\data下生成的结果输出文件

```
2-D ELASTO-PLASTIC EXAMPLE , SECTION 7.9 , FIG 7.12
NPOIN =  51      NELEM =  12      NVFIX =  18      NTYPE =   2      NNODE =   8
NMATS =   1      NGAUS =   2      NEVAB =  16      NALGO =   2
NCRIT =   2      NINCS =   1      NSTRE =   3
ELEMENT    PROPERTY      NODE NUMBERS
    1         1          1    8   12   13   14    9    3    2
    2         1          3    9   14   15   16   10    5    4
    3         1          5   10   16   17   18   11    7    6
    4         1         12   19   23   24   25   20   14   13
    5         1         14   20   25   26   27   21   16   15
    6         1         16   21   27   28   29   22   18   17
    7         1         23   30   34   35   36   31   25   24
    8         1         25   31   36   37   38   32   27   26
    9         1         27   32   38   39   40   33   29   28
   10         1         34   41   45   46   47   42   36   35
   11         1         36   42   47   48   49   43   38   37
   12         1         38   43   49   50   51   44   40   39
NODE       X          Y
    1     100.000      0.000            27     70.000    121.243
    2      96.592     25.882            28     36.234    135.230
    3      86.602     50.000            29      0.000    140.000
    4      70.710     70.710            30    155.000      0.000
    5      50.000     86.602            31    134.234     77.500
    6      25.882     96.592            32     77.500    134.234
    7       0.000    100.000            33      0.000    155.000
    8     110.000      0.000            34    170.000      0.000
    9      95.263     55.000            35    164.207     43.999
   10      55.000     95.263            36    147.224     85.000
   11       0.000    110.000            37    120.208    120.208
   12     120.000      0.000            38     85.000    147.224
   13     115.911     31.058            39     43.999    164.207
   14     103.923     60.000            40      0.000    170.000
   15      84.853     84.853            41    185.000      0.000
   16      60.000    103.923            42    160.215     92.500
   17      31.058    115.911            43     92.500    160.215
   18       0.000    120.000            44      0.000    185.000
   19     130.000      0.000            45    200.000      0.000
   20     112.583     65.000            46    193.185     51.764
   21      65.000    112.583            47    173.205    100.000
   22       0.000    130.000            48    141.421    141.421
   23     140.000      0.000            49    100.000    173.205
   24     135.230     36.234            50     51.764    193.185
   25     121.243     70.000            51      0.000    200.000
   26      98.995     98.995
```

图2-17 结果输出文件内容[1]

至此，利用该有限元程序开展厚壁圆筒的电算分析工作已全部完成。需要特别补充说明几点：

（1）*Finite elements in plasticity: theory and practice*[1] 所列主程序未使用文件操作，本书在 *Finite elements in plasticity: theory and practice*[1] 一书第 260 页所列源程序的 PLAS 14 行之后增补了如下语句，从而方便利用文件的形式对数据输入、结果输出予以控制。其他一些地方亦做了适当改动，当然还需要把每行语句末的 "PLAS 1" 等表示在该子程序中行号的字样删除。

open（5，file='data\input.dat'，status='unknown'）

open（6，file='data\output.dat'，status='unknown'）

（2）*Finite elements in plasticity: theory and practice*[1] 所列程序有 1 个主程序，若干个子程序，本书为了方便编译，将 *Finite elements in plasticity: theory and practice*[1] 所列 CHECK1. FOR、ECHO.FOR、CHECK2. FOR 等数个子程序一并纳入，命名为 AUXIRY.FOR 子程序，这样处理并不会影响程序的正常编译、链接。

（3）*Finite elements in plasticity: theory and practice*[1] 所提供的输入数据似有一定错误，如：在准备节点卡片时，对于每个节点，需要按照 F10.5 的格式输入节点的 X、Y 坐标，但图 2-13 所示数据输入卡片并未严格遵照此要求。

2.4 早年岩土工程有限元程序电算实施技术——以 slope64 程序为例

2.4.1 slope64 程序简介

前述 PLAST 程序输入数据文件采用固定格式，现以美国科罗拉多矿业大学的 D. V. Griffiths[2] 所开发的基于有限元法的边坡稳定分析程序 slope64 为例，阐述如何按照自由格式填写数据输入文件。该程序已编译、链接成可执行文件 slope64.exe，无须再对源代码进行编译和链接，slope64.exe 及其手册可通过访问网站 https://inside.mines.edu/~vgriffit/ 下载，具体的原理算法、源代码详见文献 [3]。需要顺带指出的是，I. M. Smith 和 D. V. Griffiths 所著 *Programming the finite element method* 一书与时俱进，已先后更新出版至第 5 版 [3,7~10]，在学术界产生了较为深远的影响，亦对应有一些版本的中文译本 [11-13]。Slope64 程序于 *Programming the finite element method* 的第 2 版 [8] 即公开了早期的全部源代码。

2.4.2 算例描述

选用该程序使用手册中所列的Example 2[2]，模型示意见图2-18。该算例描述的是含有两层不同土体的边坡，边坡高1.0 m，坡比为1：2，第1层土体（soil 1）的有效内摩擦角为25°，有效黏聚力为1.0 kPa，总重度为20.0 kN/m³，弹性模量为100 MPa，泊松比为0.3；第2层土体（soil 2）的有效内摩擦角为15°，有效黏聚力为0.5 kPa，总重度为20.0 kN/m³，弹性模量为100 MPa，泊松比为0.3。现欲求解该边坡的安全系数及滑动面形态。

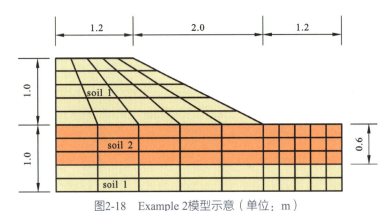

图2-18　Example 2模型示意（单位：m）

2.4.3　输入数据文件的填写

用 UltraEdit 文本编辑器形成如下数据文件，并命名为 Example2.dat。此时需要注意几点：① 文件扩展名必须为 .dat；② 除用 UltraEdit 文本编辑器直接从零开始形成该数据文件之外，更快捷的方式是，从 D. V. Griffiths 个人网站（https://inside.mines. edu/~vgriffit/slope64/）下载 ex1.dat 等文件，然后在这些文件基础上根据自身拟分析问题的需要，适当修改即可；③ 双引号及双引号内的文字是为了提示用户填写何数据，除 L001 行之外，仅需修改其他行双引号及双引号内文字之下的数据即可；④ 每行前"L001："等字样系本书作者所加，表示第 1 行等，主要是为了方便后文注释所用。

L001："Example 2： A two-layer slope"

L002：

L003："Width of top of embankment （w1） "

L004：1.2

L005：

L006："Width of sloping portion of embankment （s1） "

L007：2.0

L008：

L009："Distance foundation extends to right of embankment toe （w2） "

L010：1.2

L011：

L012："Height of embankment （h1）"

L013：1.0

L014：

L015："Thickness of foundation layer （h2）"

L016：1.0

L017：

L018："Number of x-elements in embankment （nx1）"

L019：5

L020：

L021："Number of x-elements to right of embankment toe （nx2）"

L022：5

L023：

L024："Number of y-elements in embankment （ny1）"

L025：5

L026：

L027："Number of y-elements in foundation （ny2）"

L028：5

L029：

L030："Number of different property groups （np_types）"

L031：2

L032：

L033："Material properties （phi, c, psi, gamma, e, v） for each group"

L034：25.0 1.0 0.0 20.0 1. e5 0.3

L035：15.0 0.5 0.0 20.0 1. e5 0.3

L036：

L037："Property group assigned to each element （etype, data not needed：if np_types=1）"

L038：1 1 1 1 1

L039：1 1 1 1 1

L040：1 1 1 1 1

L041：1 1 1 1 1

L042：1 1 1 1 1

L043：2 2 2 2 2 2 2 2 2 2

L044：2 2 2 2 2 2 2 2 2 2

L045：2 2 2 2 2 2 2 2 2 2

L046：1 1 1 1 1 1 1 1 1 1

L047：1 1 1 1 1 1 1 1 1 1

L048：

L049："Pseudo-static analysis: Horizontal acceleration factor (k_h)"

L050：0.0

L051：

L052："Number of free surface points and their coordinates (nosurf, surf (2, nosurf))"

L053：0

L054：

L055："Unit weight of water (gam_w)"

L056：0.0

L057：

L058："Iteration ceiling (limit)"

L059：500

L060：

L061："Factor of Safety accuracy tolerance (fos_tol)"

L062：0.02

参照图 2-18，对以上代码进行扼要解释：

L001：对拟分析的问题予以适当注释，本处注释为"Example 2:A two-layer slope"。

L002：空行。

L003~L004：路基面宽度 $w1$=1.2 m。

L005：空行。

L006~L007：路基坡面部分的宽度 $s1$=2.0 m。

L008：空行。

L009~L010：距离路基右坡脚的地基宽度 $w2$=1.2 m。

L011：空行。

L012~L013：路基高度 $h1$=1.0 m。

L014：空行。

L015~L016：地基层的厚度 $h2$=1.0 m。

L017：空行。

L018~L019：路基 x 方向等分的单元数量 $nx1$=5。

L020：空行。

L021~L022：路基右坡脚地基等分的单元数量 $nx2$=5。

L023：空行。

L024~L025：路基 y 方向等分的单元数量 $ny1$=5。

L026：空行。

L027~L028：地基 y 方向等分的单元数量 $ny2$=5。

L029：空行。

L030~L031：不同材料属性的组数 np_types=2。

L032：空行。

L033~L035：每组材料的属性，先后分别为有效内摩擦角 phi、有效黏聚力 c、剪胀角 psi、总重度 $gamma$、弹性模量 e、泊松比 v。第 1 组材料有效内摩擦角 phi=25°、有效黏聚力 c=1 kPa、剪胀角 psi=0°、总重度 $gamma$=20 kN/m³、弹性模量 e=100 MPa、泊松比 v=0.3；第 2 组材料有效内摩擦角 phi=15°、有效黏聚力 c=0.5kPa、剪胀角 psi=0°、总重度 $gamma$=20 kN/m³、弹性模量 e=100 MPa、泊松比 v=0.3。

L036：空行。

L037~L047：将材料属性组别赋予每个单元。路基 y 方向共等分为 5 个单元，x 方向等分为 5 个单元，材料属性组别为第 1 组；地基 y 方向由 0.6 m 土层 2+0.4 m 土层 1 组成，将地基上部 0.6 m 厚的 30 个单元材料属性组别赋予为第 2 组，地基下部 0.4 m 厚的 20 个单元材料属性组别赋予为第 1 组。

L048：空行。

L049~L050：水平向加速度系数 k_h=0.0。

L051：空行。

L052~L053：自由面点的数量 nosurf=0 和它们的坐标（因 nosurf=0，坐标 surf（2，nosurf）无须输入）。

L054：空行。

L055~L056：水的重度 gam_w=0.0 kN/m³。

L057：空行。

L058~L059：迭代上限 limit=500。

L060：空行。

L061~L062：安全系数精度公差 fos_tol=0.02。

2.4.4　计算分析的执行

假定已准备好上述数据输入文件，将其命名为 Example2.dat，将 slope64.exe 程序和 Example2.dat 文件均放置于 D:\ 下，选中 slope64.exe 文件，并双击鼠标左键，运行 slope64.exe 程序，按照屏幕提示，键入数据文件的主名 Example2（见图 2-19），敲击回车，程序开始执行计算求解（见图 2-20）。

图2-19　键入数据文件主名

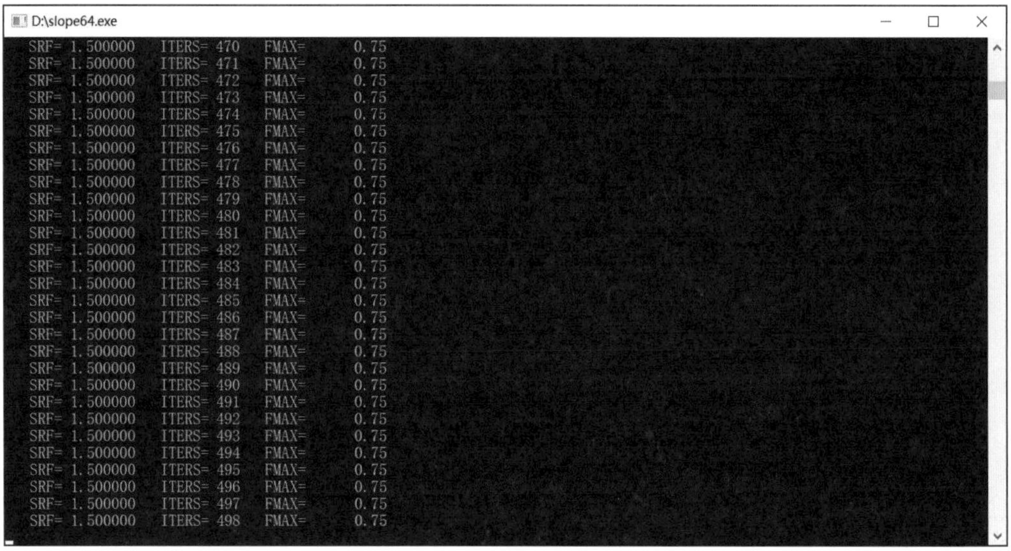

图2-20　程序执行计算求解

2.4.5　结果的处理

程序执行计算求解完成后，注意观察 D:\ 下新生成 Example2.res、Example2.msh、Example2.dis、Example2.vec 等 4 个文件，这些文件均为文本格式，可利用 UltraEdit 文本编辑器打开查看，分别为给出所估计安全系数的输出文件、展现有限元网格的 PostScript 文件、展现破坏时变形后网格的 PostScript 文件和展现破坏时节点位移矢量的 PostScript 文件。

将 Example2.res 文件用 UltraEdit 文本编辑器打开查看，可知该边坡所估计的安全系数为 1.22。另外，假设已安装用于 PostScript 文件阅读等操作的 GSview 软件，打开该软件后，将 Example2.msh、Example2.dis、Example2.vec 等文件分别选中并拖入 GSview 软件主界面，如图 2-21~图 2-23 所示。

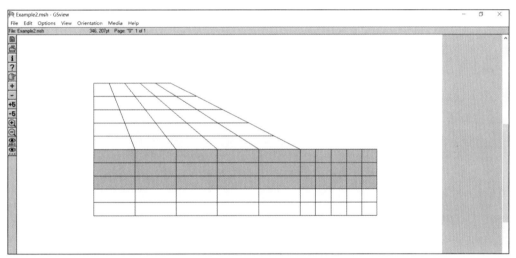

图2-21　有限元网格

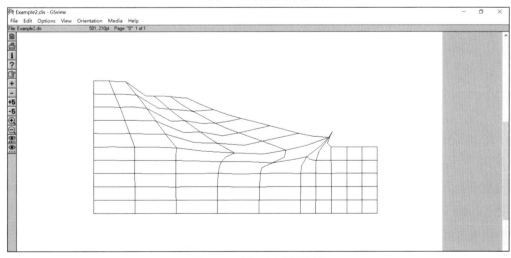

图2-22　破坏时变形后网格

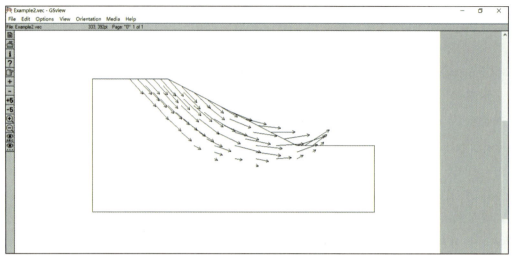

图2-23　破坏时节点位移矢量

至此，利用 slope64 程序开展边坡稳定性电算分析的工作已经全部完成。此时，需要强调几点：

（1）该程序数据文件命名时可使用中文，如命名为"例题 .dat"，但注意到，双击 slope64.exe 文件，按照屏幕提示，仅需要输入数据文件的主名，故不可以命名为"Example 2.dat"或"例 题 .dat"（即不可存有空格）。

（2）该程序的数据输入文件采用自由格式，如将"Width of top of embankment（w1）"之下的数据 1.2 修改为 1.20，或在 1.2 前键入若干空格，或将"Example 2: A two-layer slope"与"Width of top of embankment(w1)"这两行之间的空行删除或增加，程序仍照样正常执行；但如将 L003~L004 与 L006~L007 互相交换，则程序无法正常执行。

2.5　基于宏命令的岩土工程有限元程序电算实施技术——以 AFENA 软件为例

2.5.1　AFENA 程序简介

1977 年有限元数值方法研究的先驱者之一、英国威尔士斯旺西大学的 O. C. Zienkiewicz 教 授 [14] 所 著 The finite element method 一 书 第 3 版 出 版， 其 中 第 24 章 "Computer procedures for finite element analysis"由美国加利福尼亚大学伯克利分校的 R. L. Tayor 教授所撰写，公开了一个专门用于教学的有限元程序 FEAP 的全部源代码。该程序内嵌有特殊的语言——宏指令语言（Macro instruction language，MIL），程序读入由宏指令语言写成的文件之后，就顺序依照其中每一条宏指令来执行不同的步骤。宏指令语言的格式一般为四个大写字母组成的字符串，在程序的数据输入阶段，原始数据也是靠宏指令予以输入，数据分别附在每一条宏指令的后面。如宏指令 COOR 用于输入节点坐标（COORdinate），ELEM 用于输入单元数据（ELEMent），而 TANG 用于形成总体刚度矩阵（切线刚度矩阵）（TANGent stiffness matrix）等。

澳大利亚悉尼大学的 John P. Carter 和 Nigel P Balaam 在 1977 年所发布的 FEAP 程序基础上，于 1979 年开始，经过大幅度的扩充和增强，开发而成 AFENA 程序，1999 年该程序推出 Windows 版本的第 1 版。该程序已拥有了诸多其他功能，当然最重要的特征仍是保留了 FEAP 程序宏指令语言。该程序还可通过其他辅助程序 GENTOP[15]、FELPA[16] 极大地增强整体能力，如 GENTOP 可组装形成用于 AFENA 分析的数据输入集，即辅助生成二维网格、赋予材料性质、输入求解宏命令等，而 FELPA 则可用于 AFENA 的图形化前、后处理。

需要顺带说明的是，FEAP 程序自 1977 年公开发布后，在学术界产生了重要影响，亦受到我国学者的重视，如王秉愚[17] 剖析了 FEAP 这一典型有限元程序，徐兴等[18]、凌道盛等[19] 则在 FEAP 基础上，经过改进补充，分别开发了 ZD-FEAP、V-FEAP 等程序。

关于 FEAP 程序的详细阐述，请读者参考文献 [14]，最新版本亦可访问 FEAP 用户论坛（网址为：http://feap.berkeley.edu/forum/index.php）；关于 AFENA、GENTOP、FELPA 更详细的阐述，请读者参考文献 [4,15,16]。本书所使用的 AFENA 软件系学生版（Student Version）v7.4，该版本仅限于 AFENA、GENTOP、FELPA 在 1 000 个节点内使用。

2.5.2　算例描述

AFENA user manual version 6.0[4] 第 22 章提供了一个名为 "*Excavation and fill near a retaining wall*" 的算例，现不妨选取该算例为典型算例，详细阐述基于有限元法的岩土工程电算实施流程。

如图 2-24 所示，有水平规则分布的两个土层，由下至上分别命名为硬黏土（Stiff clay）和软黏土（Soft clay），厚度分别为 10 m、7 m。板桩墙（Sheet pile wall）已事先设置于软黏土土层内，并深入至硬黏土 2 m。先于板桩墙前一次性开挖软黏土（Soft clay）3 m，然后在板桩墙（Sheet pile wall）背分两层土体分步填筑填土（Fill），每层填土均高 1.5 m。相关材料参数列于表 2-1。试用 AFENA 软件开展电算分析，获得力学响应。

此时需要指出的是，尽管此算例并不是路基结构，但其中蕴含的诸多技术，如模型范围确定、单元类型选择及网格剖分、本构模型选择及材料参数确定、边界条件施加、初始应力考虑、施工过程模拟、结构物模拟等均可直接借鉴于路基结构分析当中，第 3、4、5 章将在这个算例的基础上，将其改造为路堤结构，然后就路基结构有限元电算实施技术开展更深入的相关讨论，故此处针对该算例开展详细阐述。

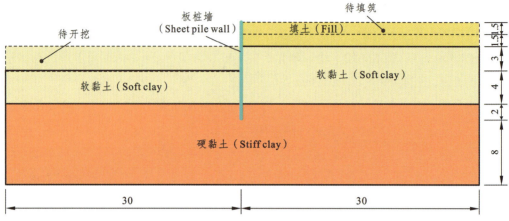

图2-24 近挡土墙的开挖与填筑（单位：m）

表2-1 材料参数

项目	材料			
	硬黏土 （Stiff clay）	软黏土 （Soft clay）	填土 （Fill）	板桩墙 （Sheet pile wall）
杨氏模量E/MPa	50	5	60	—
泊松比μ	0.49	0.49	0.3	—
黏聚力c/kPa	120	40	60	—
内摩擦角φ/（°）	0	0	30	—
剪胀角ψ/（°）	0	0	30	—
饱和重度$\gamma_{saturated}$/（kN/m³）	18	16	20	—
干重度γ_{dry}/（kN/m³）	18	16	20	—
水平静止土压力系数RK_0	1.2	0.5	1.0	—
轴向刚度EA/kPa	—	—	—	1.0×10^7
剪切刚度GA/kPa	—	—	—	4.0×10^5
弯曲刚度EI/kPa	—	—	—	1.2×10^8

2.5.3 算例具体实施

2.5.3.1 算例电算宏观分析

宏观上看，该算例含有3种不同土体（Stiff clay、Soft clay、Fill）、1种结构物（Sheet pile wall），涉及开挖、填筑等施工过程模拟。选用 AFENA 程序中的第27类单元（Elastoplastic Mohr-Coulomb continuum）离散3种土体、第8类单元（Linear elastic beam-column）离散结构物，并划分为4个步骤，分别为 Step1：初始地应力计算；

Step2：向下开挖 3 m 深度的 Soft clay；Step3：板桩墙后填筑第 1 层 Fill；Step4：板桩墙后填筑第 2 层 Fill。

视该问题为平面应变问题，所剖分的有限元网格见图 2-25，其中"1"等字样表示节点编号，"①"等字样表示单元编号，坐标原点设置于模型的左下角，以水平向右为 x 轴的正方向，以垂直向上为 y 轴的正方向。

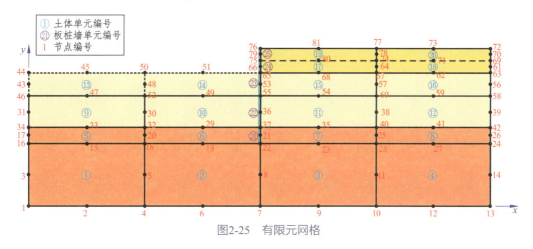

图2-25　有限元网格

2.5.3.2　前处理（建立数据输入文件）

利用 UltraEdit 文本编辑器，建立数据输入文件，如图 2-26 所示，将其命名为 EXCA06.afi，并不妨存放于 D:\EXCA06 文件夹内。

```
 1 AFENA - Excavation and fill near a retaining wall
 2    81   25    4    2    4    8    0    0    0    9   11
 3
 4 NOPR
 5
 6 COOR
 7     1    0 0.000E+00 0.000E+00
 8     2    0 7.500E+00 0.000E+00
 9     3    0 0.000E+00 4.000E+00
10     4    0 1.500E+01 0.000E+00
11     5    0 1.500E+01 4.000E+00
12     6    0 2.250E+01 0.000E+00
13     7    0 3.000E+01 0.000E+00
14     8    0 3.000E+01 4.000E+00
15     9    0 3.750E+01 0.000E+00
16    10    0 4.500E+01 0.000E+00
17    11    0 4.500E+01 4.000E+00
18    12    0 5.250E+01 0.000E+00
19    13    0 6.000E+01 0.000E+00
20    14    0 6.000E+01 4.000E+00
21    15    0 7.500E+00 8.000E+00
22    16    0 0.000E+00 8.000E+00
23    17    0 0.000E+00 9.000E+00
24    18    0 1.500E+01 8.000E+00
25    19    0 2.250E+01 8.000E+00
26    20    0 1.500E+01 8.000E+00
27    21    0 3.000E+01 9.000E+00
28    22    0 3.000E+01 8.000E+00
29    23    0 3.750E+01 8.000E+00
30    24    0 6.000E+01 8.000E+00
```

```
31   25   0 4.500E+01 9.000E+00
32   26   0 6.000E+01 9.000E+00
33   27   0 5.250E+01 8.000E+00
34   28   0 4.500E+01 8.000E+00
35   29   0 2.250E+01 1.000E+01
36   30   0 1.500E+01 1.200E+01
37   31   0 0.000E+00 1.200E+01
38   32   0 1.500E+01 1.000E+01
39   33   0 7.500E+00 1.000E+01
40   34   0 0.000E+00 1.000E+01
41   35   0 3.750E+01 1.000E+01
42   36   0 3.000E+01 1.200E+01
43   37   0 3.000E+01 1.000E+01
44   38   0 4.500E+01 1.200E+01
45   39   0 6.000E+01 1.200E+01
46   40   0 4.500E+01 1.200E+01
47   41   0 5.250E+01 1.000E+01
48   42   0 6.000E+01 1.000E+01
49   43   0 0.000E+00 1.550E+01
50   44   0 0.000E+00 1.700E+01
51   45   0 7.500E+00 1.700E+01
52   46   0 0.000E+00 1.400E+01
53   47   0 7.500E+00 1.400E+01
54   48   0 1.500E+01 1.550E+01
55   49   0 2.250E+01 1.400E+01
56   50   0 1.500E+01 1.700E+01
57   51   0 2.250E+01 1.700E+01
58   52   0 1.500E+01 1.400E+01
59   53   0 3.000E+01 1.550E+01
60   54   0 3.750E+01 1.400E+01
```

```
61   55   0 3.000E+01 1.400E+01
62   56   0 6.000E+01 1.550E+01
63   57   0 4.500E+01 1.550E+01
64   58   0 6.000E+01 1.400E+01
65   59   0 5.250E+01 1.400E+01
66   60   0 4.500E+01 1.400E+01
67   61   0 6.000E+01 1.775E+01
68   62   0 5.250E+01 1.700E+01
69   63   0 6.000E+01 1.700E+01
70   64   0 4.500E+01 1.775E+01
71   65   0 3.000E+01 1.700E+01
72   66   0 3.000E+01 1.775E+01
73   67   0 4.500E+01 1.700E+01
74   68   0 3.750E+01 1.700E+01
75   69   0 6.000E+01 1.850E+01
76   70   0 6.000E+01 1.925E+01
77   71   0 5.250E+01 1.850E+01
78   72   0 6.000E+01 2.000E+01
79   73   0 5.250E+01 2.000E+01
80   74   0 4.500E+01 1.850E+01
81   75   0 3.000E+01 1.850E+01
82   76   0 3.000E+01 2.000E+01
83   77   0 4.500E+01 2.000E+01
84   78   0 4.500E+01 1.925E+01
85   79   0 3.000E+01 1.925E+01
86   80   0 3.750E+01 1.850E+01
87   81   0 3.750E+01 2.000E+01
88
89 ELEM
90   1   1   1   4  18  16   2   5  15   3
```

```
91    2    1    4    7   22   18    6    8   19    5
92    3    1    7   10   28   22    9   11   23    8
93    4    1   10   13   24   28   12   14   27   11
94    5    1   16   18   32   34   15   20   33   17
95    6    1   18   22   37   32   19   21   29   20
96    7    1   22   28   40   37   23   25   35   21
97    8    1   28   24   42   40   27   26   41   25
98    9    2   34   32   52   46   33   30   47   31
99   10    2   32   37   55   52   29   36   49   30
100  11    2   37   40   60   55   35   38   54   36
101  12    2   40   42   58   60   41   39   59   38
102  13    2   46   52   50   44   47   48   45   43
103  14    2   52   55   65   50   49   53   51   48
104  15    2   55   60   67   65   54   57   68   53
105  16    2   60   58   63   67   59   56   62   57
106  17    3   65   67   74   75   68   64   80   66
107  18    3   67   63   69   74   62   61   71   64
108  19    3   75   74   77   76   80   78   81   79
109  20    3   74   69   72   77   71   70   73   78
110  21    4   22   21   37
111  22    4   37   36   55
112  23    4   55   53   65
113  24    4   65   66   75
114  25    4   75   79   76
115
116 BOUN
117   1    0    1    1
118   2    0    1    1
119   3    0    1    0
120   4    0    1    1
```

```
121   6    0    1    1
122   7    0    1    1
123   9    0    1    1
124  10    0    1    1
125  12    0    1    1
126  13    0    1    1
127  14    0    1    0
128  16    0    1    0
129  17    0    1    0
130  24    0    1    0
131  26    0    1    0
132  31    0    1    0
133  34    0    1    0
134  39    0    1    0
135  42    0    1    0
136  43    0    1    0
137  44    0    1    0
138  46    0    1    0
139  56    0    1    0
140  58    0    1    0
141  61    0    1    0
142  63    0    1    0
143  69    0    1    0
144  70    0    1    0
145  72    0    1    0
146
147 PRIN
148
149 MATE
150   1   27  Stiff clay
```

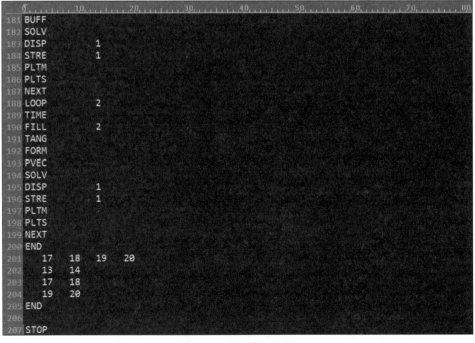

```
151    50.E+3       0.49        0.0       120.0        0.0        0.0    3    1    2    1
152    18.0        18.0        0.0         1.2        0.0        0.0        0.0         0.0
153    10.0         0.0       112.0         0.0        0        0.0
154     0.0         0.0
155    2    27    Soft clay
156     5.E+3       0.49        0.0        40.0        0.0        0.0    3    1    2    0
157    16.0        16.0        0.0         0.5        0.0        0.0        0.0         0.0
158    3    27    Fill
159    60.E+3        0.3        0.0        60.0       30.0       30.0    3    1    2    0
160    20.0        20.0        0.0         1.0        0.0        0.0        0.0         0.0
161    4     8    Sheet-pile wall
162    10.E+6       4.E+5      12.E+7     3     3    1    2    3
163
164 GEOS
165    17.0
166
167 PLTM
168
169 END
170
171 MACR
172 EXCA            4
173 STRE            1
174 PLTS
175 EQUI
176 LOOP            1
177 TIME
178 EXCA            2
179 TANG
180 FORM
```

```
181 BUFF
182 SOLV
183 DISP            1
184 STRE            1
185 PLTM
186 PLTS
187 NEXT
188 LOOP            2
189 TIME
190 FILL            2
191 TANG
192 FORM
193 PVEC
194 SOLV
195 DISP            1
196 STRE            1
197 PLTM
198 PLTS
199 NEXT
200 END
201    17    18    19    20
202    13    14
203    17    18
204    19    20
205 END
206
207 STOP
```

图2-26　数据输入文件

需要指出几点：

（1）AFENA、GENTOP、FELPA 软件安装完成后，在安装路径 Examples 文件夹下有 CONS.zip、EXCA.zip、FOOT.zip、GEN.zip 和 PILE.zip 等 5 个压缩文件（见图 2-27），这些压缩文件实际上包含了 *AFENA user manual version 6.0*[4] 的 Chapter 18~Chapter 23 所述算例对应的主输入文件，这些文件的扩展名均为 .AFI（或 .afi），然而打开 EXCA.zip 压缩文件，可见只有 EXCA01.AFI、EXCA02.AFI、Exca03.afi、EXCA04.AFI 等 4 个文件（见图 2-28），即 AFENA、GENTOP、FELPA 软件安装后，似乎未提供该算例对应的主输入文件 EXCA06.AFI，故需用户根据 *AFENA user manual version 6.0*[4] 中的 Chapter 22 Excavation & Fill Examples 所述自行输入生成。

图2-27　Examples文件夹内的5个压缩文件

图2-28　EXCA.zip压缩文件内的4个主输入文件

（2）参照 *AFENA user manual version 6.0*[4] 所列数据输入文件，删除"Don't echo mesh data""Specify nodal coordinates"等解释性文字之后，其他不予改动，运用 AFENA 执行计算时会出现错误提示信息，如图 2-29 所示。错误提示表明，主控制数据（即数据文件第 2 行）中表示储存于每个积分点的最大历史变量数 *MHV* 参数有误，不应是 *AFENA user manual version 6.0*[4] 中的 4，而应修改为 11。注意，按照 *AFENA user manual version 6.0*[4] 中的表 3.2，对于第 27 类单元，*MHV*=7，这或许也存在错误。

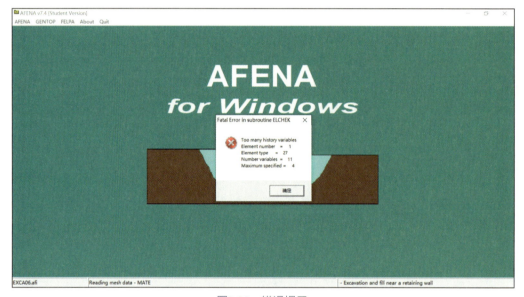

图2-29　错误提示

将主控制数据（即数据文件第 2 行）最后一个数据由原始的 4 修改为 11 后，重新执行计算。此时程序可正常执行计算，结果如图 2-30 所示。但通过后处理程序 FELPA 观察第 4 步，即板桩墙后完成第 2 层 Fill 土层的填筑时的累计位移矢量图（见图 2-31），则发现墙后填土表面的位移矢量朝右上方向，表示土体隆起，这显然是不可能的。其实大致可以猜测到，当板桩墙前 Soft clay 土层被开挖一定深度，且在板桩墙背填筑 Fill 土层 3 m 后，板桩墙背的土体无疑将向左方倾斜，故 *AFENA user manual version 6.0*[4] 所提供的原始主输入文件似仍存有错误，经检查调试，在 PLTS 之后、LOOP 1 之前添加宏指令 EQUI，经过这样处理，结果与 *AFENA user manual version 6.0*[4] 所提供的解答相同，如图 2-32 所示。

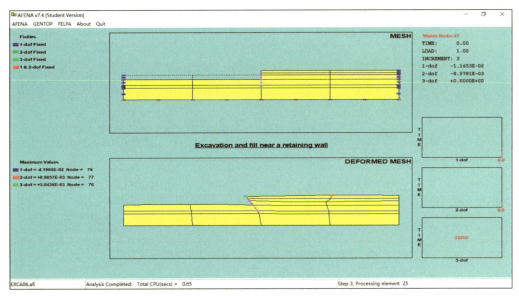

图2-30　程序执行计算后界面

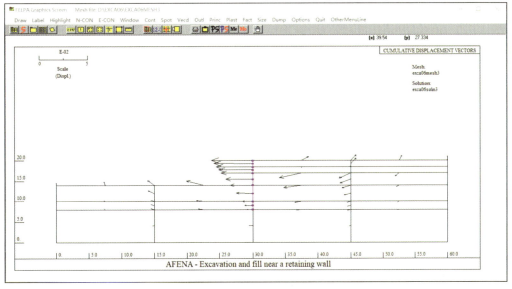

图2-31　累计位移矢量图

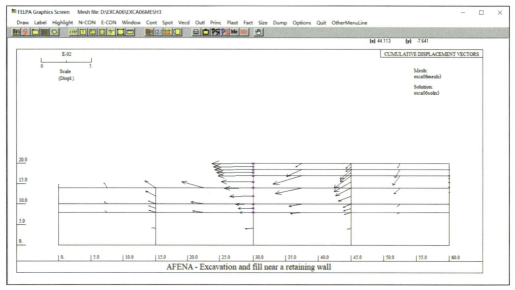

图2-32　添加宏指令EQUI后累计位移矢量图

需要指出的是，当打开 GENTOP 程序后，点击 Control-Macro-Solution，如图 2-33 所示。

然后点击 Repalce Macro With 的 Excavation Fill Examples-Excavation and Fill Near a Retaining Wall，如图 2-34 所示。

弹出如图 2-35 所示的对话框，点击"是（Y）"按钮。

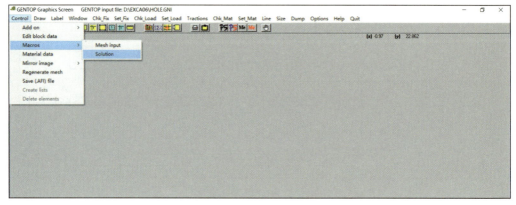

图2-33　GENTOP程序中的Control-Macro-Solution

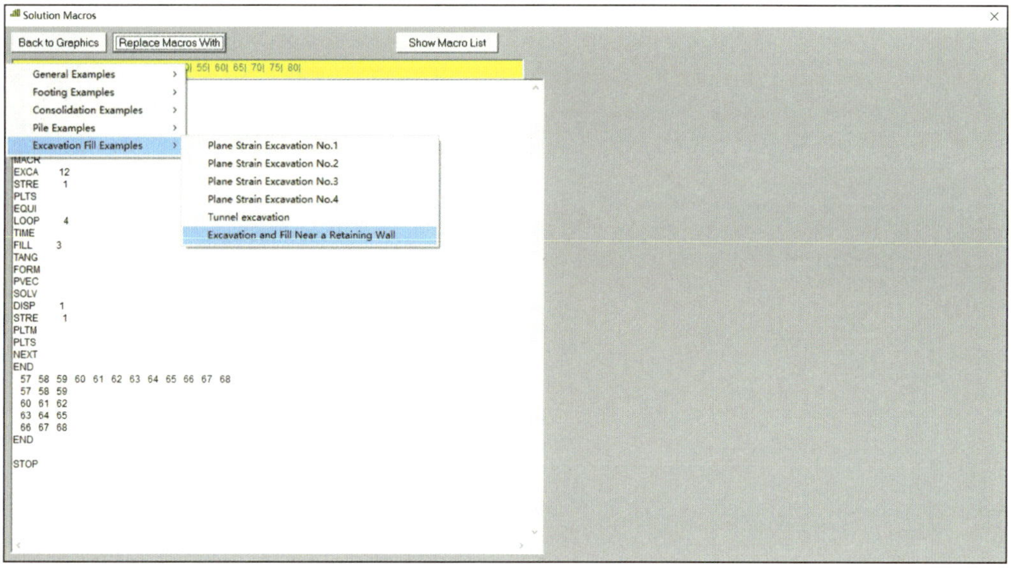

图2-34 Repalce Macro With

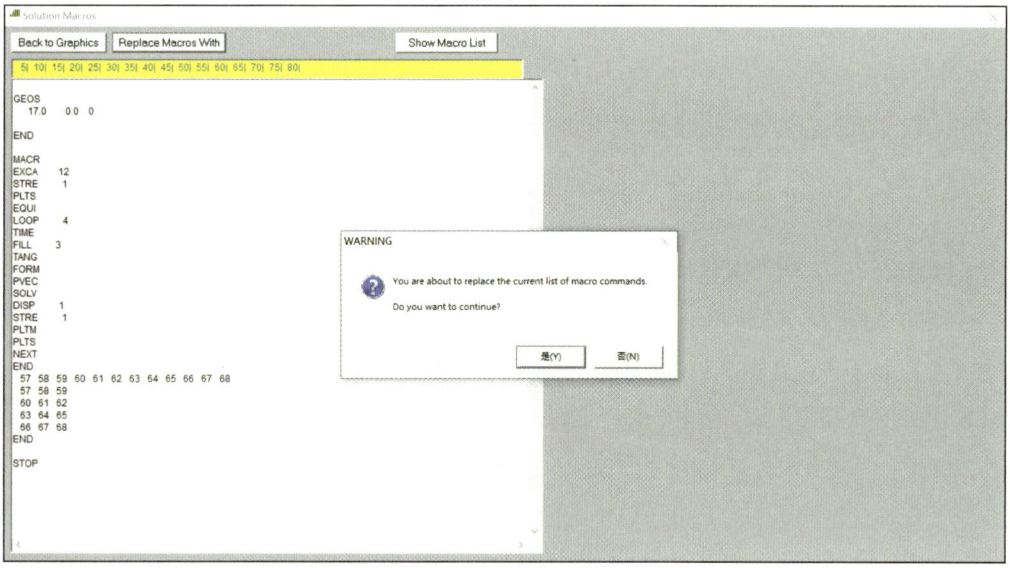

图2-35 替换当前宏指令

则出现如图 2-36 所示的页面，经与 *AFENA user manual version 6.0*[4] 的 Chapter 22 *Excavation & Fill Examples* 仔细对比，发现图 2-35 所列求解宏指令与手册完全相同。这表明 AFENA 程序安装后针对该算例所提供的求解宏指令本身或就存有差错。

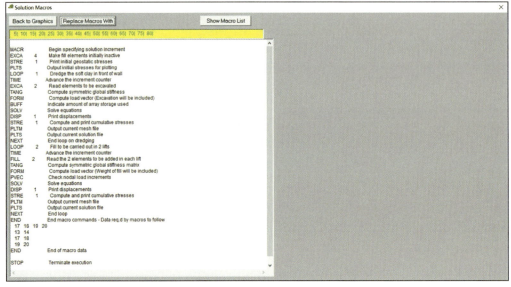

图2-36　AFEN程序安装后所提供的求解宏指令

（3）图 2-26 每行代码前 1 等字样为 UltraEdit 显示的行号，本书特意记为 L001 等，主要是方便后续对这些代码予以注释。

（4）需严格遵照 AFI 数据文件的格式，如 L002 行输入格式为 11I5，故该行第 1 个数据"81"占第 1~5 列，前 3 列须为空格，第 4、5 列填入 81。

（5）数据输入文件可通过 AFENA 软件的前处理辅助程序 GENTOP 实现，本节暂不予以过多讨论，第 3 章将给出关于 GENTOP 半自动剖网技术更详尽的讨论。

（6）AFENA 所提供的学生版（Student Version）版本号为 v7.4，GENTOP、FELPA 版本号分别为 v4.8、Version 5.5，而软件安装后安装文件夹内 AFENA 用户手册[4]、GENTOP 用户手册[15]、FELPA 用户手册[16] 版本号分别为 VERSION 6.0、v1.0 版、v1.5 版，彼此之间略有出入。

下面对前述数据输入文件予以详细注释：

L001（格式：20A4）：第 1~4 列为 AFEN，表示全新的分析；后续第 5~80 列字样将被打印输出于页面和节段的开头。

L002（格式：11I5）：一共 81 个节点；一共 25 个单元（包括全部类型的单元，即包括 20 个第 27 类单元、5 个第 8 类单元）；不同的材料类型总数为 4（即 Stiff clay、Soft clay、Fill 和 Sheet pile wall）；问题的空间维度为 2；网格内任意节点变量的最大数量为 3（第 27 类单元每个节点有 2 个平动位移分量，第 8 类单元每个节点有 2 个平动位移分量和 1 个转动位移分量，故网格内任意节点变量的最大数量为 3）；每个单元的最大节点数量为 8（第 27 类单元有 8 个节点，第 8 类单元有 3 个节点，故每个单元的最大节点数量为 8）；超过 3（网格内任意节点变量的最大数量为 3）× 8（每个单元的最大节点数量）的平方单元刚度矩阵的附加尺寸为 0；节点变量上线性约束条件的最大个数为 0；从网格中压缩的节点数量为 0；任意单元内积分点的最大数量为 9；储存于每个积分点的历史变量的最大数量为 11。

L003：空行。

L004（输入格式：A4）：不回显后续的输入数据。

L005：空行。

L006（输入格式：A4）：宏命令 COOR（准备输入节点坐标）。

L007~L087（格式：2I5，7F10.0）：依次为节点号、节点号增量、x 方向坐标、y 方向坐标。注意本算例因单独逐一输入所有节点的坐标，故节点号增量为 0，坐标原点在模型的左下角，分别以水平向右、垂直向上作为 x 轴、y 轴的正方向。

L088：空行。

L089（输入格式：A4）：宏命令 ELEM（准备输入单元的连接关系）。

L090~L114（输入格式：16I5）：依次为单元号、材料类型号、该单元的各节点号。以第①号单元为例，该单元号为 1，材料类型号为 1（即为 Stiff clay），由 1、4、18、16、2、5、15、3 等 8 个节点按照程序要求的规则构成；对于第㉑号单元（该单元对应的单元类型为第 8 类），单元号为 21，材料类型号为 4（即为 Sheet pile wall），由 22、21、37 等 3 个节点按照程序要求的规则构成。

L115：空行。

L116（输入格式：A4）：宏命令 BOUN（准备输入边界条件）。

L117~L145（输入格式：16I5）：依次为节点号、节点号增量、x 方向自由度约束代码（1 表示被约束，0 表示自由）、y 方向自由度约束代码（1 表示被约束，0 表示自由）。

L146：空行。

L147（输入格式：A4）：回显后续的网格数据。

L148：空行。

L149（输入格式：A4）：宏命令 MATE（准备输入材料属性）。

L150（输入格式：2I5，17A4）：第 1 类材料；第 27 类单元；材料名称命名为 "Stiff clay"。

L151（输入格式：6F10.0，4I5）：该土层顶层（即 y=10 m）处的杨氏模量为 50 MPa；泊松比为 0.49；质量密度为 0（质量密度仅用于动力分析，如建立质量矩阵，并非用于计算自重应力，本算例设为 0）；该土层顶层（即 y=10 m）处的黏聚力为 120 kPa；该土层顶层（即 y=10 m）处的内摩擦角为 0°；该土层顶层（即 y=10 m）处的剪胀角为 0°；每个坐标方向高斯点的数量为 3；存储 1 方向（即 x 方向）位移分量的顺序为 1；存储 2 方向（即 y 方向）位移分量的顺序为 2；ITEST=1，表示该土层需要输入第 3、4 张数据卡片。

L152（输入格式：8F10.0）：饱和重度为 18 kN/m³；干重度为 18 kN/m³；孔隙水的重度为 0 kN/m³；水平静止土压力系数为 1.2；杨氏模量随深度变化的斜率为 0；黏聚力随深度变化的斜率为 0；内摩擦角随深度变化的斜率为 0；剪胀角随深度变化的斜率为 0。

L153（输入格式：4F10.0，I5，F10.0）：该土层顶部的 y 坐标为 10 m；该土层潜水面的 y 坐标为 0 m；假设作用于该土层顶部的超载为 112 kPa；该土层顶部的孔隙水压力为 0 kPa；NINT=0，表示将计算非零初始地应力；该土层顶部的水平向应力为 0 kPa。

L154（输入格式：2F10.0，I5）：用于确定杨氏模量随应力而变化的系数为 0；用于确定杨氏模量随应力而变化的指数为 0。

L155（输入格式：2I5，17A4）：第 2 类材料；第 27 类单元；材料名称命名为"Soft clay"。

L156（输入格式：6F10.0，4I5）：该土层顶层（即 y=17 m）处的杨氏模量为 5 MPa；泊松比为 0.49；质量密度为 0（质量密度仅用于动力分析，如建立质量矩阵，并非用于计算自重应力，本算例设为 0）；该土层顶层（即 y=17 m）处的黏聚力为 40 kPa；该土层顶层（即 y=17 m）处的内摩擦角为 0°；该土层顶层（即 y=17 m）处的剪胀角为 0°；每个坐标方向高斯点的数量为 3；存储 1 方向（即 x 方向）位移分量的顺序为 1；存储 2 方向（即 y 方向）位移分量的顺序为 2；ITEST=0，表示该土层无须输入第 3、4 张数据卡片。

L157（输入格式：8F10.0）：饱和重度为 16 kN/m³；干重度为 16 kN/m³；孔隙水的重度为 0 kN/m³；水平静止土压力系数为 0.5；杨氏模量随深度变化的斜率为 0；黏聚力随深度变化的斜率为 0；内摩擦角随深度变化的斜率为 0；剪胀角随深度变化的斜率为 0。

L158（输入格式：2I5，17A4）：第 3 类材料；第 27 类单元；材料名称命名为"Fill"。

L159（输入格式：6F10.0，4I5）：该土层顶层（即 y=20 m）处的杨氏模量为 60 MPa；泊松比为 0.3；质量密度为 0（质量密度仅用于动力分析，如建立质量矩阵，并非用于计算自重应力，本算例设为 0）；该土层顶层（即 y=20 m）处的黏聚力为 60 kPa；该土层顶层（即 y=20 m）处的内摩擦角为 30°；该土层顶层（即 y=20 m）处的剪胀角为 30°；每个坐标方向高斯点的数量为 3；存储 1 方向（即 x 方向）位移分量的顺序为 1；存储 2 方向（即 y 方向）位移分量的顺序为 2；ITEST=0，表示该土层无须输入第 3、4 张数据卡片。

L160（输入格式：8F10.0）：饱和重度为 20 kN/m³；干重度为 20 kN/m³；孔隙水的重度为 0 kN/m³；水平静止土压力系数为 1.0；杨氏模量随深度变化的斜率为 0；黏聚力随深度变化的斜率为 0；内摩擦角随深度变化的斜率为 0；剪胀角随深度变化的斜率为 0。

L161（输入格式：2I5，17A4）：第 4 类材料；第 8 类单元；材料名称命名为 "Sheet-pile wall"。

L162（输入格式：3F10.0，5I5，F10.0）：轴向刚度 $EA=10 \times 10^6$ kPa；剪切刚度 $GA=4 \times 10^5$ kPa；弯曲刚度 $EI=12 \times 10^7$ kPa；高斯点数量为 3；将被计算应力分量的采样点数量为 3；存储 1 方向（即 x 方向）位移分量的顺序为 1；存储 2 方向（即 y 方向）位移分量的顺序为 2；存储节点伪旋转的顺序为 3。

L163：空行。

L164（输入格式：A4）：宏命令 GEOS（准备输入初始应力：地应力）。

L165（输入格式：2F10.0，I5，4F10.0）：假定水平、与第 1 坐标（即 x 轴）平行的总应力参考面的第 2 坐标（即 y 坐标）为 17 m。

L166：空行。

L167（输入格式：A4）：将网格细节写入 PLOT 文件。

L168：空行。

L169（输入格式：A4）：指示主网格数据的结束。

L170：空行。

L171（输入格式：A4）：指示定义求解增量的开始。

L172（输入格式：A4，第 11~15 列输入 N1）：移除 4 个单元（即第⑰、⑱、⑲、⑳号单元）。

L173（输入格式：第 1~4 列输入 STRE，第 11~15 列输入 N）：计算当前应力状态，并打印结果至主输出文件中（每隔 1 步）。

L174（输入格式：第 1~4 列输入 PLTS）：将节点变量和高斯点变量的当前解答写入 PLOT 文件中。

L175（输入格式：A4）：计算节点力，平衡当前单元应力的累计值。

L176（输入格式：第 1~4 列输入 LOOP，第 11~15 列输入 N）：将 L177~L186 行之间所有宏指令循环 1 次。

L177（输入格式：A4）：通过 DT 数据记录上输入的最新值提前时间，即 TIME=TIME+DT。

L178（输入格式：A4）：从后续宏指令读入拟从当前网格移除的单元数量，此处为 2，即墙前 Soft clay 土层中的 2 个单元（分别为第⑬、⑭号单元）。

L179（输入格式：A4）：计算对称的切线整体刚度矩阵。

L180（输入格式：A4）：将荷载矢量打印于主输出文件当中。

L181（输入格式：A4）：打印当前所使用的缓冲存储数量。

L182（输入格式：A4）：求解当前线性方程组并更新节点变量（比如说，计算累计位移）。

L183（输入格式：第1~4列输入 DISP，第11~15列输入 N）：将循环中节点位移每隔1步打印于主输出文件当中。

L184（输入格式：第1~4列输入 STRE，第11~15列输入 N）：计算当前应力状态，并打印结果至主输出文件中（每隔1步）。

L185（输入格式：A4）：将网格细节写入 PLOT 文件。

L186（输入格式：A4）：将节点变量和高斯点变量的当前解答写入至 PLOT 文件当中。

L187（输入格式：A4）：指示 L177 行~L186 行之间的宏指令循环结束。

L188（输入格式：A4）：将 L189 行~L198 行之间的全部宏指令循环2次。

L189（输入格式：A4）：通过 DT 数据记录上输入的最新值提前时间，即TIME=TIME+DT。

L190（输入格式：第1~4列输入 FILL，第11~15列输入 N）：从后续宏指令读入拟增加于当前网格的单元数量，此处为2，即墙后 Fill 土层分两步填筑，每步均增加2个单元（分别为第⑰、⑱号单元和第⑲、⑳号单元）。

L191（输入格式：A4）：计算对称的切线整体刚度矩阵。

L192（输入格式：A4）：计算荷载矢量（方程的右手项）。

L193（输入格式：A4）：将荷载矢量打印于主输出文件当中。

L194（输入格式：A4）：求解当前线性方程组并更新节点变量（如计算累计位移）。

L195（输入格式：第1~4列输入 DISP，第11~15列输入 N）：将循环中节点位移每隔1步打印于主输出文件当中。

L196（输入格式：第1~4列输入 STRE，第11~15列输入 N）：计算当前应力状态，并打印结果至主输出文件中（每隔1步）。

L197（输入格式：A4）：将网格细节写入 PLOT 文件。

L198（输入格式：A4）：将节点变量和高斯点变量的当前解答写入至 PLOT 文件当中。

L199（输入格式：A4）：指示 L189 行~L198 行之间的宏指令循环结束。

L200（输入格式：A4）：宏指令结束，前述宏指令要求的数据将列于下面。

L201（输入格式：N1I5）：对应 L172 行所要求移除的4个单元号分别为第⑰号

单元、第⑱号单元、第⑲号单元、第⑳号单元。即将 Fill 土层移除，以开始 Stiff clay、Soft clay 土层的初始地应力计算。

L202（输入格式：N1I5）：对应 L178 行所要求移除的 2 个单元号分别为第⑬号单元、第⑭号单元，即向下移除墙前 Soft clay 土层 3 m。

L203（输入格式：N1I5）：增加第⑰号单元、第⑱号单元，即填筑 Fill 土层的第 1 层（1.5 m）。

L204（输入格式：N1I5）：增加第⑲号单元、第⑳号单元，即填筑 Fill 土层的第 2 层（1.5 m）。

L205（输入格式：A4）：宏指令结束。

L206：空行。

L207（输入格式：A4）：终止程序执行。

2.5.3.3　计算求解

选中软件安装文件夹内的 afena.exe 文件，双击打开，点击 AFENA-Start new analysis（见图 2-37），于 D:\EXCA06 文件夹内选中 EXCA06.afi 文件，如图 2-38 所示。

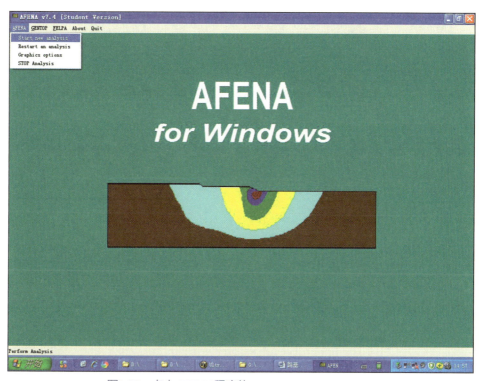

图2-37　点击AFENA程序的AFENA-Start new analysis

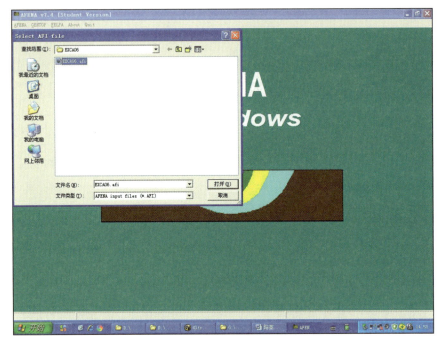

图2-38　选中EXCA06.afi文件

点击图 2-38 中"打开（O）"按钮后，软件界面如图 2-38 所示。

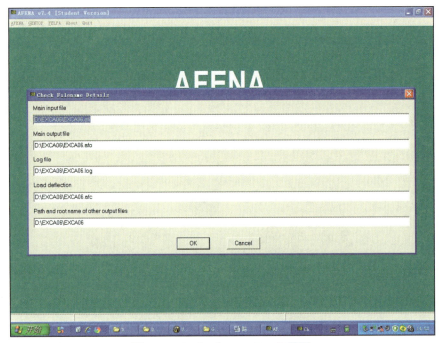

图2-39　Check Filename Details界面

点击图 2-39 中"OK"按钮，程序开始执行计算。运算结束后，界面如图 2-40 所示。

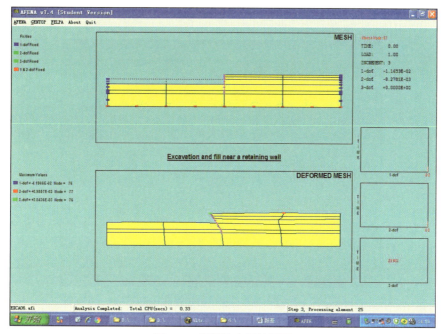

图2-40　运算结束后的界面

注意：软件安装文件夹内新生成若干个文件，这些文件均为文本格式，可利用 UltraEdit 等文本编辑器打开查看。

2.5.3.4　结果输出

点击图 2-40 上方菜单中的"FELPA"（见图 2-41）。

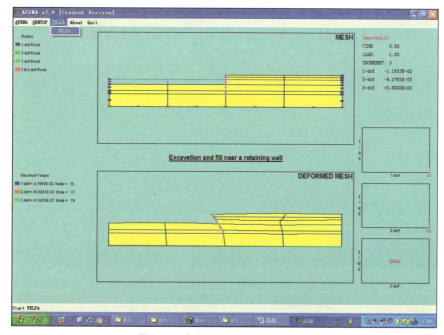

图2-41　点击AFENA程序中的"FELPA"

弹出如图 2-42 所示的对话框，选择"Plot Results"按钮。

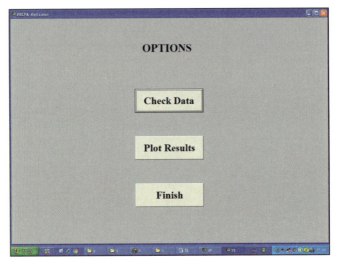

图2-42　OPTIONS界面

然后在"EXCA06"文件夹内选择"EXCA06MESH3"文件，如图 2-43 所示。

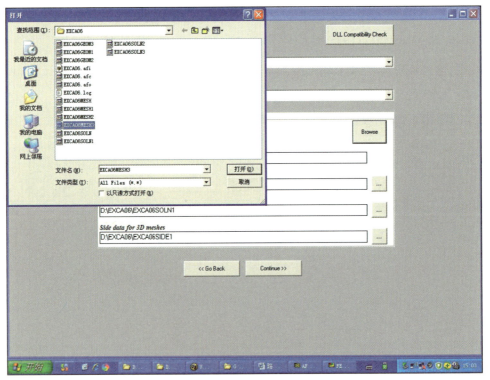

图2-43　选择"EXCA06MESH3"文件

点击图 2-43 中"打开（O）"按钮，在弹出的界面中选择"Vecd"—"Cumulative"，如图 2-44 所示。

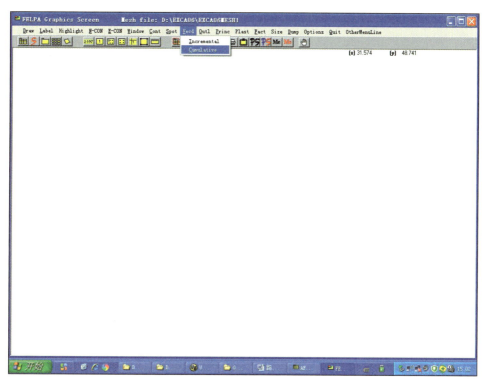

图2-44　选择"Vecd"—"Cumulative"

结果见图 2-45。

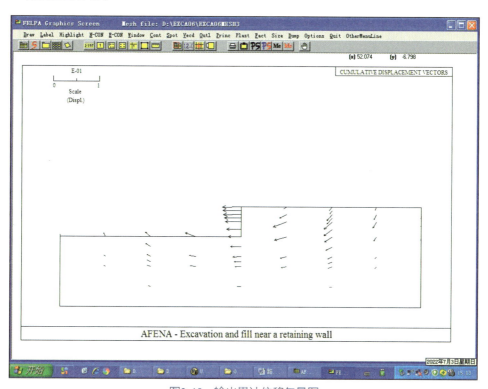

图2-45　输出累计位移矢量图

点击图 2-45 中"Fact"—"Double",然后再点击"Vecd"—"Cumlative",之后点击"Lable"—"Scale"、"Draw"—"Superpose mesh",将坐标体系标尺和有限元网格显示,最终结果如图 2-46 所示。经对比,图 2-46 与 *AFENA user manual version 6.0*[4] 中图 22.21 完全相同。

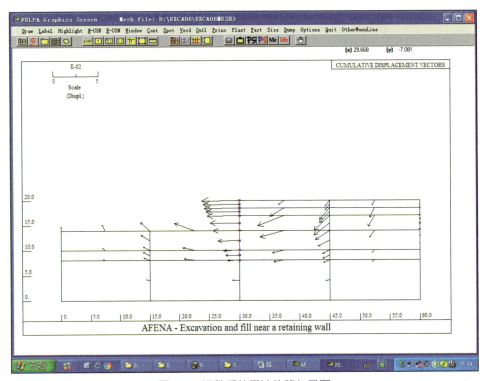

图2-46　调整后的累计位移矢量图

至此,该算例前处理、计算求解和后处理的三个步骤都已经完成。

2.6　综合讨论与重要启发

2.6.1　关于三款程序应用的综合讨论

2.3、2.4、2.5 三节分别以承受内压的厚壁圆筒、边坡的稳定性分析、近挡土墙的开挖与填筑为例,介绍了早年所开发的有限元程序电算实施技术,其中后二者与岩土结构已有较强的关联度。结合这三款程序的数据输入卡片填写,关于早年所开发的有限元程序电算实施方面有几点需要引起重视:

1. 前处理层面

(1)填写输入数据文件时的便捷性。

PLAST、slope64、AFENA 程序均需填写、准备数据输入文件,但 PLAST 需采用固定格式（fixed format），数据输入时占几列、占哪几列、小数点后有几个零、数据前有几个空格等均严格遵照手册进行，准备数据输入卡片的过程漫长、艰辛，且相当容易犯错，同时缺少关键字提示，故用户对手册的依赖性甚强。

Slope64 则采用自由格式（free format），且有类似提示性的文字，如""Width of sloping portion of embankment（s1）""，大大降低了可能的出错，也容易记忆。

AFENA 程序仍采用固定格式填写数据输入文件，但因有宏指令，类似关键字（key words），使得数据卡片可读性大为增强，思维逻辑性佳，且数据输入文件实际上可完全借助于 GENTOP 实现输入。

（2）**结构的离散化**。

显然三款程序均需自行根据问题需要，以尽量减小边界条件的影响而确定模型的几何尺寸（即计算域的大小）。当计算域确定后，即可开展结构的离散化工作。PLAST 程序虽然可考虑 3 种类型的单元，但实际上整个模型中只可考虑单一类型单元，尚不能建立组合类型单元的有限元模型；单元的拓扑需完全通过人工输入节点坐标、单元的连接关系等实现，试想如节点或单元数量较多，这项工作自然是无比繁琐的。网格剖分的疏密主要通过节点坐标设置实现。

slope64 程序仅含有 8 节点四边形单元；单元是通过分块设置剖分密度而实现半自动剖分，分网效率大幅度得以提高，但只能实现等密度的均匀剖分，无法实现渐变式剖分。

根据 *AFENA user manual version* 6.0[4]，AFENA 程序已拥有第 1~9 类、第 11~12 类、第 26~35 类、第 37~39 类、第 41 类、第 46 类、第 51~55 类、第 76~81 类、第 83 类、第 91~92 类等多达 40 种类型的单元，且可在同一模型中含有多种类型的单元（如 2.5 节算例中同时含有第 27 类和第 8 类两种类型的单元）。网格剖分方面，2.5 节算例仍采用人工方式，但实际上可通过 GENTOP 实现半自动剖分，从而提高建模效率，关于 GENTOP 的半自动网格剖分技术，详见第 3 章。

（3）**材料模型**。

PLAST 程序虽然可考虑 4 种类型的屈服准则（Tresca、Von Mises、Mohr-Coulomb 和 Drucker-Prager），但实际上不能建立同时含有多个不同屈服准则的有限元模型，只能考虑在同一屈服准则下的不同材料参数。

slope64 程序则只可考虑为 Mohr-Coulomb 模型，类似地，可考虑在同一屈服准则下的不同材料参数。

AFENA 程序则含有多种类型的非线性材料模型，可实现在同一电算模型中含有多种材料模型。需要特别注意的是，AFENA 程序的材料模型与单元类型严格绑定，比如说第 27 类单元，只可用于弹塑性 Mohr-Coulomb 连续体的离散，且只能应用于平面应变问题（刚度矩阵对称和非对称）。

（4）荷载条件。

PLAST 程序可同时考虑集中力、重力、分布力，2.3 节承受内压的厚壁圆筒算例所受荷载为施加于圆筒内壁的均布压力；而 slope64 程序则主要考虑重力，通过"gamma"设定总重度，如有地下水位，则通过"nosurf""surf（2，nosurf）""gam_w"分别设定地下水位的点数、坐标及水的重度，当需考虑伪静力分析时，则应输入水平向加速度系数 k_h。2.5 节中近挡土墙的开挖与填筑仅考虑土体重力，注意板桩墙的自重并未予以考虑。

（5）边界条件。

PLAST 程序通过赋予相应节点 01、10、11 等参数设定位移边界条件；而 slope64程序则在开发时，已唯一设定模型左、右侧水平向位移约束、垂直向自由，底侧水平向和垂直向均约束，用户无须过多干涉。AFENA 程序则类似 PLAST，通过赋予相应节点0 或 1 等参数设定位移边界条件。

2. 计算求解层面

PLAST、slope64 两款程序在执行非线性计算求解时的动作大致类似。PLAST 程序通过 NALGO、NINCS、FACTO、TOLER、MITER 等对计算求解予以控制，包括非线性求解的方法、收敛精度等。而 slope64 则通过 limit、fos_tol 这两个参数予以控制。总体上看，这两款程序数据输入卡片填写时留给用户自行选择非线性算法、控制结果输出的开关或接口并不多，数据输入文件中无法看出形成总体刚度矩阵、形成总体荷载向量、求解总体方程等动作。

AFENA 程序则可通过一系列宏指令按照一定的顺序组织，让使用者清晰观察到刚度矩阵形成、荷载向量创建、方程组求解等流程，同时可完全创建自己的非线性求解算法，更详尽的阐述见第 4 章。

3. 后处理层面

PLAST 程序结果仅以文本形式输出，在输入数据文件填写时主要通过 NOUTP（1）、NOUTP（2）等参数控制在何时是否输出、输出哪些力学响应等，用户如想实现数据可视化，必须手动挑选相应结果再行处理。

Slope64 程序在开发过程中，已植入了相应的代码，可通过文本、PostScript 等形式输出，从而可直接借助于 GSView 软件查看网格（含土层）剖分（Example2.msh）、破坏时节点位移矢量（Example2.vec）和变形后网格（Example2.dis）。

AFENA 程序则通过生成 PathNameMESHn、PathNameSOLNn 等文件，然后用FELPA 程序实现结果的可视化，其宏观理念与 slope64 程序类似。

2.6.2　关于路基结构有限元电算实施的重要启发

前文关于应用 PLAST、slope64、AFENA 程序开展电算的综合讨论，无疑在路基结构有限元电算实施、程序选择等方面给我们一些重要的启发：

1. 前处理层面

除了有限元电算一般的要求之外，主要是要充分、紧密地结合路基结构的特点，对电算程序有如下几点要求：

（1）宏观上看，路基工程实则为长带状分布的空间构筑物，故一般情况下可简化为平面应变问题，要求所选用的有限元电算程序可分析该类问题；当然，在某些情况下，必须精细化开展分析时，应考虑为空间模型，选用 3D 有限元电算程序。比如说，针对软土地基路堤，如地基经袋装砂井或粉喷桩处治，这些结构物平面上多为方形或梅花形布置，欲精细化描述软土地基的变形场、渗流场，则应选用 3D 电算程序。

（2）有限元法的精髓在于拆分、组装，先拆后搭，故从应用技术层面看，应拥有较多类型的单元，除用于离散土层的实体单元之外，尚宜含有 Plate、Cable、Geogrid、Pile 等结构性单元，以科学描述锚索、锚杆、土工格栅、桩等结构物，可建立同时含有多种类型单元的组合模型，轻松实现不同类型单元的自由度耦合；同时剖分时可自动化，用户可自主设定剖分疏密程度，甚至评价网格剖分质量。且只要网格剖分某相关动作一旦执行，界面即实时显示展现当前网格，以方便使用者动态观察检查。

（3）具有较突出的岩土特色：路基结构岩土性强，岩土体非线性力学性状突出，应拥有较多类型的材料模型，尤其是非线性材料模型，分别适合于岩土体、结构物（如支挡结构、加筋体），可充分描述它们的力学性状（如土体不可受拉、土工格栅一般仅可承受轴向拉伸作用等），建立同时含有多个材料模型的有限元模型。初始条件较为丰富，可细致考虑初始应力，真实模拟路堤填筑、路堑开挖、地基处理、支挡物建造、土工格栅铺设等施工过程，即实现单元的冻结、激活。可开展完全排水、不排水和固结等分析，以科学描述荷载施加时超孔隙水压的产生、工后消散等。应主要考虑岩土体自重荷载，可适当考虑车辆荷载、地震荷载等。边界条件除了可考虑一般的位移约束之外，还可以考虑渗流、固结、温度等特殊边界条件，实现多种类型边界条件的同时施加。

（4）其他方面：要求在 CAD（Computer Aided Design）、CAE（Computer Aided Engineering）的基础上，尽量拥有良好的图形用户界面，可较为便捷地通过菜单、工具栏、命令流、关键字等开展前处理工作，前处理遵循科学的逻辑关系，如处理过程中操作不当则及时提供警告、错误等提示。

2．计算求解层面

路基结构有限元电算往往涉及大量的非线性计算，要求电算程序计算精准、高效、易于收敛、数据存储所需容量小等。

3．后处理层面

要求结果输出形式多样，除了传统的文本之外，尚可通过表格、图形、动画等形式展现计算结果。这块内容实际上与有限元法本身关联度并不大，主要是涉及计算机图形学方面的知识。

参考文献

[1] D R J OWEN, E HINTON. Finite elements in plasticity: theory and practice[M]. Pineridge Press Limited, 1980.

[2] D V GRIFFITHS. Slope stability analysis by finite elements: a guide to the use of program slope64[R]. Colorado School of Mines, 2015.

[3] I M SMITH, D V GRIFFITHS，L MARGETTS. Programming the finite element method (Fifth Edition) [M]. John Wiley & Sons Ltd., 2014.

[4] JOHN P CARTER, NIGEL P BALAAM. AFENA user manual version 6.0[M]. University of Sydney, 2006.

[5] D R J OWEN, E HINTON．塑性力学有限元——理论与应用[M]．曾国平，刘忠，徐家礼，译．北京：兵器工业出版社，1989．

[6] 潘昌实．隧道力学数值方法[M]．北京：中国铁道出版社，1995．

[7] I M SMITH. Programming the finite element method with application to geomechanics[M]. John Wiley & Sons Ltd., 1982．

[8] I M SMITH, D V GRIFFITHS. Programming the finite element method (Second Edition) [M]. John Wiley & Sons Ltd., 1988．

[9] I M SMITH, D V GRIFFITHS. Programming the finite element method (Third Edition) [M]. John Wiley & Sons Ltd., 1998．

[10] I M SMITH, D V GRIFFITHS. Programming the finite element method (4th edition) [M]. John Wiley & Sons Ltd., 2004．

[11] I M SMITH．有限元素程式：在地工力学之应用[M]．刘弘祥，李煜舲，译．台北：科技图书股份有限公司，1987．

[12] I M SMITH．D V GRIFFITHS．有限元方法编程（第三版）[M]．王崧，周坚鑫，王来，等译．北京：电子工业出版社，2003．

[13] I M SMITH．D V GRIFFITHS, L MARGETTS．有限元方法编程（第五版）[M]．张新春，慈铁军，范伟丽，译．北京：电子工业出版社，2017．

[14] ZIENKIEWICZ O C. The finite element method (3rd edition) [M]. McGraw-Hill Book Company (UK) Limited, 1977．

[15] NIGEL P BALAAM, JOHN P CARTER. A data generator for AFENA-Users' manual for program GENTOP for Windows[M]. University of Sydney, 2006．

[16] NIGEL P BALAAM, JOHN P CARTER. Graphics pre-and post-processing for 2-D finite element analysis-Users' manual for program FELPA for Windows[M]. University of Sydney, 2006．

[17] 王秉愚．有限元法程序设计[M]．北京：北京理工大学出版社，1991．

[18] 徐兴，郭乙木，沈永兴．非线性有限元及程序设计[M]．杭州：浙江大学出版社，1993．

[19] 凌道盛，徐兴．非线性有限元及程序[M]．杭州：浙江大学出版社，2004．

第3章 路基结构有限元电算实施关键技术——前处理

3.1 概 述

本章拟主要讨论路基结构有限元电算实施中前处理的一些关键技术，包括：问题空间维度、量纲系统、模型范围、有限元网格剖分（含单元类型选择、单元与节点的编号、网格疏密分布、剖分的自动化、节点自由度耦合、网格剖分质量评价）、材料模型选择及参数、边界条件、荷载、初始应力、路基施工模拟、结构物及土-结构相互作用的模拟、如何考虑水的作用等。其中所涉及的部分算例系基于第2章所述AFENA程序，充分利用其宏指令语言，将2.5节中近挡土墙的开挖与填筑这一算例改造为路堤的填筑，然后在此基础上，逐步细化予以讨论，同时还适当借助其他相关电算程序加以论证。

3.2 问题空间维度

严格意义上说，应视路基结构为空间问题予以分析，即问题维度应为3D，但因其长带状沿纵向分布的特点，通常可简化为平面应变问题，取一横截面进行分析即可。PLAXIS、Phase2等岩土工程有限元程序均在宏观设置页面即有类似界面（见图3-1、图3-2），供用户选择。岩土工程极少被视为平面应力问题，故这些程序一般情况下不设置平面应力问题的选项。轴对称问题在路基工程中也较为少见。

对于有些问题，则需要就究竟考虑为空间问题还是平面问题予以适当斟酌。以抗滑桩加固的斜坡路堤结构电算为例（见图3-3），因为抗滑桩沿着路基纵向呈一定间距分布，显然不能直接看作平面应变问题，而应视为三维问题。如看作平面应变问题，则需通过某种等效办法（如抗弯刚度等效）将其平面应变化。

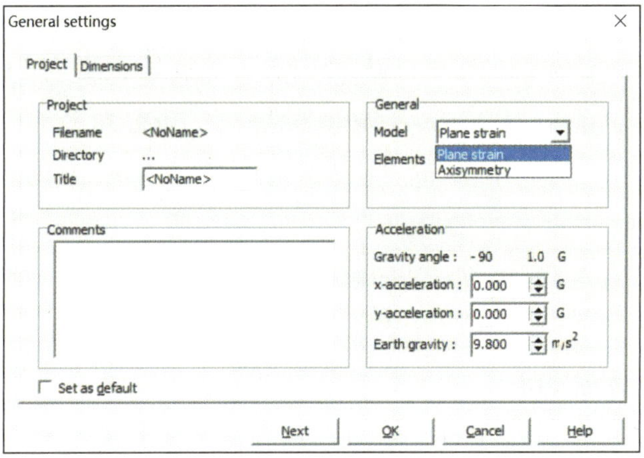

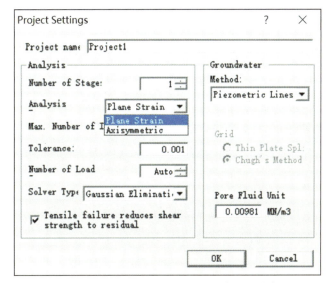

图3-1　PLAXIS程序宏观设置页面（8.2版本）

图3-2　Phase2程序宏观设置页面（5.0版本）

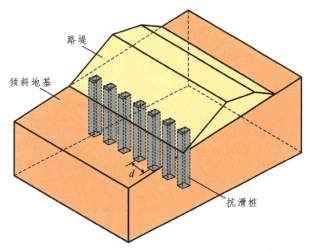

图3-3　沿斜坡路基纵向以一定间距分布的抗滑桩

第 2 章所述的 AFENA 程序未设置特别的指示开关来区分是考虑为 3D 还是 2D 问题，但注意到选用不同类型的单元时，即已经选定了问题的维度，比如说若选用第 27 类单元，则必须为平面应变问题（刚度矩阵为对称和非对称），而第 30 类单元，虽然类似第 27 类单元可用于弹塑性 Mohr-Coulomb 连续体的离散，但只针对 3D 问题（刚度矩阵为对称和非对称）。

开展路基结构有限元电算前需先准确选定问题的维度，即视为平面问题还是空间问题，这将直接影响到如下几方面：

1. 适宜电算程序的选择

早年受计算机硬件水平的制约，一般情况下多为平面有限元电算程序，如 CRISP、NCAP，近年来 3D 程序已纷纷涌现，如 PLAXIS 3D、ZSOIL. PC、Midas/GTS、RS3 等。应根据拟分析问题之需要，确定拟分析问题的维度是 3D 还是 2D。如是 2D，可选用 RS2、PLAXIS 2D、SIGMA/W、BCF、CONDEP、GEOEPL2D、GEOVPL2D 等，而如果必须要开展 3D 分析，则需选用 PLAXIS 3D、RS3 等。当然，PLAXIS 3D、RS3 这些 3D 电算程序其实也可以应用于平面问题的分析，仅需沿路基纵向取单位长度（如 1 m），然后沿路基纵向两端施加对称约束条件即可。

关于适宜电算程序选择更详细的描述，可进一步阅读本书第 9 章。

2. 电算模型适宜几何范围的确定

当拟分析问题的维度确定后，方可方便确定模型宽度（路基横向）、长度（路基纵向）和模型高度（路基高度方向）。如为 2D 问题，只需要考虑模型宽度、高度（深度）；如为 3D 问题，则需同时考虑模型宽度、高度（深度）和长度。

3. 加劲体的平面化

如视为 2D 问题，对于某些加劲体，如抗滑桩、粉喷桩，则需要通过某种等效办法将其平面应变化，如按照抗弯刚度或轴向刚度等效的方式；对于某些加劲体，如沿路基纵向通长铺设的土工格栅、挡土墙，则无须考虑这些加劲体的平面应变化。

4. 分析规模的大小

一般情况下平面分析的规模都比 3D 分析要小得多，如确定为 3D 后，计算求解需要更多的计算机时及硬盘数据存储空间。值得一提的是，早年针对砂井处治软土地基路堤等类似问题，考虑到受当时计算瓶颈所限，基于平面变形、空间渗流（Plane Deformation，Spatial Seepage，即 PDSS）的理念曾受到关注 [1]，如图 3-4 所示。

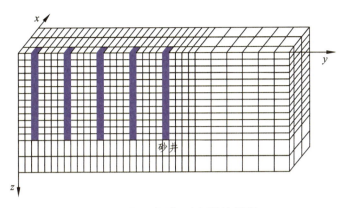

图3-4　平面变形、空间渗流问题

3.3　单位制与量纲系统

有限元电算程序在编制时，可能采用国际单位制、英制、公制、市制等单位制，用户使用电算程序时尤其要重视重力加速度、水的重度等的单位和具体数值。如需进行单位制的转换，可采用某些单位制转换小程序，并注意各单位制转换时所带来的误差。图 3-5 即为某款单位制转换小程序。

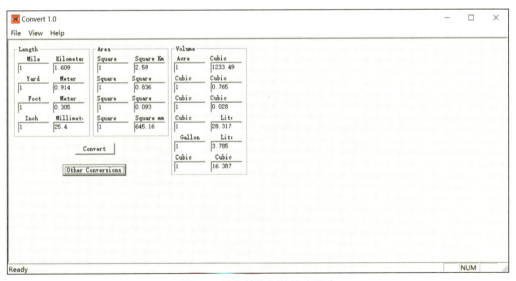

图3-5　某款单位制转换小程序

另外必须保持所有输入数据量纲系统（即单位）的一致性。电算程序本身并不会自动识别所输入数据采用何种单位制（如为英制还是国际单位制；力的单位是 N 还是 kN

等），需要用户在数据输入和结果处理时引起高度重视。有的程序为了时刻提醒用户警惕，甚至在数据输入时都直接在旁侧注明该处应使用的相应单位。

以 AFENA 程序为例，其采用英制和国际单位制时的单位设置如表3-1所示。

表3-1　AFENA程序所采用的单位制

变量	英制单位	国际制单位
长度、厚度、位移	ft	m
力、重量	lbf	kN
质量	lb	kg
重度	lbf/ft^3	kN/m^3
变形模量、应力、压力	lbf/ft^2	$kPa（kN/m^2）$
质量密度	lb/ft^3	Mg/m^3
惯性矩	ft^4	m^4

图3-6 为 Phase2 Version 6.004 版本宏观设置页面，很容易看出，该版本程序提供了共计6套单位系统方便供用户选用。当单位系统选定后，程序界面输入处均明确显示标识有相应单位，这无疑大幅度减小了建模时的潜在错误，具体如图3-7所示。

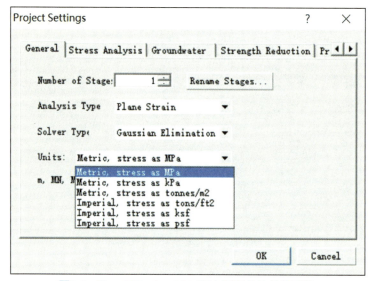

图3-6　Phase2 Version 6.004版本所提供的单位系统

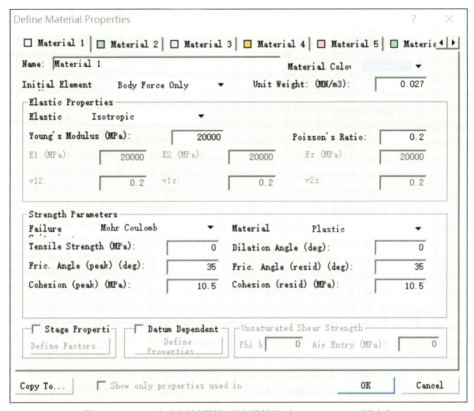

图3-7　Phase2定义材料属性时注明单位（Version 6.004版本）

3.4　几何模型

模型几何范围的确定指确定各土层的厚度、分布（如水平等厚分布或倾斜起伏非等厚分布），模型的宽度与深度等。对于 3D 分析，尚需考虑路基纵向长度。其中模型的宽度、深度、沿路基纵向长度等直接与边界条件的设定有关，对计算结果是否精准、计算规模是否庞大等的影响较大。

3.4.1　模型范围的确定

3.4.1.1　3D 模型的纵向长度

首先讨论 3D 模型纵向长度的设定。如为 3D 分析，模型的纵向长度与加劲体的平面布置方式密切相关。如为类似图 3-3 所示的抗滑桩加固斜坡路基，则考虑到沿路基纵向对称约束的施加，按照抗滑桩的纵向间距 d，取如图 3-8 所示长度作为计算模型的纵向长度，方案一、方案二皆可，但一般情况下宜选用方案一。其他水泥土搅拌桩、粉喷桩处治软土地基路堤，如采用方形或矩形的平面布置方式，都可以采用类似方案来确定 3D 模型的纵向长度。

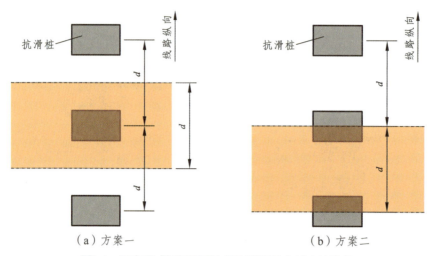

图3-8　呈方形或矩形平面布置时模型纵向长度的确定

假设加劲体（如粉喷桩）平面上呈现梅花形（正三角形）设置，则可先等效为方形布置，再按照前述方法处理；或直接考虑对称性，取如图 3-9 所示的长度作为计算分析模型的纵向长度。

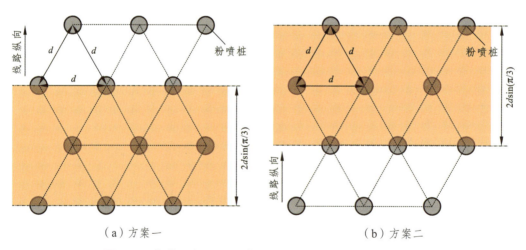

图3-9　呈梅花形（正三角形）平面设置时模型纵向长度的确定

3.4.1.2　模型的深度

土层的分布状况需要根据地勘情况，采用钻孔等方式确定。以 2.5 节中近挡土墙的开挖与填筑这一算例中确定土层 1（Stiff clay）、土层 2（Soft clay）的厚度为例，该算例认为土层 2（Soft clay）水平等厚分布，厚度为 7 m；土层 1（Stiff clay）水平分布，取厚度为 10m，有可能厚度大于 10 m，本算例仅取 10 m，而在其下设定为边界条件，或有可能之下为基岩，而直接设定为边界条件。土层 3（Fill）的厚度则由 Sheet pile wall 背后实际填土高度决定。

模型的深度与荷载大小（如路堤高度）、地基处理措施的深度（如水泥土搅拌桩桩长、袋装砂井井长）等密切相关，需要通过一定的试算并结合工程经验确定。

3.4.1.3　模型的宽度

理论上说，模型宽度越大，对计算结果的影响就越小，但同时计算规模（如单元剖分工作量、单元与节点数量、方程组个数）也就越大。建议开展必要的收敛性分析，即由窄到宽逐渐增加模型宽度，观察某力学响应随模型宽度的动态变化，显然随着模型宽度的增加，力学响应愈发逼近某理想中的真值（注意：因有限元法本身亦是近似方法，此理想中的真值其实也是近似值），当力学响应与模型宽度之间的关系曲线相对较为平缓时，即可大致认为模型宽度足够，已不会对计算结果产生较大影响。一般情况下，建议取路基基底宽度的 3 倍以上作为模型的宽度。

同时要求模型几何范围封闭，方可进行后续网格剖分的操作。另外模型范围的确定尚与对称性的考虑密切相关，如结构与荷载均对称，则应充分利用模型的对称性，取半结构（类似第 7 章利用 PLAXIS 3D 程序开展的砂井处治软土地基路堤分析）或 1/4 结构（类似第 2 章利用 PLAST 程序开展的厚壁圆筒承受内压分析），以减小模型建立、计算求解的工作量，节约计算机时和数据存储空间。当然此时考虑为全结构也是没有问题的，但一定程度上反映了使用者对力学概念的把握并不深刻。

3.4.1.4　算例讨论

下面利用 AFENA 程序，基于 2.5 节中近挡土墙的开挖与填筑算例，将其改造为路堤填筑的算例，来讨论模型宽度的确定方法。

假设路堤高度 3 m，路堤宽度为 15 m，路堤边坡坡比为 1∶1.5，地基由上至下依次为 7 m 厚的 Soft clay 和 10 m 厚的 Stiff clay，Stiff clay 土层下为基岩。视 Stiff clay、Soft clay、路堤等的单元类型（第 27 类单元，8 节点单元）、材料模型（弹塑性 Mohr-Coulomb 连续体）及参数均与 2.5 算例完全相同，路堤分 4 层分步填筑，每层填筑 0.75 m。考虑到结构的对称性，取右半结构分析即可。

取模型的宽度依次为 16 m、20 m、24 m、28 m、32 m、36 m（36 m 时恰为路堤基底宽度的 3 倍），分别建立模型，具体的网格剖分详见图 3-10。需要注意的是，本节采用了 GENTOP 程序半自动分网方式生成网格，以提高建模效率，有关基于 GENTOP 程序的半自动剖网技术详见后文 3.5.4 节。其他均保持不变，包括每个单元的几何尺寸。模型的左、右侧均为水平向位移约束、垂直向自由，底侧水平向和垂直向的位移均约束。其中模型宽度为 36 m 时具体的数据输入文件详见本书附录，读者结合第 2 章近挡土墙的开挖与填筑算例，应当可比较轻松地理解此数据输入文件之含义，故附录中不再详细予以注释。

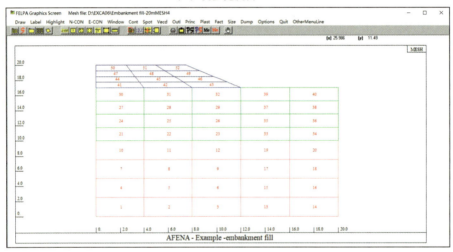

（a）模型宽度为16 m

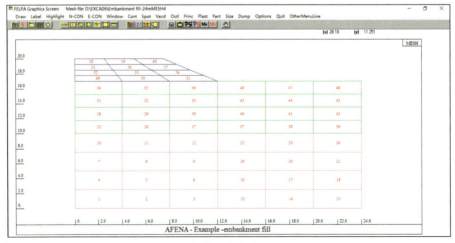

（b）模型宽度为20 m

（c）模型宽度为24 m

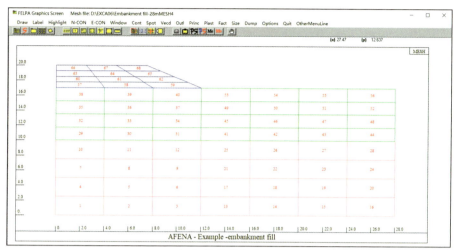

（d）模型宽度为28 m

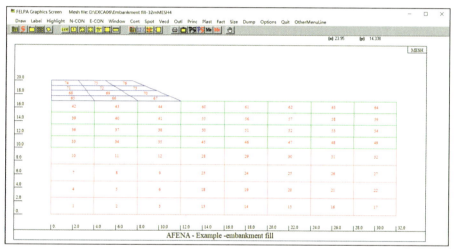

（e）模型宽度为32 m

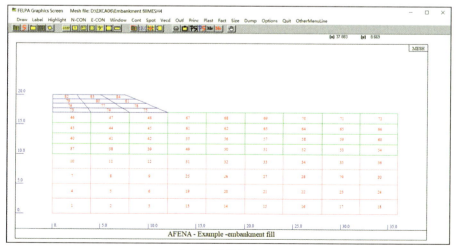

（f）模型宽度为36 m

图3-10　不同模型宽度时的路堤结构有限元网格

　　基于以上模型宽度，所获得的路堤填筑后位移矢量图见图 3-11。注意，此处为了便于横向比较，特意将不同工况下的比例尺设置为彼此完全相同。

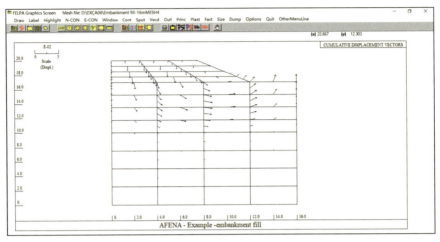

（a）模型宽度为16 m

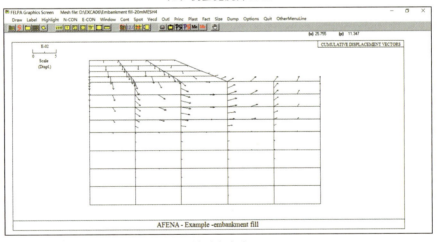

（b）模型宽度为20 m

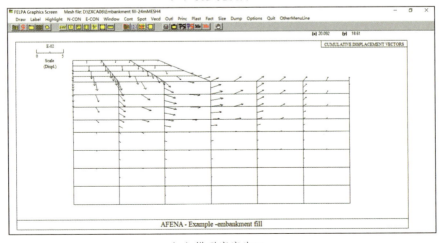

（c）模型宽度为24 m

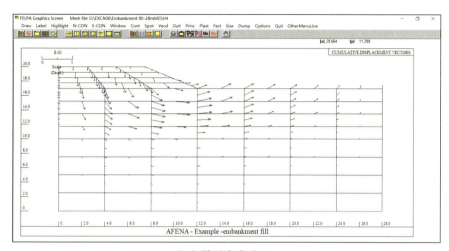

（d）模型宽度为28 m

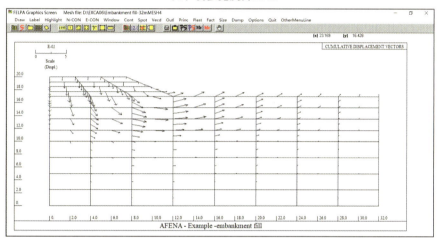

（e）模型宽度为32 m

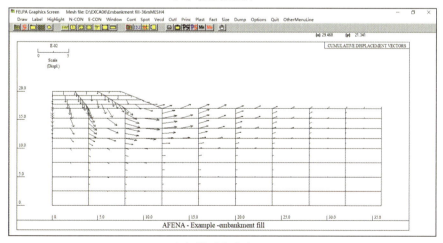

（f）模型宽度为36 m

图3-11　不同模型宽度时的路堤结构位移分布矢量图

选取路堤坡脚点，同时绘制该处节点水平向位移、垂直向位移与模型宽度的关系曲线，如图 3-12 所示。可见，随着模型宽度的增加，路堤坡脚处节点水平向位移、垂直向位移均逐渐趋于平缓。这表明，模型宽度的继续增加对力学响应的影响已经不甚敏感，故一般情况下取路基基底宽度的 3 倍作为模型的宽度即可满足工程需要。对于路基结构的其他问题，可开展类似的几何尺寸对重要部位关键力学响应影响的敏感度分析，以综合确定模型的范围。

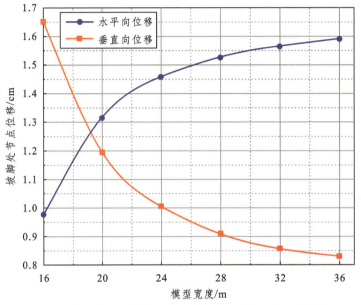

图3-12 模型宽度对坡脚点水平向位移、垂直向位移的影响

3.4.2 几何模型的生成

当模型范围确定后，需要按照所选用的电算程序的特定方式生成几何模型，以方便后续的有限元网格剖分。目前有限元电算程序生成几何模型大致有以下几种方式：

（1）确定某整体坐标体系（包括坐标原点、坐标轴），获得几何模型中所有关键控制点的坐标，然后依次将这些关键控制点相连而形成封闭的几何模型，还需注意不同土层分界线、施工过程分界线等的添加。以上动作非常类似 AutoCAD 软件的操作，PLAXIS 程序的早期版本（如 7.2 版本、8.2 版本）、Phase2 Version 6.004 等均采用此类方式。Phase2 Version 6.004 程序还特意将轮廓（Boundaries）细分为 Excavation、External、Material、Stage、Joint、Piezometric Line、Structural Interface 等类型，如图 3-13 所示。读者可进一步阅读第 7 章体会 Phase2 程序不同轮廓类型的具体含义及用法。

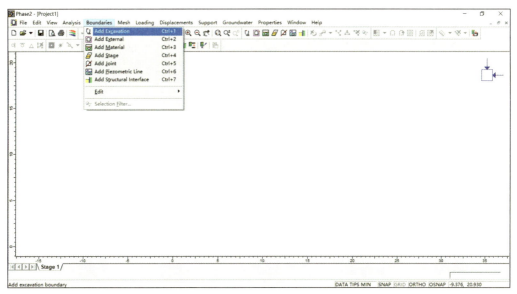

图3-13　Phase2程序轮廓绘制的几种类型（Version 6.004版本）

有的程序为了进一步方便使用者，甚至还提供可输入相对坐标、对象捕捉（SNAP、OSNAP）、格栅（GRID）、正交（ORTHO）等辅助功能，图 3-14 右下角红色框选部分即为 Phase2 Version 6.004 所提供的用于辅助生成几何模型的工具。

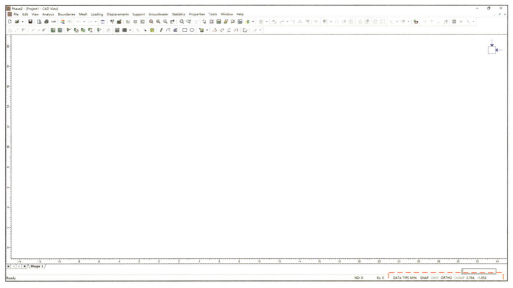

图3-14　用于辅助生成几何模型的工具（Phase2 Version 6.004）

（2）模型宽度、深度的粗略数值在建模初期由宏观设置所控制，如 PLAXIS 程序，具体见图 3-15 中的 "Geometry dimensions" 对话框。注意此宽度、深度其实可近似理解为利用 AutoCAD 软件绘制图形时，是绘制成 A3 图纸还是 A4 图纸，即确定图幅大小，模型精准的宽度、深度仍需按照前述方法确定。

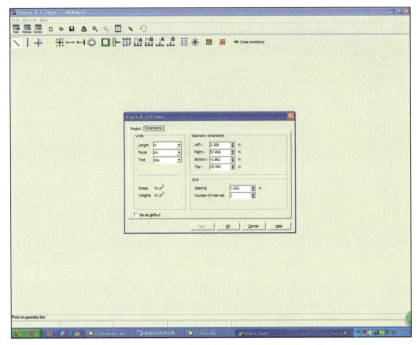

图3-15 PLAXIS 8.2程序宏观设置模型宽度、深度

对于土层的分布，则注意到实际土层分布是根据地勘钻孔所知，部分电算程序开始采用钻孔方式生成几何模型（主要是土层的厚度、起伏等分布状况、地下水位），PLAXIS 的后期版本（如 2021 版本）即采用了该技术，如图 3-16 所示。

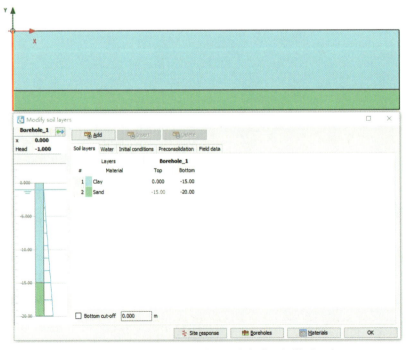

图3-16 PLAXIS程序利用钻孔方式生成几何模型示意

（3）将 DXF 等格式的文件导入有限元电算程序中，并进行必要的再处理。Phase2 Version 6.004 已内嵌有此类方式，如图 3-17 所示。Pro/E、SolidWorks、Unigraphics 等三维建模软件均提供类似功能，可生成相对复杂的几何模型，以某种特定格式输出，然后导入有限元电算程序中再进行网格剖分等后续操作。

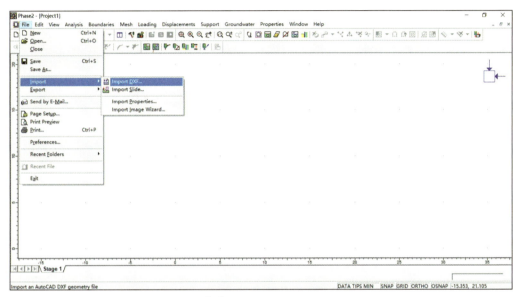

（a）Import-Import DXF

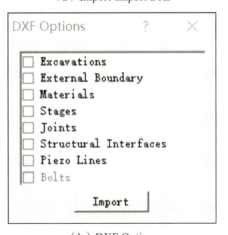

（b）DXF Options

图3-17　将DXF等格式的文件导入有限元电算程序（Phase2 Version 6.004）

（4）对于某些岩土工程 3D 有限元电算程序，在建立路基结构的 3D 有限元几何模型时，模型的宽度和纵向长度方面，则在建模初期由宏观设置所精确控制，类似 PLAXIS 3D CONNECT Edition V20 程序（图 3-18 右下角 Contour 中的"x_{min}""x_{max}""y_{min}""y_{max}"）。

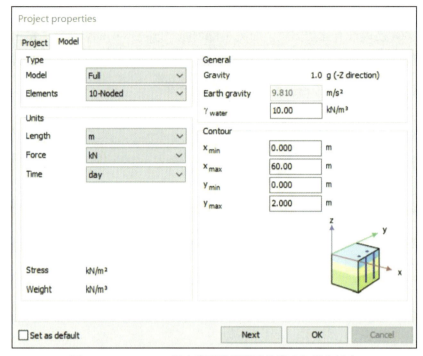

图3-18　PLAXIS 3D程序宏观设置模型的宽度和纵向长度

　　而土层分布方面，采用视角变换的宏观思路，即：先按照从上至下钻孔的方式生成地基（含各土层厚度、起伏，地下水位等），然后变换视角，将上下视角调整为前后视角，纵向拉伸路堤横断面形成路堤（路堤的纵向长度即为前述所决定的模型纵向长度）。早年 PLAXIS 3D Tunnel、PLAXIS 3D Foundation 程序即分别按照前后拉伸、上下拉伸方式生成几何模型，后 PLAXIS 3D 电算程序则综合采用了上下拉伸、前后拉伸之思路，如图 3-19 所示。关于此方式，请读者仔细揣摩第 6 章中砂井处治软土地基路堤这一算例。

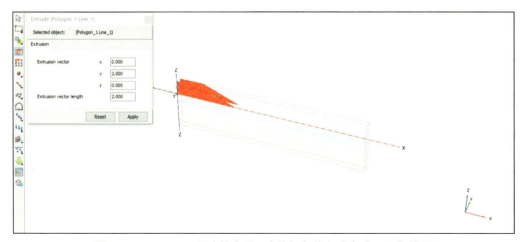

图3-19　PLAXIS 3D程序综合采用变换视角的方式生成3D几何模型

3.5　有限元网格

有限元法的精髓就是结构离散化、先拆后搭，故有限元网格的剖分在电算实施中至关重要。在路基结构有限元电算实施中，重点涉及以下几方面：

（1）分别采用什么类型的单元来离散土体和结构物？土 - 结构物之间的相互作用是否需引入特殊的单元？

（2）节点如何编号？单元如何编号？单元总数、节点总数等有无要求？

（3）不同类型的单元之间节点自由度如何耦合？

（4）如何实现网格的半自动化、自动化剖分？

（5）单元疏密分布如何安排？网格剖分质量如何评价？

3.5.1　单元类型的选择

适用于路基等岩土结构电算分析的有限元程序已嵌有若干类型的单元，即通常所说的单元库（Element library），供用户选用。与桥梁、房建等偏结构工程方向的大型通用程序（如 SAP、ALGOR、ANSYS 等）有所区别的是，岩土类程序所拥有的单元类型往往不是特别多，比如说针对土体，PLAXIS 程序只有三角形单元（6 节点或 15 节点），Phase2 程序则有三角形单元（3 节点或 6 节点）、四边形单元（4 节点或 8 节点）；针对结构物，则可能包含 Plate、Geogrid、Pile、Cable 等结构性单元。这些电算程序这样设计或许是有好处的，单元类型太多，可能会让使用者陷于如何选择适宜类型单元之困惑，能用、实用、够用、好用即可。

选择单元类型时要注意几点：

（1）尽量选用节点数多、应力点数多、精度高的单元，如同样选择三角形单元，选择 6 节点的单元要好于 3 节点的单元。

（2）对于某些程序，开展某些问题分析时，单元的选择或许有一定的要求，不宜随意。比如说，Phase2 程序运用强度折减法分析边坡稳定性时，建议使用均布式的 6 节点三角形单元，视模型简单或复杂，可分别剖分 800、1 500 个单元。

（3）对于挡土墙、土工格栅、砂井等结构物，需根据拟选用的电算软件、实际情况等综合确定采用何种形式的单元对结构物予以离散化。比如说，本书第 7 章所讨论的重力式挡土墙，并未采用结构性单元，直接通过调整材料模型及参数的形式，即实体置换予以离散，所采用的单元类型与土体完全相同，均为 3 节点三角形单元；第 2 章 2.5 节近挡土墙的开挖与填筑，针对板桩墙，AFENA 程序使用了其单元库中所包含的第 8 类单元，即线弹性梁 - 柱单元（Linear elastic beam-column）。关于结构性单元更详细的讨论请见本书 3.11 节。

（4）大部分程序单元类型与材料模型没有关联，比如说 PLAXIS 程序 6 节点或 15 节点的三角形单元均可用于 Mohr-Coulomb 模型、硬化土模型等。但有些程序的单元类型与材料模型等绑定，比如说 AFENA 中的第 27 类单元仅用于弹塑性 Mohr-Coulomb 连续体的离散，该单元就不可用于修正剑桥模型，AFENA 程序这样处理对用户来说似乎是不太方便的。

尽管上述第 1 条注意事项已在一般的有限元教材中均有明确阐述，但下面仍以 3.4.1.4 节路堤的填筑这一个算例，给出不同类型单元方案的选择对结果的影响，来帮助读者更好地从感性认识上理解单元类型选择对路基结构有限元电算实施的影响。

前文采用 8 节点四边形单元对结构予以离散，现将其修改为精度较低的 3 节点三角形单元（高斯点数量为 1）。注意需将附录中的数据输入文件予以适当修改：① 利用 GENTOP 程序半自动剖网技术生成 3 节点的三角形单元，保证水平向、垂直向单元等分数量与图 3-10（f）完全一致；② 将 AFI 文件中主控制数据，即附录数据文件第 2 行中参数 MIP（任意单元的最大积分点数量）由 9 修改为 1，同时将材料性质卡片 1 中的参数 L（每个坐标方向的高斯点数量）由 3 修改为 –1，即由前述的含 9 个高斯点的 8 节点单元修改为含 1 个高斯点的 3 节点三角形单元。其他类似边界条件等均保持不变。

图 3-20 为所剖分的 8 节点四边形单元有限元网格，分别为节点、高斯点的分布。

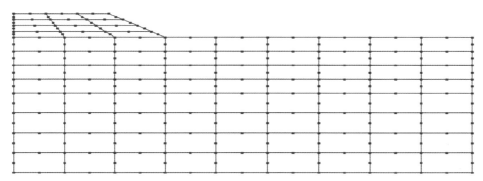

（a）8节点四边形单元节点的分布（共84个单元）

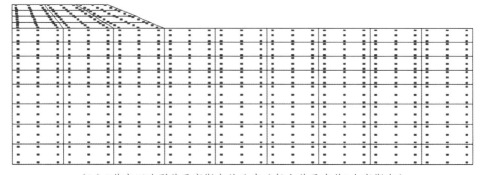

（b）8节点四边形单元高斯点的分布（每个单元内共9个高斯点）

图3-20　8节点四边形单元节点和高斯点的分布

图 3-21 为所获得的 y 向应力、y 向位移分布云图。

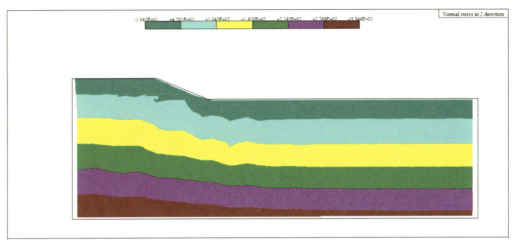

（a）y向应力（单位：kPa）

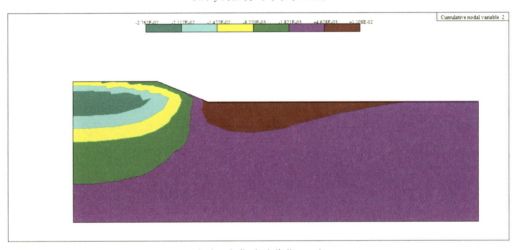

（b）y向位移（单位：m）

图3-21　y向应力和y向位移分布（含9个高斯点的8节点四边形单元）

图 3-22 为所剖分的 3 节点三角形单元有限元网格，分别为节点、高斯点的分布。

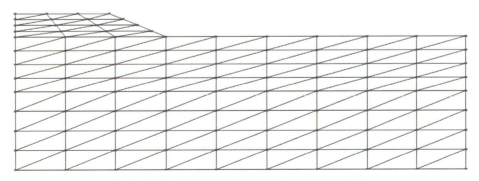

（a）3节点三角形单元节点的分布（共168个单元）

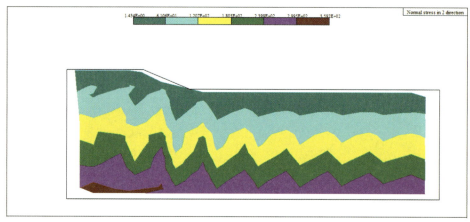

（b）3节点三角形单元高斯点的分布（每个单元内含1个高斯点）

图3-22　3节点三角形单元节点和高斯点的分布

图 3-23 展现了每个单元内含有 1 个高斯点的 3 节点三角形单元所获 y 向应力、y 向位移云图。不难看出，因 3 节点三角形单元固有的缺陷，尽管单元总数由之前 8 节点的四边形单元 84 个增至 168 个，但与 8 节点单元相比，3 节点三角形单元的 y 向应力分布云图的模样相差甚大。

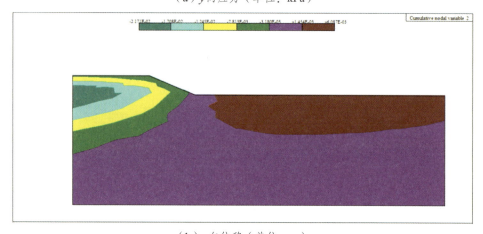

（a）y向应力（单位：kPa）

（b）y向位移（单位：m）

图3-23　y向应力和y向位移分布（含1个高斯点的3节点三角形单元）

3.5.2　节点的编号

节点的编号包括局部编号、整体编号，一般的有限元教材亦有阐述。以第 2 章近挡土墙的开挖与填筑算例为例，所使用的 8 节点二次矩形单元、3 节点梁单元均有各自的局部节点编号。对于 8 节点二次矩形单元，按照逆时针方向，4 个角节点的编号分别为 1、2、3、4，分布落于 1、2 角节点之间，2、3 角节点之间，3、4 角节点之间，4、1 角节点之间的中节点编号分别为 5、6、7、8；而 3 节点梁单元的角节点编号为 1、3，中节点编号为 2，如图 3-24 所示。

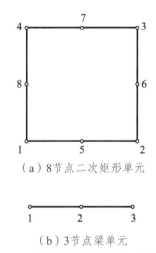

（a）8节点二次矩形单元

（b）3节点梁单元

图3-24　AFENA程序两种类型单元的节点局部编号

下面仍选用前述路堤的填筑这一算例，通过结果来帮助读者增强感性认识，进一步理解节点编号所带来的影响。按照 GENTOP 半自动剖分技术，所生成的有限元网格如图 3-25 所示。

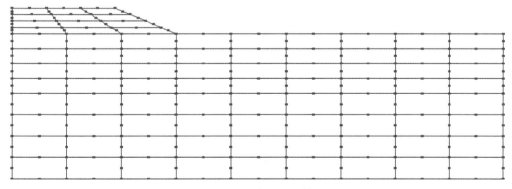

图3-25　有限元网格

对应的节点编号如图3-26中蓝颜色数字，而单元编号对应图3-26中红颜色数字。注意此时的节点编号系按照Sloan S.W.等[2]所发表的代码已重新优化（由GENTOP程序自动生成），从而提高已内嵌于AFENA程序的skyline方程求解效率。

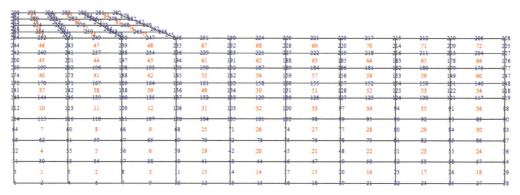

图3-26 单元编号与节点整体编号

1. 单元定义时节点编号带来的影响

*AFENA user manual version 6.0*规定，对于8节点二次单元，其局部编码规则见图3-24（a）；如不遵循该规则，则程序出错。

不妨以第1号单元（即模型最左下角的那个单元）为例，其单元定义时节点需严格按照1、4、33、31、2、5、30、3的逆时针顺序，这8个节点可从任意角节点开始编排，如可改为4、33、31、1、5、30、3、2的顺序，其计算结果并不改变。图3-27为两种局部编码情况下的y向位移分布云图（注意二者图例完全相同）。

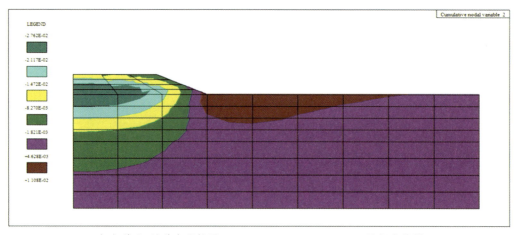

（a）单元1的节点号按照1、4、33、31、2、5、30、3的顺序编排

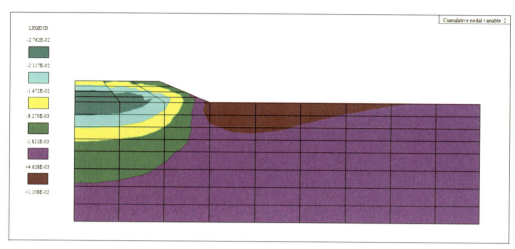

（b）单元1的节点号按照4、33、31、1、5、30、3、2的顺序编排

图3-27　节点局部编码对结果的影响

　　但如果违反规则，如将第 1 号单元的局部编排写为 1、2、4、5、33、30、31、3，程序执行计算过程中未报错，出现如图 3-28 所示的 y 向位移结果。注意模型最左下角处第 1 号单元已经处于混乱状态。

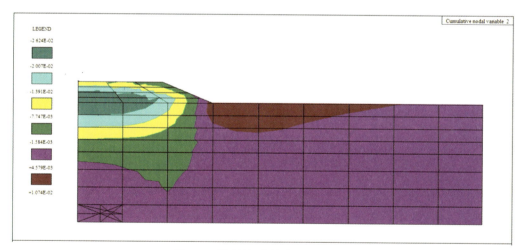

图3-28　错误的 y 向位移分布结果一

　　如将第 1 号单元的局部编排写为 1、31、33、4、3、30、5、2（即仍从角节点开始，但按照顺时针方向编排），AFENA 执行计算过程未报错，出现如图 3-29 所示的 y 向位移结果。注意该图与图 3-27 相比，面目全非，且图例上显示 y 向位移的数量级惊人，这显然是错误的。

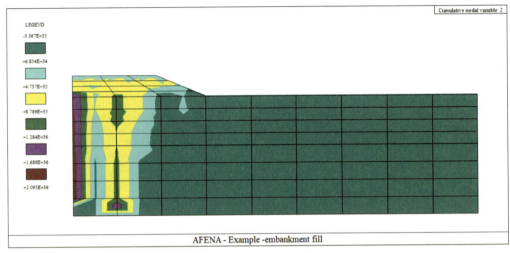

（a）y向位移云图分布

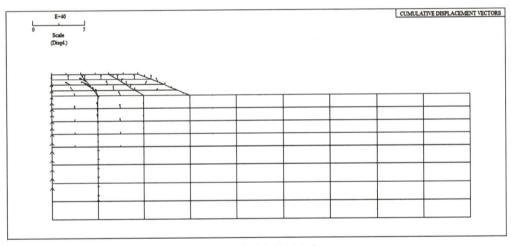

（b）y向位移矢量图分布

图3-29　错误的y向位移分布结果二

2. 节点整体编号对计算的影响

按照从左至右，从下至上的顺序，人为地对所有节点进行整体编码，如图3-30所示。请注意仔细与图3-26中GENTOP半自动剖网技术所形成的节点整体编码对照。

经过计算，获得人为自行开展节点整体编码的y向位移云图，如图3-31所示。可发现，人为自行开展节点整体编码所获结果与按照GENTOP半自动剖网技术所形成的节点整体编码所获结果完全相同。

打开二者执行计算求解后所生成的LOG文件，可知二者均需求解512个方程，所需Size、Bytes字节分别为72 685、290 740（人为自行开展节点整体编码）和65 141、260 564（GENTOP半自动剖网技术形成节点整体编码）。显然人为自行开展节点整体编码不如GENTOP半自动剖网技术形成节点整体编码优越。

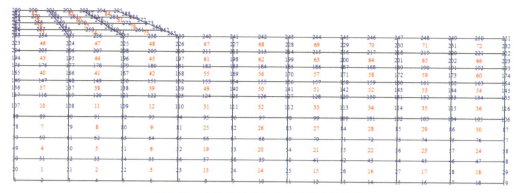

图3-30　人为地对所有节点进行整体编码

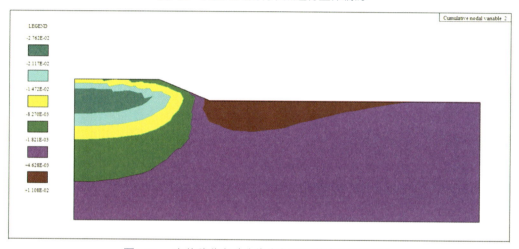

图3-31　y向位移分布（人为自行开展节点整体编码）

以上算例讨论仅为示意性的阐述，幸运的是，现代主流的路基结构有限元电算软件大多可实现网格的全自动剖分、节点号的自动编排及优化，一般情况下使用者并不需要刻意关心节点的整体编码。

3.5.3　不同类型单元的组合

如采用结构性单元离散土工格栅、板桩墙等结构物，则存在不同类型单元的组合问题。以前述近板桩墙的开挖与填筑为例，3 节点梁单元落于 $x=30$ m 处，其 3 个节点恰与 8 节点二次单元的 3 个节点相吻合，从而实现了不同类型单元的节点自由度的正确耦合。如：针对图 2-25，板桩墙由第㉑、㉒、㉓、㉔、㉕号共 5 个 3 节点梁单元组成，其中第㉑号单元由第 22、21、37 号共 3 个节点组成，而这 3 个节点又同时是用于离散土体的第⑥号、第⑦号单元的角节点、中节点。

注意：在大型通用有限元软件中，实现不同类型单元的组合颇为费劲。而在类似 PLAXIS、Phase2 等岩土工程专用程序中已可轻松实现，一般情况下使用者几乎感觉不到此动作，这无疑大大提高了建模效率，降低了出错可能。读者不妨仔细揣摩本书第 6 章的砂井处治软土地基路堤算例，注意用于砂井模拟的 Drain 单元与用于土体模拟的 10 节点四面体单元之间节点自由度的耦合。

3.5.4　网格剖分的自动化

1. 早年有限元电算程序的人工剖网技术

如 2.3 节所述，早年 PLAST 等程序需要完全人工输入的方式生成有限元网格，大致思路是先人为设计好网格（如网格的疏密分布、单元类型），对所有节点、单元均依次编号（注意：有的程序在节点和单元编号时尚需要严格遵照某种规则，比如说由下至上、由左至右等），然后在整体坐标体系下，确定所有节点的坐标，再通过拓扑关系确定每个单元由哪些节点围绕组成（即单元的定义）。当节点或单元数量较多，甚至还需要严格遵照固定格式输入时，这个过程相当枯燥乏味，且极容易犯错，需要反复校核。

2. 半自动化的剖网技术

为解决上述棘手的难题，不少学者开展了一系列研究，向半自动化剖分技术迈进。下面选用 AFENA 软件所配套的前处理辅助性程序 GENTOP，来介绍有限元网格的半自动剖分技术。GENTOP 所使用的半自动剖网方法源自 E. Hinton 和 D. R. J. Owen[3] 所发表的思路。仍以 3.4.1.4 节的路堤结构为算例，介绍如何运用 GENTOP 半自动网格剖分生成如图 3-32 所示的有限元网格。

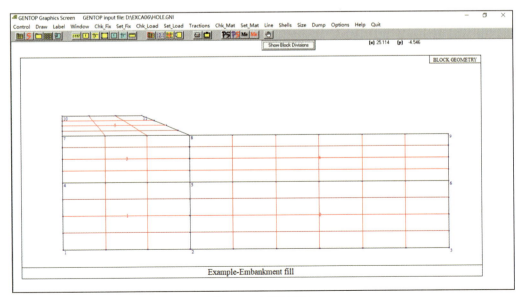

图3-32　有限元网格

结合图 3-32，GENTOP 半自动剖网技术的要领大致归纳为：

（1）选取 1、2、3、…、11 等为关键点（或控制点），有意识地把模型划分为若干封闭区域，如图中的 1、2、3、4、5 等五大块区域，每个区域由若干关键点（控制点）围绕组成，如区域 1 由 1、2、5、4 等四个关键点围绕组成。

（2）指定整体坐标系，比如说模型的左下角，然后确定 1、2、3、…、11 等所有关键点（控制点）的坐标；针对每块区域，分别设定 x 方向、y 方向的网格数量、网格疏密分布及单元材料类型，如将第 1 块区域水平方向上剖分为 3 个单元，等分剖分；垂直方向上剖分为 4 个单元，等分剖分；设置为第 1 种材料类型。

（3）可设定单元类型，如为 4 节点还是 8 节点的曲边或直边二次单元亦或是 3 节点三角形单元。

具体的实施过程如下：

AFENA 安装后在安装夹内有一个 HOLE.GNI 的文件，不妨先将该文件拷贝至其他路径下，如拷贝至 D:\EXCA06\HOLE.GNI，然后选中 Gentop.exe 文件，双击鼠标左键，运行该程序后，点击界面右上方的 Browse 按钮，根据路径 D:\EXCA06\HOLE.GNI，找到 HOLE.GNI 文件，选中，如图 3-33 所示。

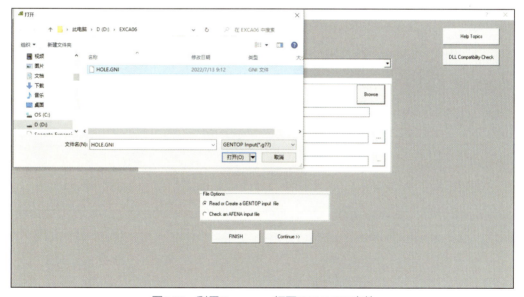

图3-33　利用Gentop.exe打开HOLE.GNI文件

点击"打开（O）"按钮后，界面如图 3-34 所示。需特别说明的是，界面显示"D:\EXCA06\HOLE.sde"上方出现黑色条块，原因尚不明朗，但暂不影响程序操作。

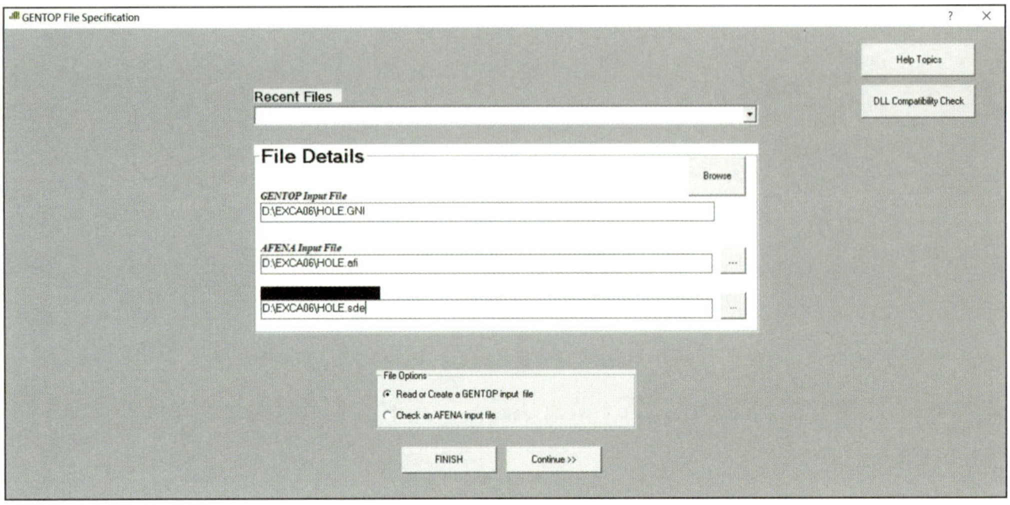

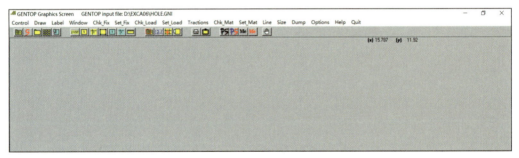

图3-34　File Details

注意：于图 3-34 中 "File Options" 处选择 "Read or Create a GENTOP input file" 选项，然后点击 "Continue>>" 按钮，界面如图 3-35 所示。

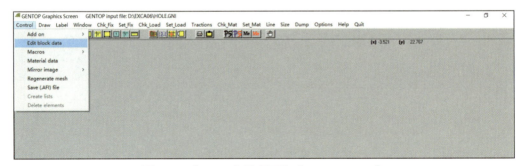

图3-35　GENTOP Graphics Screen界面

点击图 3-35 中 "Control" 选项下的 "Edit block data"，如图 3-36 所示。

图3-36　"Control" 选项下的 "Edit block data"

然后出现如图 3-37 所示的界面，此界面实际上就是 HOLE.GNI 文件的具体内容，在此界面中适当修改数据，即可完成 3.4.1.4 节算例的有限元网格半自动剖分。

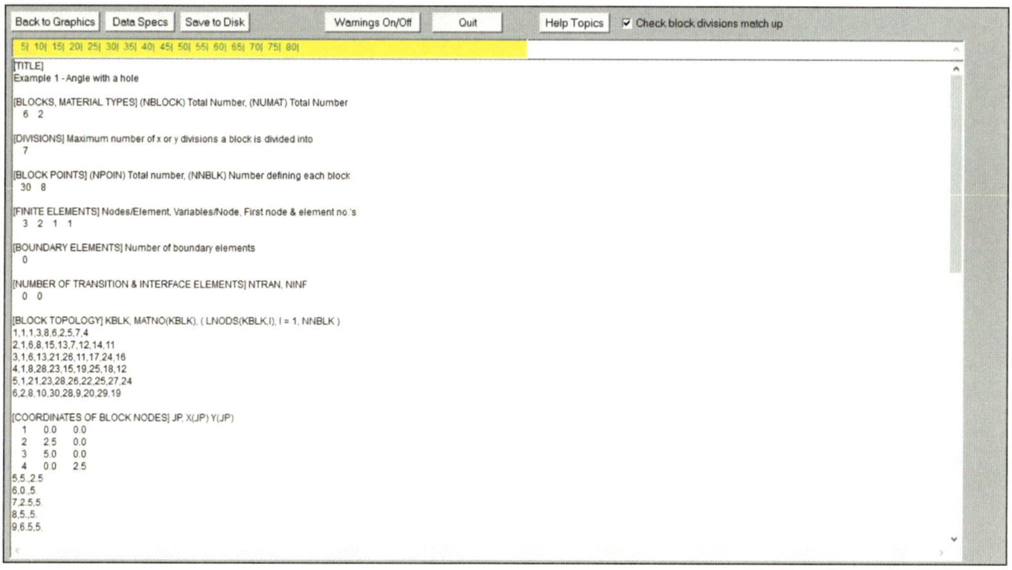

图3-37　HOLE.GNI文件的具体内容

针对图 3-37 中 HOLE.GNI 文件的具体内容，做如下修改：

（1）修改 [TITLE] 下方的 Example 1-Angle with a hole。此处修改为 Example-Embankment fill。

（2）修改 [BLOCKS, MATERIAL TYPES] (NBLOCK) Total Number,(NUMAT)Total Number 下方的数据。此处应修改为共 5 块区域、3 种材料（分别为 Stiff clay、Soft clay、Fill）。

（3）修改 [DIVISIONS] Maximum number of x or y divisions a block is divided into 下方的数据。因第 2、4 块区域的 x 方向拟划分为 6 个单元，为所有区域中 x 或 y 方向所划分的最大网格数量，故此处修改为 6。

（4）修改 [BLOCK POINTS](NPOIN)Total number, (NNBLK) Number defining each block 下方的数据。此处应修改为共 11 个关键点（控制点），每块区域由 4 个关键点所围绕组成。

（5）修改 [FINITE ELEMENTS] Nodes/Element, Variables/Node, First node & element no.'s 下方的数据。此处修改为每个单元 8 个节点（即要划分为 8 节点单元），每个节点自由度为 2，第 1 个节点和单元的编号均为 1。

（6）保持 [BOUNDARY ELEMENTS] Number of boundary elements 下方的数据不变。

（7）保持 [NUMBER OF TRANSITION & INTERFACE ELEMENTS] NTRAN, NINF 下方的数据不变。

（8）修改 [BLOCK TOPOLOGY] KBLK, MATNO(KBLK), (LNODS(KBLK,I), I =

1,NNBLK）下方的数据。此处指定每块区域的编号、材料类型号及 4 个关键点的点号，如第 1 块区域，材料类型为 1（即为 Stiff clay），由 1、2、5、4 等四个节点围绕所组成。

（9）修改 [COORDINATES OF BLOCK NODES] JP,X(JP) Y(JP) 下方的数据。此处指定 11 个关键点的坐标，如第 1 个关键点的 x、y 坐标分别为 0、0。

（10）修改 [BLOCK DATA]{KB,NDVX, NDVY}/{WGTX(I),I=1,NDVX}/{WGTY(I), I=1,NDVY} 下方的数据。此处指定每块区域 x、y 方向剖分单元的数量及疏密分布，如将第 1 块区域 x、y 方向分别剖分为 3 个、4 个单元，且 x、y 方向网格均设置为等密度。

（11）保持 [TRANSITION ELEMENTS] {NTRAN > 0}（XT(I), YT(I), XT(I), YT(I)), I = 1, NTRAN）不变。

（12）保持 [DUAL NODE INTERFACES] {NINF > 0}（XI(I),YI(I), XI(I),YI(I), I = 1, NINF) 不变。

（13）保持 [NUMBER OF SPACING SETS IN 3-DIRECTION] 不变。

（14）保持 [NUMBER OF DIVISIONS,SPACING IN 3-DIRECTION] 不变。

修改前的 GNI 文件具体内容如下：

[TITLE]

Example 1-Angle with a hole

[BLOCKS, MATERIAL TYPES](NBLOCK) Total Number, (NUMAT)Total Number

  6 2

[DIVISIONS] Maximum number of x or y divisions a block is divided into

  7

[BLOCK POINTS] (NPOIN)Total number,(NNBLK) Number defining each block

  30 8

[FINITE ELEMENTS] Nodes/Element, Variables/Node, First node & element no.'s

  3 2 1 1

[BOUNDARY ELEMENTS] Number of boundary elements

  0

[NUMBER OF TRANSITION & INTERFACE ELEMENTS] NTRAN, NINF

  0 0

[BLOCK TOPOLOGY] KBLK, MATNO(KBLK), (LNODS(KBLK,I), I = 1, NNBLK)

1,1,1,3,8,6,2,5,7,4

2,1,6,8,15,13,7,12,14,11

3,1,6,13,21,26,11,17,24,16

4,1,8,28,23,15,19,25,18,12

5,1,21,23,28,26,22,25,27,24

6,2,8,10,30,28,9,20,29,19

[COORDINATES OF BLOCK NODES] JP, X(JP)Y(JP)

1	0.0	0.0
2	2.5	0.0
3	5.0	0.0
4	0.0	2.5

5,5.,2.5

6,0.,5.

7,2.5,5.

8,5.,5.

9,6.5,5.

10,8.,5.

11,.7196,5.7196

12,4.2803,5.7196

13,1.4393,6.4393

14,2.5,6.

15,3.5607,6.4393

16,0.,7.5

17,1.,7.5

18,4.,7.5

19,5.,7.5

20,8.,7.5

21,1.4393,8.5607

22,2.5,9.0

23,3.5607,8.5607

24,.7196,9.2803

25,4.2803,9.2803

26,0.,10.

27,2.5,10.

28,5.,10.

29,6.5,10.

30,8.,10.

[BLOCK DATA] {KB, NDVX, NDVY}/{WGTX (I) ,I=1,NDVX}/{WGTY(I),I=1,NDVY}

   1   7   5

one

2.,1.,1.,.5,.5

2,7,4

one

1.,.75,.5,.25

3,4,6,

1.,.75,.5,.25

one

4,6,4

1.,1.,2.,2.,2.,2.

1.,.75,.5,.25

5,6,4

one

.25,.5,.75,1.

6,5,6

1.,1.,2.,2.,2.

1.,1.,2.,2.,2.,2.

[TRANSITION ELEMENTS] {NTRAN > 0} (XT(I),YT(I), XT(I),YT(I), I = 1, NTRAN)

[DUAL NODE INTERFACES] {NINF > 0} (XI(I),YI(I), XI(I),YI(I), I = 1, NINF)

[NUMBER OF SPACING SETS IN 3-DIRECTION]

[NUMBER OF DIVISIONS, SPACING IN 3-DIRECTION]

修改后的 GNI 文件具体内容如下：

[TITLE]

Example-Embankment fill

[BLOCKS, MATERIAL TYPES] (NBLOCK) Total Number, (NUMAT) Total Number

   5   3

[DIVISIONS] Maximum number of x or y divisions a block is divided into

   6

[BLOCK POINTS](NPOIN) Total number, (NNBLK) Number defining each block

```
   11   4
[FINITE ELEMENTS] Nodes/Element,Variables/Node, First node & element no.'s
   8   2   1   1
[BOUNDARY ELEMENTS] Number of boundary elements
   0
[NUMBER OF TRANSITION & INTERFACE ELEMENTS] NTRAN, NINF
   0   0
[BLOCK TOPOLOGY] KBLK, MATNO(KBLK), (LNODS(KBLK,I), I = 1, NNBLK )
1,1,1,2,5,4
2,1,2,3,6,5
3,2,4,5,8,7
4,2,5,6,9,8
5,3,7,8,11,10
[COORDINATES OF BLOCK NODES] JP, X(JP) Y(JP)
1, 0,0
2,12,0
3,36,0
4,0,10
5,12,10
6,36,10
7,0,17
8,12,17
9,36,17
10,0,20
11,7.5,20
[BLOCK DATA] {KB, NDVX, NDVY}/{WGTX(I),I=1,NDVX}/{WGTY(I),I=1,NDVY}
1,3,4
one
one
2,6,4
one
one
3,3,4,
```

one

one

4,6,4

one

one

5,3,4

one

one

[TRANSITION ELEMENTS] {NTRAN > 0} (XT(I),YT(I), XT(I),YT(I), I = 1, NTRAN)

[DUAL NODE INTERFACES] {NINF > 0} (XI(I),YI(I), XI(I),YI(I), I = 1, NINF)

[NUMBER OF SPACING SETS IN 3-DIRECTION]

[NUMBER OF DIVISIONS, SPACING IN 3-DIRECTION]

以上工作完成后，点击图 3-37 左上方的"Back to Graphics"按钮，回到如图 3-36 所示的界面，然后点击"Control"选项下的"Regenerate mesh"，如图 3-38 所示。

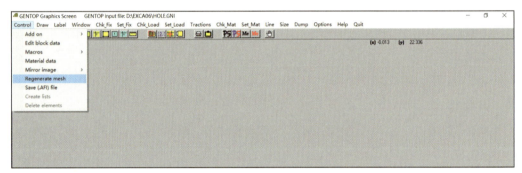

图3-38　"Control"选项下的"Regenerate mesh"

弹出对话框，界面如图 3-39 所示。

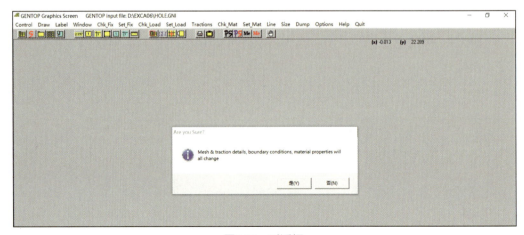

图3-39　对话框

点击图 3-39 中的 "是（Y）" 按钮，界面如图 3-40 所示。此时已产生所有有限元网格。

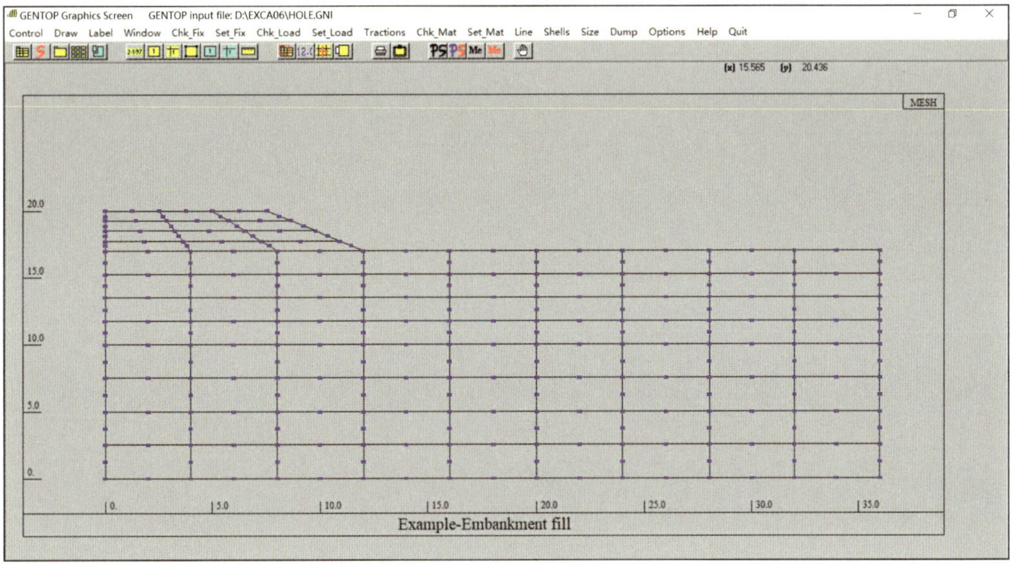

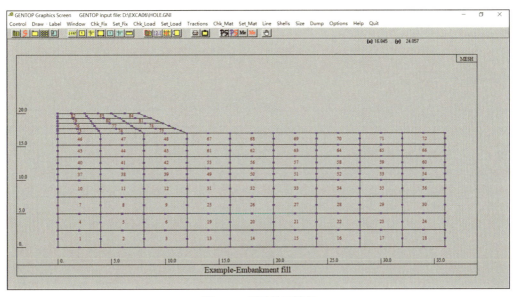

图3-40 所生成的有限元网格

点击图 3-40 中 "Label" 选项下的 "Element No.'s"，界面如图 3-41 所示。此时将所有单元编号显示出来，注意单元的编号是按照第 1、2、3、4、5 块区域依次进行，在每块区域中则遵照从左至右、从下至上的顺序。

图3-41 显示单元编号

再点击图 3-40 中"Label"按钮下的"Node No.'s"，界面如图 3-42 所示，此时将显示全部节点的编号。注意：GENTOP 在网格生成过程中使用了 Sloan S. W. 和 Randolph M. F.[2] 所发布的算法自动重新编排节点号。

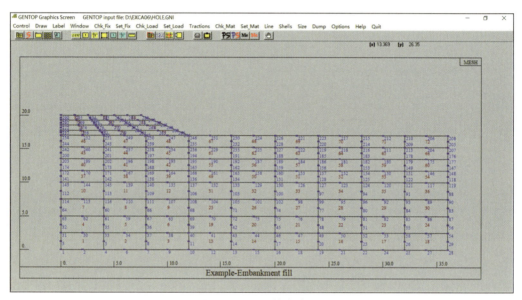

图3-42　显示节点编号

此时再点击图 3-43 中"Control"选项下的"Save (.AFI) file"。

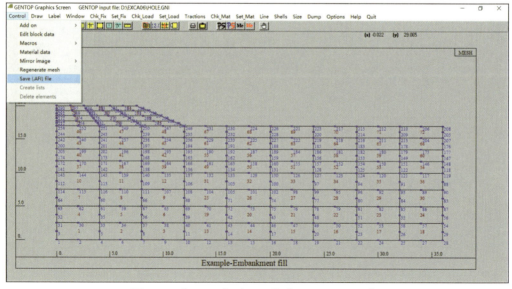

图3-43　"Control"选项下的"Save (.AFI) file"

可将其保存为 Embankment fill.afi 文件，存放于 D:\EXCA06\ 文件夹之内，如图 3-44 所示。

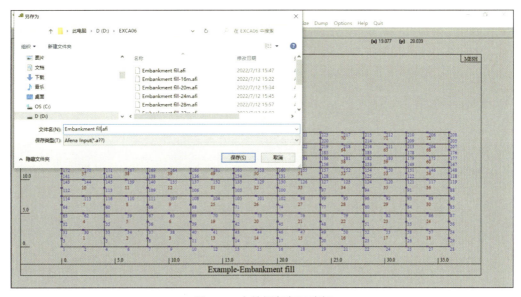

图3-44　文件保存名及路径

此时弹出如图 3-45 所示的对话框，点击"确定"按钮即可。

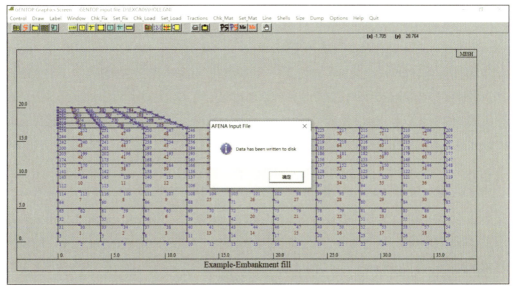

图3-45　保存文件

注意观察 D:\EXCA06\ 文件夹之内已经生成名为 Embankment fill.afi 的文本文件，该文件可用 UltraEdit 文本编辑器打开，如图 3-46 所示，可见已经通过 GENTOP 生成 AFENA 可识别的网格信息，实际上该文件已经可被 AFENA 读入，只需要在这个文件基础上，适当修改（主要是添加计算求解相关的宏指令），即可形成计算分析所用的最终完整数据输入文件。

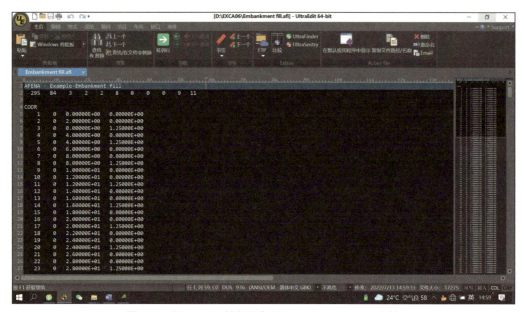

图3-46　用UltraEdit编辑器打开Embankment fill.afi文件

以上算例初步介绍了基于 GENTOP 程序的半自动剖网技术。关于 GENTOP 程序更详尽的阐述，请读者进一步阅读 *A data generator for AFENA-users' manual for program GENTOP for Windows*[4]，此处不再展开。国内外亦有不少学者纷纷编制开发了类似的程序，具体可参考文献 [5-18]，查看其算法原理或程序文本。这些程序实质彼此接近，都是试图将模型合理地分块，然后再针对这些区块剖分网格，2.4 节所述 slope64 程序实际上也采用了类似"分区分网"的技术。

在采用半自动化剖网技术的时候，需要高度注意以下几点：

（1）各块区域共用交界处单元剖分数量的协调性，尤其是在路堤基底与地基表面交界处。比如说上述案例，假设将第 5 块区域（即路堤）水平向剖分单元数量由 3 调整为 4，其他保持不变，则有如图 3-47 所示的错误提示。这是因为此时第 5 块区域（即路堤）与第 3 块区域（即 Soft clay 土层的左部分）共用关键点 7、8 所组成的边，第 5 块区域（即路堤）尝试将该条边剖分为 4 个单元，而第 3 块区域（即 Soft clay 土层的左部分）仍保持为该条边为 3 个单元，二者不尽协调匹配，故程序报错，网格剖分工作无法继续进行。

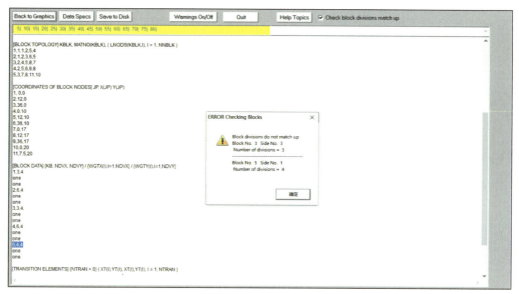

图3-47 区域剖分数量不尽协调匹配

借助于2.4节的算例，不难看出 slope64 程序直接将路堤及路堤下地基作为一个整体，进行 x 方向网格的剖分，如图 3-48 所示，这样自然不会出现类似图 3-47 的错误。

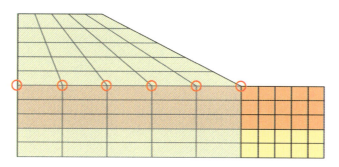

图3-48 slope64程序中路堤及路堤下地基 x 方向网格的剖分

（2）如果存在土体开挖、填筑等施工过程模拟，尽管后续过程中有单元生死（即单元的激活、冻结）等，在建模时需要一次性生成所有的单元，不能在后续计算分析过程中再剖分网格。

3. 全自动化的剖网技术

随着时代的发展，已经有不少可用于路基结构有限元电算的程序具有全自动化的剖网功能。如 PLAXIS 3D 程序针对土体或通过实体置换形式模拟的结构物（如重力式挡土墙），可采用10节点的四面体单元实现全自动离散化，可设置整体剖分密度为粗糙、中等、细密，可选择某封闭的空间体进行网格的局部加密，如图3-49所示。

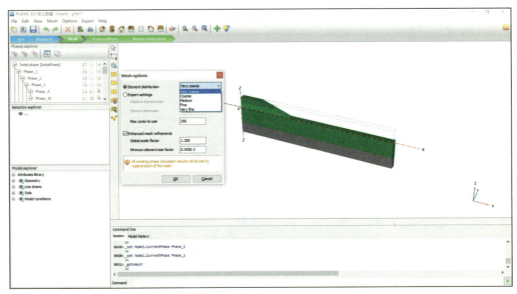

图3-49　PLAXIS 3D程序的全自动网格剖分

Phase2则已内嵌有三角形单元（3节点或6节点）、矩形单元（4节点或8节点），可自动生成过渡式、均匀式、辐射状等网格，如图3-50所示。

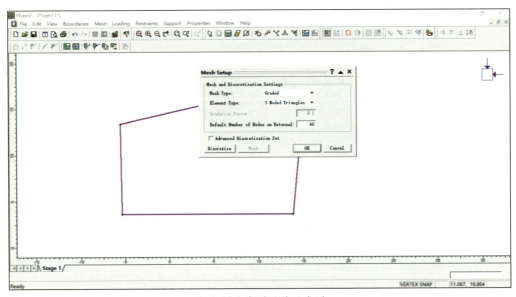

（a）剖分类型及单元类型

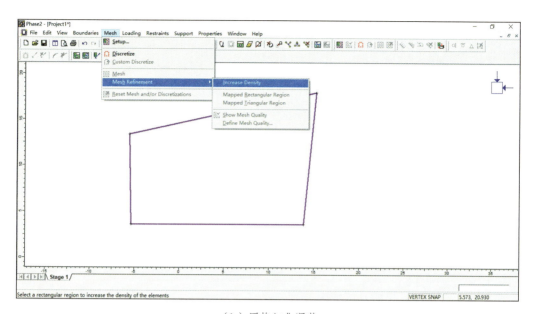

（b）网格细化调整

图3-50　Phase2程序的网格剖分

此时需要注意的是，当采用全自动的剖网技术时，前述不同材料区域共用处单元剖分数量的协调性问题将不复存在，一般情况下无须用户操心。

当然，目前已有 TrueGird（http://www.truegrid.com）、FEMAP（https://www.plm.automation.siemens.com/global/en/products/simcenter/femap.html）、Hypermesh（http://www.hypermesh.com）、Patran（https://www.mscsoftware.com/product/patran）、LS-PrePost 等专门用于剖分有限元网格的工具软件，通过这些工具软件剖分有限元网格后，可以某种格式导入有限元求解器执行计算求解。不过路基等岩土结构领域的专用有限元电算程序似乎较少使用这个办法，这可能与岩土结构尺度较大，较多时候并不需要面临因为要极其细致地刻画土层起伏等细节而对有限元网格剖分所带来的巨大挑战。这里不妨用汽车车身的有限元电算来做个比较，汽车车身多为空间曲面，且大量存在实体、板、壳等，有限元仿真分析需要精细刻画这些特征，故对有限元网格剖分的质量要求相当苛刻，才能保证后续非线性分析中以较快的速度收敛，而路基等岩土结构中这个问题并不突出，毕竟把这些细节忽略掉几乎对结果没什么影响，且更有利于抓住要害。

3.5.5　网格剖分质量的评价

结构离散化的过程中，要注意时刻评价网格剖分的质量，并非简单粗暴地分完网格了事。比如，加荷处、近荷处、几何形状发生转折改变处要适当加密网格，远离荷载处可适当稀疏化网格，并在细密、稀疏网格交界的地方适当予以过渡，避免突变。如第2章近挡土墙的开挖与填筑算例，单元疏密分布方面，Soft clay 土层上部拟开挖，将Stiff clay 土层、Soft clay 土层均设置为垂直方向上密下疏，sheet pile wall 背后的填土垂直方向划分为 2 个单元，体现了近荷载或敏感区域应加密网格、远离区域可适当稀疏的原则。

对于人工剖分、半自动剖分，其实可人为地确定、判断单元长宽比、最小锐角、最大钝角等，从而控制网格剖分质量。对于全自动化的网格剖分，需要谨慎地评价网格剖分质量，PLAXIS 3D、Phase2 等程序已经拥有这项功能，分别如图 3-51、图 3-52 所示，更详细的阐述可分别参考第 6 章、第 7 章。

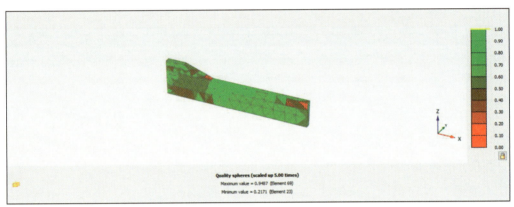

图3-51 PLAXIS 3D程序的网格剖分质量评价

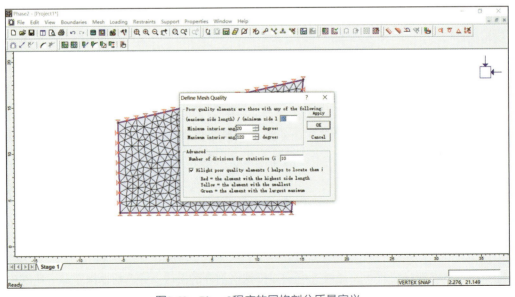

图3-52 Phase2程序的网格剖分质量定义

3.6　材料模型及参数

3.6.1　材料模型选择

路基结构有限元电算实施时，关于材料模型需要重点关注以下几点：

（1）组成路基结构除了岩土体之外，可能还含有挡土墙、土工格栅、水泥土搅拌桩等结构物，需要在同一数值模型中使用不同的材料模型分别描述它们的力学性状，甚至有的时候针对不同的土层，亦需要选用不同的材料模型，如对于软土地基路堤，分别使用硬化土模型、修正剑桥模型描述路堤、软土地基。不宜在同一数值模型中，仅采用同一种材料模型，而试图简单地通过修改、调整某些材料参数来区分不同的材料。如第2 章近挡土墙的开挖与填筑算例涉及 3 个土层（Stiff clay、Soft clay、Fill）、1 个结构物（Sheet pile wall），采用了 2 个本构模型，视各土层为线性、各向同性的弹性材料，直至屈服，屈服准则为 Mohr-Coulomb 准则，塑性流动可依相关联或非相关联的流动法则；而 Sheep pile wall 则视为线弹性梁 - 柱体。

（2）应因地制宜，深入理解各材料模型的优势、局限性、适用范围等，从而选用合适的材料模型。如在 PLAXIS 程序中，可通过弹性 - 塑性 Mohr-Coulomb 模型开展初步分析，这个模型代表着拟分析问题的一阶近似，由于其恒定的刚度，计算相对快捷，可获得变形的初步结果，而不是一上来就选用高度复杂的材料模型。

（3）一般情况下单元剖分与材料模型是彼此分离的，如利用 PLAXIS 程序可全自动剖分为三角形单元（6 节点或 15 节点），而无论是 6 节点三角形单元还是 15 节点三角形单元，均可定义为 Mohr-Coulomb（MC）模型或 Soft-Soil-Creep（SSC）模型；对于某些程序，如 AFENA 程序则自身有一定特色，本构模型与单元类型直接绑定，比如说第 27 类单元就表示视各土层为线性、各向同性的弹性材料，直至屈服，屈服准则为 Mohr-Coulomb 准则，塑性流动可依相关联或非相关联的流动法则，而无须另外再设置。第 2 章近挡土墙的开挖与填筑算例数据输入文件中通过宏指令 MATE 实现 3 个土层（Stiff clay、Soft clay、Fill）、1 个结构物（Sheet pile wall）的本构模型及相应材料参数的定义，通过 ELEM 宏指令的第 2 列实现材料参数的赋予。显然将材料模型与单元剖分二者剥离对使用者来说更为方便。

3.6.2　材料参数的确定

当材料模型选定后，就需要确定相应的材料参数，这方面的工作在宏观上需要注意以下几点：

（1）材料参数主要通过土工试验、土工合成材料试验等确定，尤其是静、动三轴试验技术对于获取有限元电算分析所需材料参数颇为关键。

（2）有些电算程序已内嵌有所谓的"土工虚拟试验箱"，可通过少量有限的材料参数获得其他的相关参数，如 PLAXIS 3D 程序提供了"土工试验"（SoilTest）工具，无须建立有限元模型，就可用简便的方式模拟室内试验，通过"土工试验"模拟，可将室内试验得到的土层参数转化为 PLAXIS 3D 中本构模型的输入参数。如图 3-53 所示。

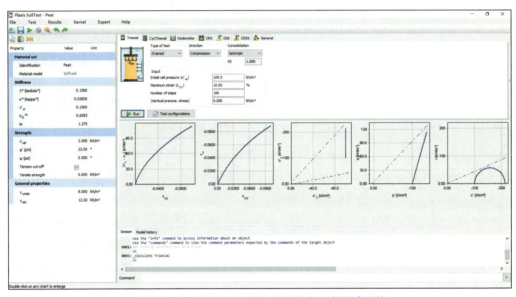

图3-53 PLAXIS 3D程序中内嵌的土工虚拟试验箱

（3）可适当参考、借鉴一些手册性著作，如《工程地质手册》[19]、《有限元分析常用材料参数手册》[20]。

（4）并非所有的材料参数均可通过试验获得，如 PLAXIS 程序中描述土 - 结构相互作用时需输入界面强度折减因子 R_{inter}，该值并不能直接通过土工试验测定，对于实际的土 - 结构相互作用，界面比相邻土层的强度低、柔性大，在缺少针对给定情况的资料时可假设该值为 2/3，一般不采用大于 1 的 R_{inter} 值。

（5）有的时候，可通过开展反分析获得材料参数，即根据工程现场量测所得到的应力、位移等基础信息，反演实际岩土体的力学特性参数，从而为数值分析在路基等岩土工程中的成功应用提供符合实际的基本参数。有兴趣的读者可进一步阅读《地下工程位移反分析法及程序》[21] 等文献。

（6）合理的估算也颇为要紧。比如说，在 AFENA 程序中假设取土体的泊松比为 0.49，即可大致认为需要恒定的体积变形（Constant volume deformation）。利用 PDSS 程序开展袋装砂井地基固结有限元分析时，对于砂井单元，由于不考虑砂料的刚度，故除调整渗透系数外，其他参数均与其所在土层相同。在第 2 章近挡土墙的开挖与填筑算例中，针对 Stiff clay 和 Soft clay，均将其内摩擦角设置为 0，这实际上就是强调突出了这两层土体为黏土（clay）的特性。

（7）注意有的时候，尚不可直接将土工试验所获得的材料参数用于电算分析，如谢康和等[1] 提及有限元计算所用的各土层渗透系数比室内试验值放大了 1~10 倍，这是因为根据国外大量的报道，土层现场的渗透系数要比室内试验值大得多。

（8）有些程序，如 PLAXIS 在模拟施工过程中还可以更改材料模型及参数，AFENA 程序则可通过宏指令 CHMA 重新赋予材料类型。

3.7　荷载条件

有限元电算可将各种复杂的荷载施加于模型上，包括体积力、面力、点荷载、温度荷载等，计算时其实质、核心都是设法将这些荷载转化为作用于节点上的节点力，较为成熟的电算程序都可考虑形式多样的荷载，即已内嵌有荷载库。

与桥梁、房建等结构工程相比，路基结构有限元电算时所考虑的荷载具有以下的特点：

（1）路基结构所受主要荷载之一为其自重，即路堤的逐级加载、路堑的逐级卸荷。以路堤结构为例，路堤堤身自重荷载具有纵向长带状、横断面上呈梯形分布的特征；房建结构有柱、梁、板、墙等，其自重荷载的空间分布比路基结构更为复杂。另外，在堤身自重荷载作用下，地基被压密，而路堤堤身自身亦产生压密沉降，尽管通常情况下沉降主要源自地基的压密，对于某些情况，如高边坡路堤，在堤身自重荷载作用下产生的压密沉降自然不容忽视，故一般情况下不宜将堤身荷载考虑为刚性荷载（即简单地视为长带状垂直分布的梯形荷载），否则无法考虑堤身自身的压密沉降。

（2）对于路基上承路面、道面、轨道等结构，将视具体情况考虑是否在路基结构有限元电算模型中把这些结构也构建进去，但一般情况下多将这些上承结构换算为与路堤重度相同的当量土柱或均布荷载置于路基面。

（3）作用于路面、道面、轨道上的交通荷载亦需根据拟分析问题的主要目标而确定如何考虑，比如说，若想计算移动荷载作用下路基结构的动力学响应，则显然需切实模拟荷载的移动性，但如果仅是考虑较为不利的状况，则视交通荷载为某集度的均布荷载即可。如连续体快速拉格朗日分析程序 FLAC Version 5.0 的例题应用手册中所讨论的桩承式公路路堤（Pile-Supported Highway Embankment）算例中将 11.5 kPa 的均布超载作用于路基面以描述交通荷载[22]。

（4）根据拟分析问题的需要，作用于路基结构上的外荷载可能还有地震荷载、强夯、压力注浆、重压等，需要根据实际情况考虑这些荷载的特点，并构建于电算模型当中。

（5）桥梁、房建等结构的计算分析中，对荷载将予以非常细致的考虑，如划分为恒载、活载，并提出荷载的最不利布置（如影响线、影响面）、中 - 活载、分项系数、荷载组合、横向分布系数等诸多要求，这从适用于桥梁、房建结构电算的有限元软件设计中都略窥一斑。但路基结构的有限元电算中很少这样做。

总体上看，在路基结构有限元电算中，对于荷载的考虑，需要根据实际情况，重点思考：施加什么荷载（体力、面力还是点力，静力还是动力，振动还是移动），荷载的作用位置、方向、大小，什么时候施加，什么时候移除，以什么形式施加（如是一次性施加，还是分级施加）等问题。现代有限元电算程序多已可较好地考虑这些不同形式的荷载，使用者一般情况下无须过多琢磨如何将这些荷载转化为有限元计算中的节点力。第 6 章砂井处治软土地基路堤算例中所施加的荷载系路堤自重；第 7 章路基重力式挡土墙算例中所施加的荷载除了墙背填土自重，还有池塘蓄水所产生的荷载（静水压力），请读者届时仔细思考这些荷载具体是如何施加的。

3.8　边界条件

因有限元电算是从实际物理世界中抽取部分来开展分析，故必须设置相应的边界条件，包括位移、温度、水头等。在路基结构有限元电算实施中，关于边界条件设置要注意以下几点：

（1）设置何种类型的边界条件。应根据所分析问题的力学模型，深入思考、审慎决定设置何种边界条件。如第 2 章近挡土墙的开挖与填筑算例仅需考虑位移边界。考虑到 Sheet pile wall 背后填土后，在填土自重作用下会产生竖向沉降，并认为模型取得足够宽，受开挖、填筑影响后，模型的左右两侧水平位移为零；而模型取得足够深，模型底侧则视为水平向位移、竖直向位移均约束。本章提及的路堤填筑算例，因左侧系对称轴，故 x 向位移约束，考虑到在路堤自重荷载作用下产生的竖向压密，故模型左侧、右侧的 y 向位移均自由。

（2）早年所编制的有限元程序，多通过指定节点的约束情况实现位移边界条件的设置，如第 2 章所述的 PLAST 程序，通过赋值 01、10、11 等予以指示；在 AFENA 程序的数据文件中，通过宏指令 BOUN 实现受约束节点边界条件的设置，其中第 3、4 列数据中的 1 或 0 分别表示约束或自由。在有限元计算中，实际上是采用了"置大数法""划 0 置 1 法""删除行列法"等。现代的电算程序因具有良好的图形用户界面，已可完全通过工具栏、菜单等轻松实现边界条件的定义。

（3）除了零位移约束之外，尚可指定非零的位移约束；除了位移约束之外，还可在同一处同时设置其他边界条件，如第 6 章砂井处治软土地基路堤算例，即在模型的左右、前后、底侧除了施加位移约束之外，尚同时设置有地下水流动边界条件

（GroundwaterFlow）。

（4）考虑到同类问题的相似性，有的程序直接设有默认的边界条件，如第 2 章提及的 slope64 程序，程序设计开发时即已指定图 2-18 所示模型的左、右侧水平向位移约束、竖直向位移自由，而底侧水平向和竖直向位移均约束；而 PLAXIS 程序则设有所谓的标准边界条件（standard fixities），如图 3-54 中光标所指，使用者只需点击该按钮，即可自动设置程序默认的边界条件（模型的左右侧水平向位移约束、竖直向自由，而底侧水平向和竖直向位移均约束），从而提高了建模效率。

（5）有些程序，如 PLAXIS 在模拟施工过程中仍可以更改建模初期所设定的边界条件，这无疑大大拓展了利用电算程序开展模拟时的功能。

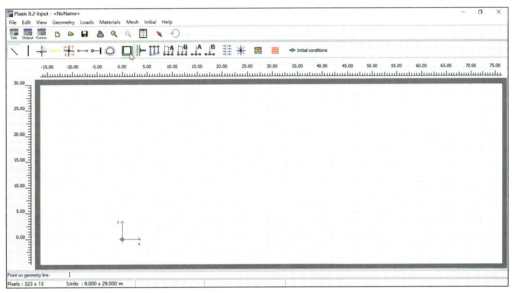

图3-54　PLAXIS程序默认的标准边界

3.9　初始条件

3.9.1　宏观思路

因岩土材料的力学行为呈高度非线性，故外荷载作用于岩土结构上所产生的力学响应不仅与外荷载大小有关，尚与岩土材料的初始状态及可能的加载路径有关，故包括路基工程在内的诸多岩土结构物在开展有限元电算时都需要谨慎考虑初始条件，尤其是初始应力。路基结构的初始应力多指自重应力或地应力（geostatic stress），有限元电算实施中，关于初始应力计算需重点关注以下几点：

（1）可假定初始地应力均匀分布或非均匀分布（随地基深度而变化），对于路基工程，通常应假定为非均匀分布。

（2）可通过有限元计算直接得到初始应力；或通过工程现场的量测位移、应力等作为基础信息，反求地层初始地应力。对于路基结构，因属于浅表工程，一般情况下直接通过有限元计算得到初始应力。实际上初始应力因存储于各高斯点上，理论上说都可通过手算得到，后文将详述如何通过手算验证初始应力计算结果是否正确。

（3）不同的有限元电算程序考虑初始地应力的方法有所不同。一旦初始应力被施加，需要采取某种动作保证其处于平衡状态，不同的电算程序处理地应力平衡时亦有所不同。

（4）初始应力计算通常与地下水、地下水位线等密切相关，需谨慎考虑土层重度、静水压力等的取值。

3.9.2　基于 AFENA 程序的路堤填筑算例初始应力讨论

下面以前述路堤的填筑这一算例为准，讨论基于 AFENA 程序的初始应力计算原理。具体的数据输入文件见附录。

程序首先通过宏指令 EXCA 12 及 73　74　75　76　77　78　79　80　81　82　83　84 等指示移除（或冻结）路堤这 12 个单元，然后通过宏指令 STRE 计算初始地应力。

注意地基由两层水平分布的土层组成，由下至上分别为 10 m 厚的 Stiff clay（硬质黏土）和 7 m 厚的 Soft clay（软质黏土），未考虑地下水，即视地下水位在模型最底端。下面分别全程手算 Stiff clay 和 Soft clay 土层内某高斯点处的初始地应力，然后观察手算结果与 AFENA 程序电算结果是否一致。

对于 Stiff clay 土层，以模型最左下角的第 1 号单元为例，该单元内的 9 个高斯点的位置、编号如图 3-55 所示。

图3-55　Stiff clay土层内的第1号单元高斯点分布

打开主输出结果文件（.AFO 文件），查看第 1 号单元内 9 个高斯点的应力分布，如图 3-56 所示。

以第 2 号高斯点为例，根据图 3-57，可看出其空间坐标为 x= 3.549 2 m，y= 0.281 8 m。AFENA 电算结果表明该点的剪切应力（12-STRESS）=0，垂直法向应力（22-STRESS）=0.286 9 × 10^3 Pa，水平法向应力（11-STRESS）=0.344 3 × 10^3 Pa。

图 3-57 为 Stiff clay 土层内第 1 号单元第 2 号高斯点初始应力计算示意图，以此开展 22-STRESS、11-STRESS 的全过程手算：

22-STRESS=S=SIGV−PORE

$= (\text{DEPTH} \times \text{GAMSAT}) + \text{SURCHL} - (\text{PHD} \times \text{GAMMAW} + \text{PORET})$

$= [(\text{SURFL} - \text{YY}) \times \text{GAMSAT}] + \text{SURCHL} - [(\text{WATERL} - \text{YY}) \times \text{GAMMAW} + \text{PORET}]$

$= (10 - 0.281\ 8) \times 18 + 112 - [(0 - 0.281\ 8) \times 0 + 0]$

$= 286.927\ 6\ \text{kPa}$

11-STRESS=(RK0 × S)+SIGHS=RK0 × (SIGV−PORE)+SIGHS

$= 1.2 \times 286.927\ 6 - 0$

$= 344.313\ 12\ \text{kPa}$

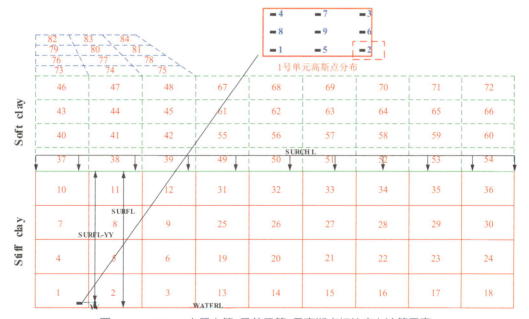

图3-56　第1号单元内9个高斯点的应力分布

图3-57　Stiff clay土层内第1号单元第2号高斯点初始应力计算示意

注：SURFL——局部表面（假设水平）的 2 坐标；WATERL——局部潜水面（假设水平）的 2 坐标；YY——计算应力的单元中高斯点的 2 坐标；GAMSAT——材料的饱和重度；GAMMAW——孔隙流体的重度；SURCHL——假设作用于当前层顶部的"超载"；PORET——当前层顶部的孔隙压力；SIGHS——层顶的水平应力；RK0——水平静止土压力系数。

对于 Soft clay 土层，以第 37 号单元中的第 326 号高斯点（见图 3-58）为例，根据图 3-59，可看出其空间坐标为 x= 3.5 492 m，y= 10.1 972 m。AFENA 电算结果表明该点的剪切应力（12-STRESS）=0，垂直法向应力（22-STRESS）=$0.108\ 8 \times 10^3$ Pa，水平法向应力（11-STRESS）=$0.544\ 2 \times 10^2$ Pa。

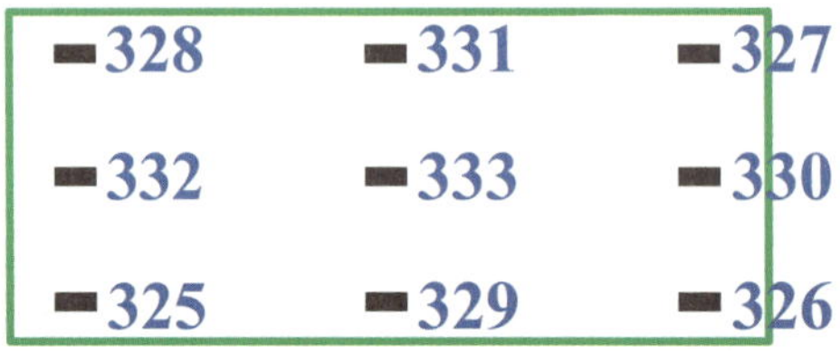

图3-58　Soft clay土层内的第37号单元高斯点分布

图3-59　第37号单元内9个高斯点的应力分布

图 3-60 为 Soft clay 土层内第 37 号单元第 326 号高斯点初始应力计算示意图，以此开展 22-STRESS、11-STRESS 的全过程手算：

22-STRESS = S = SIGV−PORE

= (DEPTH × GAMSAT)+SURCHL−(PHD × GAMMAW+PORET)

= [(SURFL−YY) × GAMSAT]+SURCHL−[(WATERL−YY) × GAMMAW+PORET]

= (17−10.1972) × 16+0−[(0−10.1972) × 0+0]

= 108.844 8 kPa

11-STRESS = (RK0 × S)+SIGHS=RK0 × (SIGV−PORE)+SIGHS

= 0.5 × 108.844 8+0

= 54.422 4 kPa

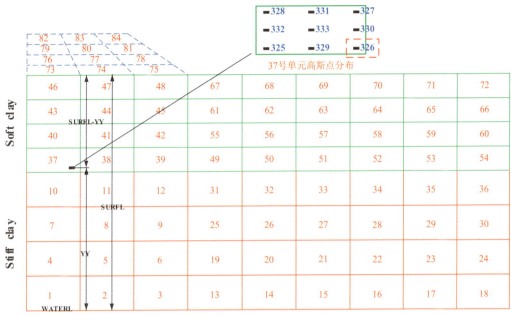

图3-60　Soft clay土层内第37号单元第326号高斯点初始应力计算示意

不难看出，手算所获高斯点的初始应力与 AFENA 程序电算结果完全吻合。

3.10　施工过程

路基结构常涉及路堤分层填筑与压实、路堑分级开挖与支护、地基处理（如土体挖除换填、塑料排水板处治）、支挡物建造、土工格栅铺设、强夯、冲击碾压等复杂的施工过程。如土质路堑可根据路堑深度、纵向长度及所处的地形选择不同的开挖方式，常用的开挖方法包括全断面横挖法、纵挖法和混合开挖法，其中全断面横挖法可细分为一层全断面横挖法、多层全断面横挖法，纵挖法可细分为分层纵挖法、分段纵挖法。

施工过程主要在以下两方面影响路基结构的有限元电算：

（1）影响适宜电算程序的选用。

以路堑开挖为例，如采用全断面横挖法（见图 3-61），则可视为平面应变问题，选用 PLAXIS、Phase2 等平面程序即可；而如采用混合开挖法（见图 3-62），则需选用 3D 程序方可客观描述此施工工艺。

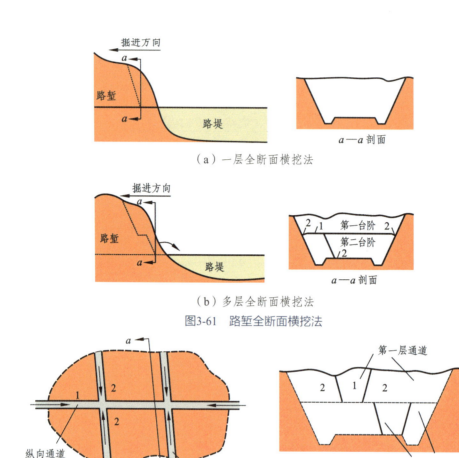

（a）一层全断面横挖法

（b）多层全断面横挖法

图3-61　路堑全断面横挖法

图3-62　路堑混合开挖法

（2）影响电算结果的精度甚至准确性。

因岩土体材料具有强烈的非线性力学特征，是否考虑、如何考虑这些施工过程对路基结构的有限元电算结果影响甚大，甚至导致宏观定性层面都出现较大偏差。不妨以3.4.1.4节的路堤结构为例，图3-63为分步填筑（共分4步）和一步填筑时竖向位移云图的对比。由图3-63可知，一次性填筑时的最大沉降在路基顶部，而分步填筑时的最大沉降则在（1/3~1/2）路堤高处，二者宏观定性层面出入甚大。陈慧远[23]曾较为深入地讨论了出现这一现象的缘由。

显然传统的解析法往往很难考虑这些因素，一般直接以最终状态为准开展解析推导，而某些模型试验则试图采用一些特定或变通的方式近似地模拟，如离心模型试验中通过机械手或逐渐增加离心加速度模拟路堤的逐层填筑加载。随着电算技术的迅猛发展，路基结构有限元电算中尽量客观、真实地模拟这些施工过程已不再成为瓶颈。当然不同的

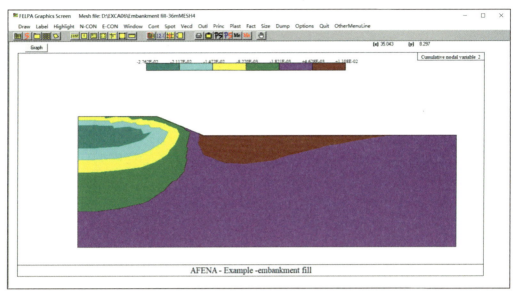

（a）分步填筑（共分4步）

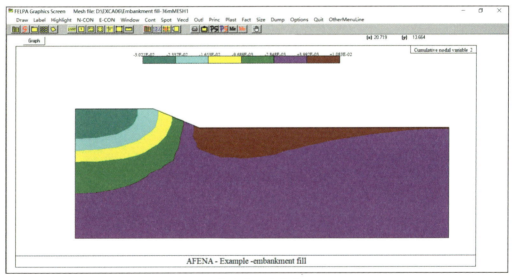

（b）仅一步填筑

图3-63　路堤分步填筑与一次性填筑竖向位移分布的区别

有限元电算程序采用不同的方式来模拟这些施工过程。如针对 AFENA 程序，以 2.5 节近挡土墙的开挖与填筑算例为准，该算例涉及开挖、填筑等施工过程模拟，数据输入文件中通过第 178 行 EXCA 2 与第 202 行"13 14"实现开挖，即把第 13 号、第 14 号单元所表示的土体挖除；通过第 190 行 FILL 2 与第 203 行"17 18"、第 204 行"19 20"实现分步填筑，第 1 步填筑第 17、18 号单元所表示的土层 3（即 Fill）的第 1 层，第 2 步填筑第 19、20 号单元所表示的土层 3（即 Fill）的第 2 层。注意填筑土层 3（即 Fill）

的第 1 层、第 2 层动作是完全重复的，故使用了第 188 行 LOOP 2 循环语句。

类似 PLAXIS、Phase2 等电算程序，则在模拟施工过程方面更为便捷，其核心思想都是采用单元的生死技术，即在不同时刻激活或冻结相应的单元，甚至修改调整某些单元的材料属性。基于 Phase2 程序的第 7 章路基重力式挡土墙算例模拟施工过程如图 3-64 所示。

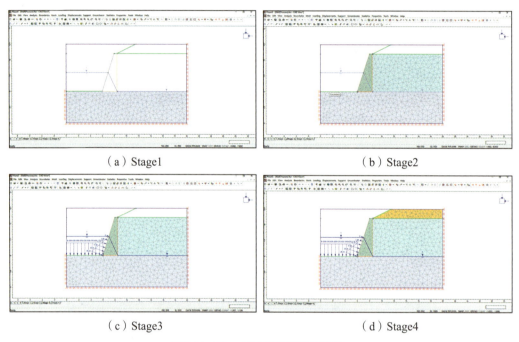

（a）Stage1 （b）Stage2

（c）Stage3 （d）Stage4

图3-64　Phase2程序模拟施工过程

3.11　结构物与土 - 结构相互作用

3.11.1　结构物的模拟

路基结构中常含有挡土墙、砂井、水泥土搅拌桩、土工格栅等结构物。对于结构物，通常有两种办法予以模拟：

（1）采用实体置换的方式，即仍采用离散土体的单元来离散结构物，但对结构物的材料模型或参数等予以适当调整，如第 7 章所述的重力式挡土墙，则仍采用 3 节点三角形单元离散，只不过视其为线弹性体，通过调整弹性模量、泊松比等参数来表征其力学特性。

（2）应用 Geogird、Pile、Plate、Drain 等结构性单元模拟结构物。这类结构性单元往往是岩土类有限元电算软件专门开发的，每种单元具有其独特性，比如说 PLAXIS

程序中内嵌的 Geogrid 单元可模拟土工格栅，该单元仅可承受拉力而不可受压，亦不承受弯剪；而 Drain 单元则用于模拟砂井、袋装砂井、塑料排水板等，该单元上的超孔隙水压为 0。

以上两种方法各有千秋，一般来说，如直接使用结构性单元，则可直接输出轴力、剪力、弯矩等内力分布情况，而实体置换则不能；如采用实体置换的方式，需要在建立各土层时于该结构物实施位置预留出相应的空间，而后置入结构物，而结构性单元则不需要（如第 6 章所描述的砂井采用了 PLAXIS 3D 程序内嵌的 Drain 单元予以模拟，仅需在地基土层模型建立后指定砂井的起点、终点的空间位置即可），应视具体问题灵活选用两种方法。

注意有的时候需尽量选用结构性单元，主要包括以下情况：

（1）类似塑料排水板处理软土地基路堤，因塑料排水板的宽度、厚度甚小，通常分别为 100 mm、3.5~4 mm，其几何尺度与路基宽度相比差异甚大，达到几个数量级，如采用实体置换的方式，或会造成网格剖分的不方便。

（2）类似土工格栅加筋路堤堤身，如采用实体置换的方式，实际上无法客观描述土工格栅只可承受轴向拉力，无法承受弯剪的力学性状。

当使用结构性单元时，需要高度注意此类单元与用于土体离散的实体单元在节点自由度正确耦合方面的问题。下面不妨继续基于路堤的填筑这一算例，参照 2.5 节近板桩墙的开挖与填筑算例，在路堤坡脚处设置一板桩墙（采用 AFENA 程序中的第 8 类单元离散），然后观察第 27 类单元与第 8 类单元如何有机融入同一数值模型中。

不妨假定板桩墙深 9.5 m，即贯穿 Soft clay 土层，深入 Stiff clay 土层 2.5 m。在本书附录路堤的填筑宏指令代码的基础上进行适当修改，主要改动之处：

（1）单元总数 NUMEL 由 84 修改为 89（板桩墙离散为 5 个第 8 类单元）。

（2）总的材料类型数 NUMMAT 由 3 修改为 4。

（3）网格中每个节点变量的最大数 NDF 由 2 修改为 3（因为第 8 类单元的节点除了 2 个平动自由度之外，还有转动自由度）。

（4）增加单元连接关系的定义，因有 5 个第 8 类单元，故共需定义 5 次。

（5）增加第 8 类单元的材料数据卡片，假定与前述近板桩墙的开挖与填筑算例参数完全相同。注意未考虑板桩墙的自重。

（6）先通过 EXCA 命令冻结组成路堤的 12 个单元、组成板桩墙的 5 个单元，然后激活组成板桩墙的 5 个单元，再模拟路堤的分层填筑（共分 4 层）。

修改后的主输入数据文件详见附录，生成的有限元网格见图 3-65。请读者仔细观察 5 个第 8 类单元是如何通过实体单元的相应节点分别予以定义的。

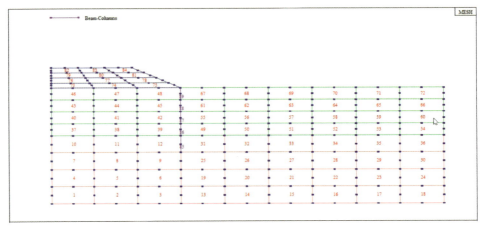

图3-65 有限元网格

经过计算求解，图3-66给出了路堤坡脚处是否设置板桩墙时的位移矢量图（二者取相同的比例因子），请读者注意仔细观察坡脚处各节点的位移矢量形态。

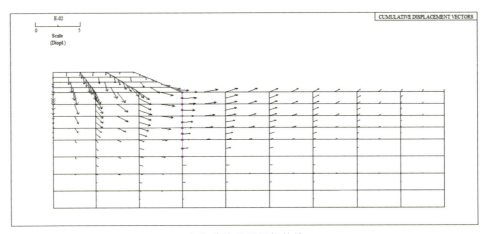

（a）坡脚处设置板桩墙

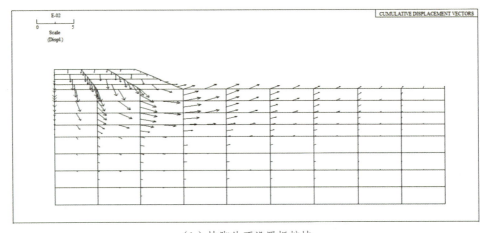

（b）坡脚处不设置板桩墙

图3-66 在AFENA程序中应用第8类单元模拟板桩墙时坡脚外的位移矢量图

3.11.2　土 - 结构物相互作用的模拟

土与结构物之间相互作用，或产生闭合、张开、滑移、黏结等现象，接触状态高度复杂。早年 Richard E. Goodman 等 [24]、C.S.Desai 等 [25] 为此曾开展了深入研究。路基结构有限元电算中大致有如下几种方法来实现土 - 结构相互作用的模拟：

（1）在结构物的周围设置一定厚度的薄层，该薄层仍采用用于离散土体时的单元类型，但适当地削弱其某些材料属性参数取值，如弹性模量、抗剪强度指标等，即尝试采用薄弱层（薄弱带）来近似地刻画土 - 结构物之间的相互作用。

（2）引入 Goodman 节理单元，通过节理的弹性剪切刚度、弹性法向刚度等来表征，有时甚至可考虑节理的弹塑性行为。如 AFENA 程序中含有的第 3 类单元、第 28 类单元均可用于节理描述，其中第 3 类单元为线弹性节理，第 28 类单元则为弹塑性 Mohr-Coulomb 节理，后者假设初始为线弹性，一旦超过 Mohr-Coulomb 准则控制而屈服，按照相关联法则出现塑性流动，如果出现法向应力受拉，则节理允许张开。Phase2 程序亦采用 Goodman 节理单元，如图 3-67 所示，具体示例见第 7 章。

（3）引入 Interface 单元，如 PLAXIS 程序，如图 3-68 所示。当使用 15 节点单元时，相应的界面单元用 5 组节点定义；当使用 6 节点单元时，相应的界面单元则用 3 组节点定义。注意图 3-68 所示界面单元有一个有限的厚度，而在有限元公式里每组节点的坐标是相等的，也就是说单元厚度为 0。每个界面有一个"虚拟厚度"，以用于定义界面材料性质的假想尺寸。虚拟厚度等于虚拟厚度因子乘以平均单元尺寸，而平均单元尺寸取决于二维网格生成的整体粗疏度设置，程序默认虚拟厚度因子的值为 0.1，用户可修改该值。界面单元的刚度矩阵通过 Newton Cotes 积分得出，Newton Cotes 应力点位置和节点组重合，故 5 个应力点用于 10 节点界面单元，而 3 个应力点用于 6 节点界面单元。

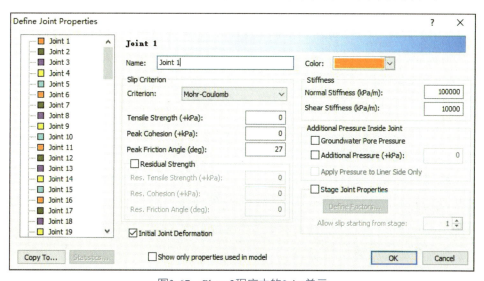

图3-67　Phase2程序中的Joint单元

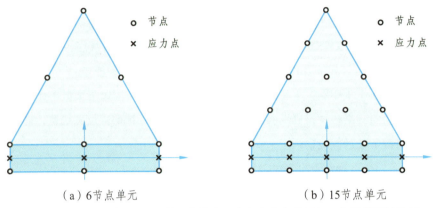

（a）6节点单元　　　　　　　　　（b）15节点单元

图3-68　PLAXIS中Interface单元上节点、应力点分布及其与三角形单元的连接

其中第（2）（3）种方式是目前路基结构有限元电算程序应用的主流方式。

类似结构性单元的使用，在应用第（2）（3）种类型的单元时，一样要注意此类单元与实体单元之间节点自由度的耦合，不过幸运的是，Phase2、PLAXIS 等程序已可完全自动实现，不用使用者过多干涉。

3.12　水的影响

水对路基结构影响甚大，将产生渗流、固结、冲刷、侵蚀等多种效应。水在路基结构有限元电算中其实极其复杂，主要通过以下几种形式予以反映：

（1）作为外荷载。如第 7 章路基重力式挡土墙电算分析中，将池塘水视为作用于地基、挡土墙墙面的外荷载，其实质是按照水的重度、水头高度进行计算。

（2）作为边界条件。如高小峰等[26] 在利用 SEEP/W 有限元软件建立降雨条件下斜坡软弱地基路堤渗流模型时，将降雨强度视为模型上表面的流量边界条件。

（3）作为初始应力计算时的静水压力。如第 6 章在利用 PLAXIS 3D 有限元软件建立砂井处治软土地基路堤模型时，考虑到有位于地下 1 m 处的地下水位线，采用 K0 过程方式生成包括静水压力、有效应力在内的初始应力场，其中静水压力实质是按照水的重度、水头高度进行计算。

（4）作为不排水分析时超孔隙水压力的计算条件。土为多相体，在土力学中有时希望开展不排水分析和完全排水分析。当开展不排水分析时，在荷载作用下土体内存在超孔隙水压的产生及消散。具体可参见第 6 章利用 PLAXIS 3D 有限元软件开展砂井处治软土地基路堤电算算例。

参考文献

[1]　谢康和，周健. 岩土工程有限元分析理论与应用[M]. 北京：科学出版社，2002.

[2]　SLOAN S W, RANDOLPH M F. Automatic element reordering for finite element analysis with frontal solution schemes[J]. International Journal for Numerical Methods in Engineering, 1983, 19: 1153-1181.

[3]　E HINTON, D R J OWEN. An introduction to finite element computations[M]. Pineridge Press Limited, 1979.

[4]　NIGEL P BALAAM, JOHN P CARTER. A data generator for AFENA-users' manual for program GENTOP for Windows[M]. University of Sydney, 2006.

[5]　Y K CHEUNG, M F YEO. A practical introduction to finite element analysis[M]. Pitman Publishing Limited, 1979.

[6]　J E AKIN. Application and implementation of finite element methods[M]. Academic Press Inc. (London) Ltd., 1982.

[7]　饶寿期. 有限元计算基础[M]. 北京：北京航空学院四〇五教研室，1984.

[8]　杨菊生，揽生瑞. 有限元法程序设计[M]. 西安：西安交通大学出版社，1990.

[9]　王秉愚. 有限元法程序设计[M]. 北京：北京理工大学出版社，1991.

[10]　黄运飞，冯静. 计算工程地质学 理论·程序·实例[M]. 北京：兵器工业出版社，1992.

[11]　陈和群，彭宣茂. 有限元法微机程序与图形处理[M]. 南京：河海大学出版社，1992.

[12]　黄德武. 实用有限元法[M]. 北京：兵器工业出版社，1992.

[13]　刘更. 结构动力学有限元程序设计[M]. 北京：国防工业出版社，1993.

[14]　朱以文，韦庆如，顾伯达. 微机有限元前后处理系统ViziCAD及其应用[M]. 北京：科学技术文献出版社，1993.

[15]　李云鹏，王芝银. 固体力学有限单元法及程序设计[M]. 西安：西安地图出版社，1994.

[16]　钟光珞，赵冬. 有限单元法及程序设计[M]. 西安：陕西科学技术出版社，1997.

[17]　陆山. 热结构分析有限元程序设计[M]. 西安：西北工业大学出版社，2003.

[18]　张爱军，谢定义. 复合地基三维数值分析[M]. 北京：科学出版社，2004.

[19]　《工程地质手册》编委会. 工程地质手册（第五版）[M]. 北京：中国建筑工业出版社，2018.

[20]　辛春亮，薛再清，涂建，等. 有限元分析常用材料参数手册[M]. 北京：机械工业出版社，2020.

[21]　王芝银，李云鹏. 地下工程位移反分析法及程序[M]. 西安：陕西科学技术出版社，1993.

[22]　ITASCA CONSULTING GROUP, INC. Fast lagrangian analysis of continua example

applications [M]. Itasca Consulting Group, Inc., 2005.

[23] 陈慧远. 土石坝有限元分析[M]. 南京：河海大学出版社，1988.

[24] RICHARD E GOODMAN, ROBERT L TAYLOR. TOR L BREKKE. A model for the mechanics of jointed rock[J]. Journal of the Soil Mechanics and Foundations Division. 1968, 94 (3): 637-659.

[25] C S DESAI, M M ZAMAN, J G LIGHTNER, et al. Thin-layer element for interfaces and joint[J]. International Journal for Numerical and Analytical Methods in Geomechanis. 1984, 8: 19-43.

[26] 高小峰，蒋鑫，邱延峻. 降雨条件下斜坡软弱地基路堤瞬态稳定性分析[J]. 中国铁道科学，2016，37（1）：1-8.

第 4 章　路基结构有限元电算实施关键技术——计算求解

4.1　概　述

现代所开发的有限元电算程序多已被封装，用户使用这些程序时对单元刚度矩阵如何组集成总刚度矩阵、如何求解方程组等没有直观感受，应用层面上核心工作在于根据拟分析的问题，正确合理地前处理（即模型建立）及后处理（展现结果），实际上并不需过多关注计算求解本身。但计算求解作为有限元法实施三大步骤之一，其正确、高效自然决定着路基结构电算实施的成败。考虑到计算求解部分的内容相当之丰富，本章主要基于 AFENA 程序，并适当借助其他电算程序，扼要讨论路基结构有限元电算实施计算求解中的一些关键技术，包括：非线性求解算法的选择、精度控制、如何保证收敛等。

4.2　非线性分析方法 ※

4.2.1　迭代法、增量荷载法和自定义求解算法基本原理

诸多关于非线性有限元理论的著作都以较大篇幅专门介绍了各种非线性分析方法[1-3]。本书暂不就此做过多的阐述，仅从电算实施层面予以扼要介绍。

1. 迭代法（Iteration method）

迭代法包括 Newton-Raphson(牛顿 - 拉夫森) 法和修正 Newton-Raphson 法。与线性稳态问题求解算法相比，Newton-Raphson 法必须通过数次线性问题的求解，每次迭代时需建立新的刚度矩阵和右手项矢量，如图 4-1 所示。这是一种相对来说较为花费机时的方法，也是最快速收敛的方法，通常适用于绝大多数的非线性分析。

而修正 Newton-Raphson 法与 Newton-Raphson 法相比，切线刚度仅需在分析开始时

※　4.2.1 节、4.2.2 节参考澳大利亚悉尼大学所编制的 PowerPoint 文件：AFENA PART3:NON-LINEAR ANALYSES。

组装一次，如图 4-2 所示。该法达到收敛时所需迭代次数多，并不适用于路径依赖（path dependent）性的分析，然而该方法无疑是非常稳定的。

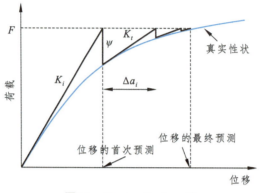

图4-1　Newton-Raphson法

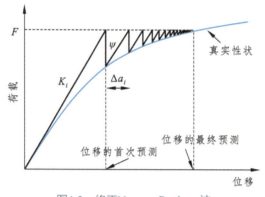

图4-2　修正Newton-Raphson法

2. 增量荷载法（Incremental load method）

增量荷载法包括初始刚度法（Initial stiffness）和切线刚度法（Tangent stiffness）两种类型，两者的原理如图 4-3 所示。

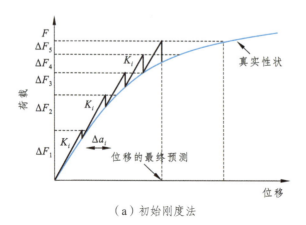

（a）初始刚度法

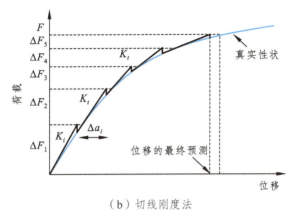

（b）切线刚度法

图4-3　增量荷载法的两种形式

增量荷载法适用于"路径相关"分析，可以使用初始刚度矩阵和切线刚度矩阵，其中切线刚度法的预测结果更准确，而初始刚度法不适用于高度非线性的问题。

3．混合法

混合法亦可被称为自定义求解算法（Customised solution algorithms），是指同时使用迭代法和增量荷载法。混合法基本原理如图 4-4 所示，即先划分为若干增量荷载，在每个增量荷载内又使用迭代法。

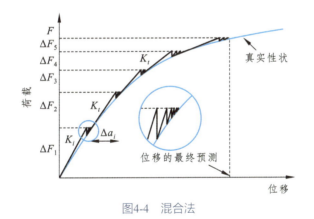

图4-4　混合法

4.2.2　基于 AFENA 程序的相关宏指令

AFENA 程序可利用宏指令语言，清晰地看出以上非线性求解算法的差异。本节将罗列各种方法的宏指令，为帮助读者更好地深入理解，本书作者对这些代码一并进行了扼要注释，更详细的阐述读者可参考 *AFENA user manual version 6.0*[4] 中的表 13.1。

1．Newton-Raphson 法

```
MACR
LOOP      10
TANG （or UTAN）
FORM
SOLV
STRE
NEXT
DISP
END
```

以上代码的具体含义依次如下：

指示在输入数据文件中宏指令如下；

在当前 LOOP 声明和与之配套的 NEXT 声明之间的全部宏指令循环 10 次，即 TANG（or UTAN）、FORM、SOLV、STRE 等宏指令循环 10 次；

计算对称切线总体刚度矩阵（或非对称切线总体刚度矩阵）；

计算除固结单元和第 6 类单元之外所有单元的荷载矢量（方程组右手项）；

求解当前线性方程组，并更新节点变量（即计算累计位移）；

计算当前应力状态，并打印结果于主输出文件中；

指示宏指令上当前循环的结束；

打印节点位移于主输出文件中；

指示宏指令结束。

2．修正 Newton-Raphson 法

```
MACR
TANG   （or UTAN）
LOOP      10
FORM
SOLV
STRE
NEXT
DISP
END
```

以上代码的具体含义依次如下：

指示在输入数据文件中宏指令如下；

计算对称切线总体刚度矩阵（或非对称切线总体刚度矩阵）；

在当前 LOOP 声明和与之配套的 NEXT 声明之间的全部宏指令循环 10 次，即 FORM、SOLV、STRE 等宏指令循环 10 次；

计算除固结单元和第 6 类单元之外所有单元的荷载矢量（方程组右手项）；

求解当前线性方程组，并更新节点变量（即计算累计位移）；

计算当前应力状态，并打印结果于主输出文件中；

指示宏指令上当前循环的结束；

打印节点位移于主输出文件中；

指示宏指令结束。

3．增量荷载法（切线刚度法）

```
MACR
PROP      1
DT        1.0
LOOP      10
TIME
TANG
FORM
SOLV
STRE
NEXT
DISP
END
 1  0   0.00  10.00  0.00  0.20  0.00  0.00  0.00
STOP
```

以上代码的具体含义依次如下：

指示在输入数据文件中宏指令如下；

指示荷载将被定义为时间的函数；

设置时间增量为 1.0；

在当前 LOOP 声明和与之配套的 NEXT 声明之间的全部宏指令循环 10 次，即 TIME、TANG、FORM、SOLV、STRE 等宏指令均循环 10 次；

将时间推进至 DT 数据记录中输入的最新值（即 TIME=TIME+DT）；

计算对称切线总体刚度矩阵；

计算除固结单元和第 6 类单元之外所有单元的荷载矢量（方程组右手项）；

求解当前线性方程组，并更新节点变量（即计算累计位移）；

计算当前应力状态，并打印结果于主输出文件中；

指示宏指令上当前循环的结束；

打印节点位移于主输出文件中；

指示宏指令结束；

比例荷载表的识别号（通常为 1）；指数值 L=0；当前比例荷载函数将运行的最小时间值 TMIN=0.00；当前比例荷载函数将运行的最大时间值 TMAX=10.00；系数 A1=0.00；系数 A2=0.20；系数 A3=0.00；系数 A4=0.00；系数 A5=0.00；

终止程序执行。

4. 混合法

```
MACR
PROP        1
DT          1.0
LOOP        10
TIME
TANG
LOOP        7
FORM
SOLV
STRE
NEXT
DISP
NEXT
END
 1  0   0.00    10.0
STOP
```

以上代码的具体含义依次如下：

指示在输入数据文件中宏指令如下；

指示荷载将被定义为时间的函数；

设置时间增量为 1.0；

在当前 LOOP 声明和与之配套的 NEXT 声明之间的全部宏指令循环 10 次，即 TIME、TANG、LOOP　7、FORM、SOLV、STRE、NEXT、DISP 等宏指令循环 10 次；

将时间推进至 DT 数据记录中输入的最新值（即 TIME=TIME+DT）；

计算对称切线总体刚度矩阵；

在当前 LOOP 声明和与之配套的 NEXT 声明之间的全部宏指令循环 7 次，即 FORM、SOLV、STRE 等宏指令循环 10 次；

计算除固结单元和第 6 类单元之外所有单元的荷载矢量（方程组右手项）；

求解当前线性方程组，并更新节点变量（即计算累计位移）；

计算当前应力状态，并打印结果于主输出文件中；

指示宏指令上当前循环的结束；

打印节点位移于主输出文件中；

指示宏指令上当前循环的结束；

指示宏指令结束；

比例荷载表的识别号（通常为 1）；指数值 L=0；当前比例荷载函数将运行的最小时间值 TMIN=0.00；当前比例荷载函数将运行的最大时间值 TMAX=10.00；

终止程序执行。

4.2.3　典型电算程序的相关选项设置

对于 PLAXIS、Phase2 等商业化程度较高的电算程序，计算求解模块已被良好封装，一般情况下使用者无须过多操心，相关参数直接采用其默认设置值即可。下面略举几例予以说明。

图 4-5 为 Phase2 Version 6.004 开展应力分析（Stress Analysis）、强度折减分析（Strength Reduction Analysis）时的计算求解参数设置，可以看出，程序已分别设置了最大迭代次数（Maximum Number of Iterations）、收敛精度（Tolerance）、荷载步数（Number of Load Steps）等参数的默认值，如需要，使用者亦可作相应修改。

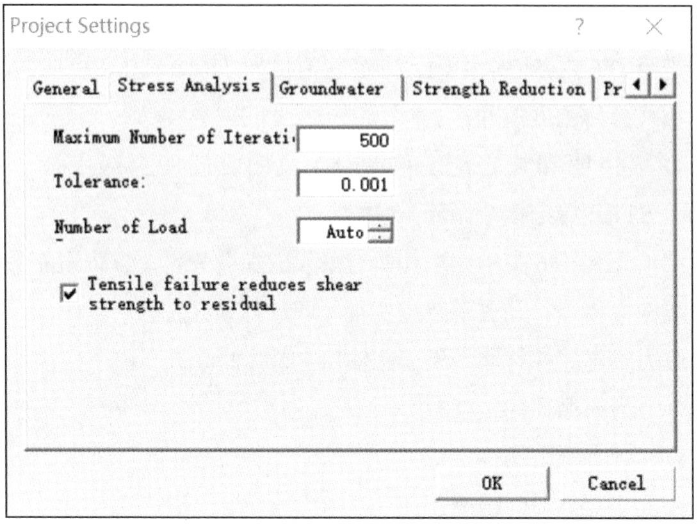

（a）应力分析（Stress Analysis）

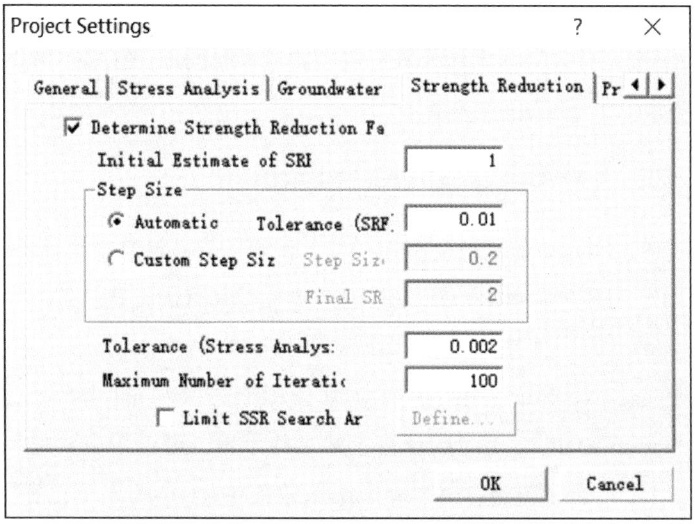

（b）强度折减分析（Strength Reduction Analysis）

图4-5　Phase2 Version 6.004的一些求解设置

图 4-6 为 PLAXIS 8.2 计算求解时的一些手动设置选项。

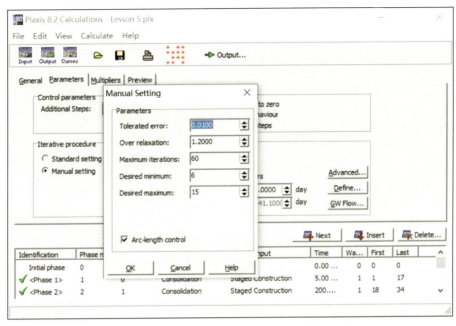

图4-6　PLAXIS 8.2计算求解时的一些手动设置选项

4.3　方程组的求解

非线性有限元电算涉及规模巨大的线性方程组求解，故方程组的正确、高效求解至关重要。现代电算程序多同时提供数套方案供用户选择，如 Phase2 Version 6.004 一共提供了 3 种求解方式，包括高斯消元法（Gaussian Elimination）、共轭梯度法（Conjugate Gradient）、预共轭梯度法（Pre-Conjugate Gradient）等，具体见图 4-7。这些主要涉及计算数学或数值分析，更详细的原理可查阅相关著作。

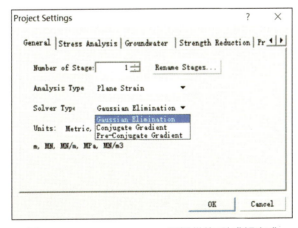

图4-7　Phase2 Version 6.004所提供的3种求解方式

参考文献

[1]   D R J OWEN, E HINTON. Finite elements in plasticity: theory and practice[M]. Pineridge Press Limited, 1980.

[2]   张汝清，詹先义. 非线性有限元分析[M]. 重庆：重庆大学出版社，1990.

[3]   殷有泉. 非线性有限元基础[M]. 北京：北京大学出版社，2007.

[4]   JOHN P CARTER, NIGEL P BALAAM. AFENA user manual version 6.0[M]. University of Sydney, 2006.

路基结构有限元电算实施关键技术 ——后处理

5.1　概　述

本章拟主要借助前述利用 AFENA 程序所开展的路堤填筑这一算例，基于其以文本文件形式展现的主结果输出文件（AFO 文件），讨论路基结构有限元电算实施中后处理的一些关键技术。路基结构有限元电算结果的处理多涉及计算机图形学等领域，结果的输出涉及几个重要方面，即：是否输出结果；什么时候输出？输出节点或单元（通常为应力点）的什么力学响应？以什么形式（动画、文本、表格还是图形）输出？如何实现计算结果的可视化等。因涉及的内容相当丰富，本章仅重点阐述如何将以文本形式输出的结果绘制成曲线图、等值线图等。

5.2　文件系统的组成

有限元电算程序一般在开展计算求解前需要保存文件，计算求解完成后将生成一个文件或一系列文件，为了方便结果的合理、正确阐述，需要使用者了解文件系统的组成。

（1）有的电算程序执行计算求解任务时存盘的文件与结果输出文件为同一个文件，比如说 Phase2 程序，只有扩展名为 .fez 的文件，后处理时也只针对这唯一的文件展开。

（2）有的电算程序（如 PLAST 程序）执行计算求解任务前存盘为一个文件（通常为文本格式），计算求解完成后新产生一个文件，此文件通常为文本格式，可通过写字板、记事本、UltraEdit 等文本编辑器打开查看，进行图形可视化等再加工。

（3）有的电算程序执行计算求解任务前存盘为一个文件（通常为文本格式），计算求解完成后新生成一系列文件，这些文件分别存放不同的内容、项目，后处理时需要根据拟处理的内容、项目，查看不同的文件。比如 slope64 程序，前处理阶段存盘为一个扩展名为 .DAT 的文本文件，计算求解完成后生成扩展名为 .res、.msh、.vec、.dis 等 4 个文件，这 4 个文件给出估计的安全系数、展现有限元网格、展现破坏时节点位移矢量、展现破坏时变形网格，其中后三者可用文本编辑器打开查看，但必须借助于 GSView 阅读器方才能看到图形化后的效果。AFENA 程序则更为复杂，主输入文件为 PathName.AFI，输出则包括 PathName.AFO、PathName.LOG、PathName.AFC、PathNameEQNSn、PathNameSVECn、PathNameRESTn、PathNameMESHn、PathNameSOLNn、PathNameSTRNn、PathNameGEOMn 等文件。

（4）有的程序执行计算求解前存盘为一个文件，计算求解后生成一系列文件，但这些一系列文件均置于某文件夹内，一般情况下使用者不用过多关注这个文件夹内的一系列文件。PLAXIS、PLAXIS 3D 程序皆是如此。

了解文件系统的组成有助于增强针对性、有的放矢地选择相应文件开展后续图形可视化的处理工作。

5.3 结果图形化输出形式的类型及注意事项

有限元电算完成后，结果其实都是以节点、应力点为对象分别存放于结果文件内。

宏观上看，有限元电算结果的输出主要包括文本、表格、图形等形式，有的程序甚至可生成动画（比如说 PLAXIS 程序动力模块可生成模型变形随地震历时而演变的动画）。表格、图形、动画实际上都是以文本形式的结果为准进行必要的再加工处理而成的，当然其中最重要的是图形，通过图形，可很好地将结果可视化，帮助用户判断建模和计算是否正确，动画则在进行 PPT 演讲汇报时颇有奇效。

以 3.4.1.4 节利用 AFENA 所开展的路堤填筑算例为准，利用 FELPA 可生成路堤第 4 层填筑完成后计算结果系列图形，主要分为 7 类。

1. 与路基结构网格剖分有关的图形

与路基结构网格剖分有关的图形一般包括节点位置及编号、单元编号、应力点位置及编号、材料类型编号、边界条件、荷载等信息，如图 5-1 所示。这类图形往往与 3.5 节网格剖分联系紧密。

（a）节点位置及编号

82	83	84						
79	80	81						
76	77	78						
73	74	75						
46	47	48	67	68	69	70	71	72
43	44	45	61	62	63	64	65	66
40	41	42	55	56	57	58	59	60
37	38	39	49	50	51	52	53	54
10	11	12	31	32	33	34	35	36
7	8	9	25	26	27	28	29	30
4	5	6	19	20	21	22	23	24
1	2	3	13	14	15	16	17	18

（b）单元编号

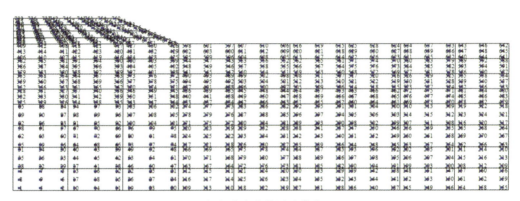

（c）应力点位置及编号

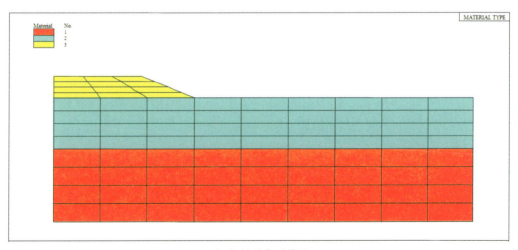

（d）材料类型编号

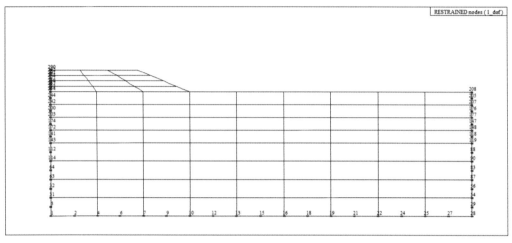

（e）x向位移零位移约束的节点

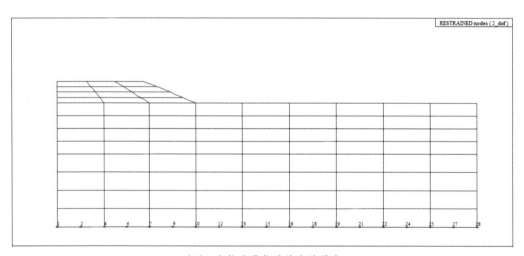

（f）y向位移零位移约束的节点

图5-1　与路基结构网格有关的图形

2. 路基结构的变形图

路基结构的变形图可将全部网格节点的变形都绘制出来，全面反映整个结构包括内部各点的变形情况；或只绘制结构外框的变形情况，内部变形不予反映（见图 5-2）。这两种形式各有利弊：前者因绘出了各点的变形，故能反映整个结构各点的变形情况，但是当网格密集时，会导致图形表示不甚清晰；后者图形清晰，但结构内部的变形不清楚。注意以此类型图形展现路基结构变形时，需要标明比例尺（或比例系数、缩放因子）。

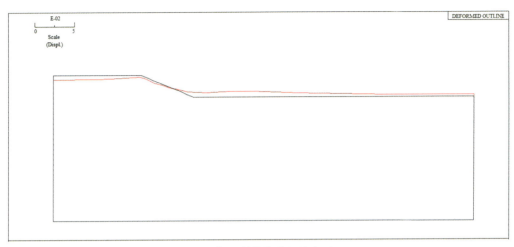

（a）仅绘制结构外框的变形

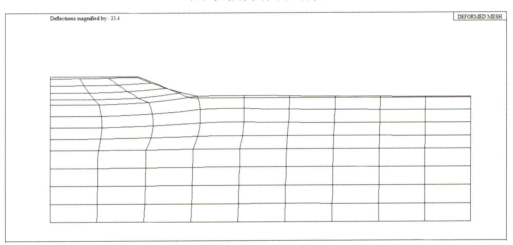

（b）外轮廓+变形后网格

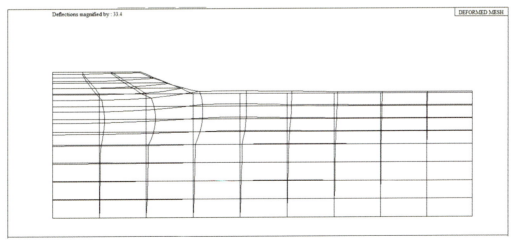

（c）原始网格+变形后网格

图5-2　变形图

3. 直角坐标系中曲线分布图

直角坐标系中曲线分布图可以直观地描述某种力学响应在某点或某个方向的分布规律，通常情况下其中一个坐标表示力学响应，另外一个坐标则表示点的不同位置或时间，应根据需要来确定力学响应设置为横坐标还是纵坐标。如需绘制路堤坡脚处剖面 x 方向位移随 y 坐标变化的曲线分布图，则将力学响应（x 方向位移）设定为横坐标，如图 5-3 所示；如需绘制地基表面 y 方向位移随 x 坐标而变化的曲线分布图，则将力学响应（y 方向位移）设定为纵坐标。如需绘制路堤中心线处地基表面的沉降随时间而演变的曲线分布图，则显然应将力学响应（沉降）设定为纵坐标。

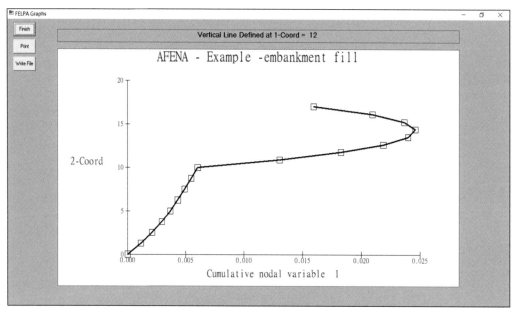

图5-3 坡脚处剖面水平向位移沿深度的分布曲线

如有多条曲线绘制于同一坐标系下，则应配有图例，以区分各条曲线具体的物理含义。

4. 等值线图或等色图（云图）

在路基结构有限元电算分析中，利用等值线图、等色图（或称为云图）可以有效地表示位移场、应力场、孔隙水压力场等各种场的分布。通常情况下这类图形的横、纵坐标表示等值点的空间坐标位置，第三坐标则表示某种力学响应。图 5-4 分别为 y 方向位移分布的等值线图和等色图（云图）。在处理这类图形时，若等值线上未注明力学响应的具体数值，则应标明图例，以指示不同色块、不同颜色曲线所表示的具体数值范围；同时应注明单位。

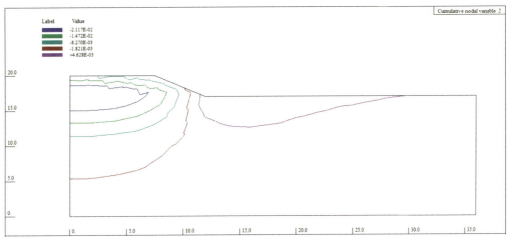

（a）垂向位移等值线图

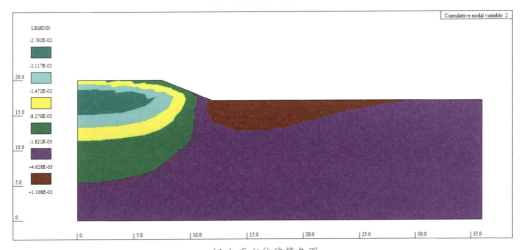

（b）垂向位移等色图

图5-4　等值线图或等色图

5．位移矢量场图

图 5-5 为路基结构的位移矢量场。这类图形以单元节点为起点，画一定比例大小的箭头来表示该节点的位移大小及方向，可清晰地反映每个节点的位移矢量。注意位移矢量图需要注明比例尺。

6．塑性区分布图

图 5-6 为路基结构的塑性区分布情况。这类图形是在网格图的基础上，根据每个网格单元的破坏类型，分别充填不同的符号或颜色而形成，可清晰地反映每个处于破坏状态应力点的位置、破坏类型（剪切破坏还是拉伸破坏等）。

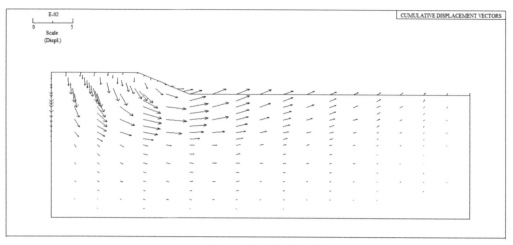

图5-5　累积位移矢量场

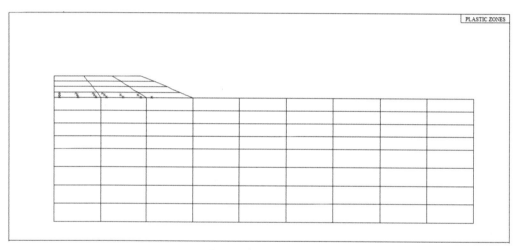

图5-6　塑性区分布情况

7. 主应力玫瑰花结图

图 5-7 为反映路基结构主应力分布状况的玫瑰花结图。这类图形是在应力计算点处画一个带箭头的"十"字形符号来表征主应力的大小及方向，其中向外的箭头表示拉应力，向内的箭头表示压应力。该类图形需配有比例尺。

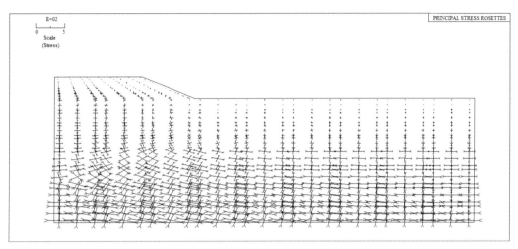

图5-7 主应力玫瑰花结图

5.4 输出结果图形可视化处理的宏观思路

路基结构有限元电算完成后，一般获得的是各节点、应力点等的力学响应或状态，后处理图形可视化就是设法将这些独立的、零散的各点力学响应或状态，采用某种形式以线、面，甚至体（对于 3D 问题而言）的形式表达出来。

大致可采用以下几种方式实现输出文本结果的图形可视化：

（1）根据需要，对文本化的输出结果予以适当处理，然后利用前人已编制开发的一些程序进行成果整理。这方面已开发有较多程序代码。如陈和群等[1] 给出了在直角坐标系中绘制分布曲线的子程序 SPLIN3.FOR，用于绘制平面结构变形图的源程序 GT03.FOR，用于平面有限元网格中等值线图绘制的源程序 GT04.FOR，该书还介绍了平面结构任意方向曲线分布图绘制的步骤、空间任意剖面上等值线图绘制的原理等。钟光路等[2] 给出了绘制平面结构位移或振型图的源程序 GT03.FOR，并介绍了直角坐标系中曲线分布图、平面结构变形图的绘制步骤。黄运飞等[3] 则列出了不少可用于有限元电算分析后处理的程序源代码，如用于绘制散点图及拟合曲线的 CURPOT 程序、用于将实测数据对依次连成折线的绘图程序 LPOT、基于三角形法绘制等值线的 PD 程序、基于网格法绘制立体等值线图的 CONTLN 程序、用于主应力矢量图绘制的 STRESS 程序等，其中 STRESS 程序运用时需调用画矢量的子程序 ARROW 和画边界的子程序 DBOUN。刘更[4] 介绍了用于绘制三维 8 节点有限元模型振型图的源程序，该程序可用来绘制三维有限元模型静态变形图，包括基本单元振型绘图子例行程序 ELMS、三维有限元模型振型绘制子例行程序 MS、三维有限元模型振型绘图主程序 MS8PFEM.FOR，结合 ELM、PEN 等子例行程序，即可完成图形绘制。

另外，黄德武[5]介绍了绘制等应力线的方法，该方法通过.DXF 文件，实现了与 AutoCAD 的联接；同时还介绍了如何绘制网格图和变形图。王秉愚[6]在第四章 GAD 程序包中提及后处理绘图程序 DRAFEM，该程序是以引进的后处理程序 POST 为基础，经过更新改造、扩充功能而成，具有显示网格图、变形图、应力矢示图、应力等值线图、振型图、响应曲线图的功能，介绍了应力等值线分层和等值线坐标计算的程序片段。朱以文等[7]介绍了微机有限元前后处理系统 ViziCAD 及其应用。

（2）在电算程序编制开发时，已植入一定的源代码，对直接输出的结果予以适当处理后再生成某些特殊文件，这些文件可通过具有一定通用性、免费且自由使用的第三方软件打开查看，如 slope64 程序执行计算完成后所生成后的 *.vec、*.dis 等文件可用 GSview 打开，从而分别查看破坏时节点位移矢量（*.vec）和变形后网格（*.dis），GSview 完全免费（下载地址：https://www.ghostscript.com）。另外，作为开源的多平台数据分析与可视化软件，ParaView（下载地址：https://www.paraview.org）亦在有限元结果后处理中日益受到关注。

（3）利用写字板、记事本、UltraEdit（下载地址：https://www.ultraedit.com）等文本编辑器打开以文本形式输出的计算结果，选取所需数据，然后直接导入或整理成 ORIGIN（下载地址：https://www.originlab.com）、SigmaPlot（下载地址：https://sigmaplot.com）、TecPlot（下载地址：https://www.tecplot.com）、Surfer（下载地址：https://www.goldensoftware.com）等软件可识别的格式，绘制曲线图、等色图等。这些图形绘制软件多需出资购买。后文将重点介绍此方式。美国联邦航空管理局所开发的可用于多块板刚性路面 3D 有限元分析的 FEAFAA（Finite Element Analysis-FAA）程序即采用了类似技术，可视化后处理需借助 TecPlot 实现。美国缅因大学开发的沥青路面 3D 有限元程序 EverStressFE 后处理则借助了 DPlot Jr 程序（下载地址：https://www.dplot.com/other.htm）。

（4）在电算程序编制开发时，已植入一定的源代码，对直接输出的结果予以适当处理后再生成某些特殊文件，同时开发专门用于读取操作这些特殊文件的程序，用这些特别开发的后处理程序来实现文本结果的图形可视化。AFENA 与 FELPA 的关系即是如此[8]。当然，其他电算程序完成计算分析后，如果严格遵照 FELPA 数据输入文件的格式来编辑，也可使用 FELPA 开展图形化的后处理工作。

（5）在有限元软件中完全实现计算求解与图形化后处理的高度融合，即不再类似 AFENA 和 FELPA 两者之间的关系，而是两者融为一体，PLAXIS 3D、Phase2 等软件皆是如此操作。这种方式详见第 6 章、第 7 章所述。显然该方式已自主实现可视化功能，不再受制于第三方软件。

5.5　一些代表性图形可视化处理的方法

5.5.1　利用 ORIGIN 软件绘制直角坐标系中曲线分布图

利用 ORIGIN 软件绘制曲线图的关键是寻求与建立横坐标变量、纵坐标变量之间的对应数据对。下面仍以 AFENA 程序所完成的路堤填筑为算例，简要介绍如何利用 ORIGIN 软件绘制曲线图。欲将路堤填筑完成后地基面的沉降沿宽度的分布曲线绘制出来，主要步骤如下：

（1）打开 FELPA 程序，将第 4 层填筑完成后的结果读入，然后点击"Draw"—"Mesh"，再点击 Label—Node No.'s，结果如图 5-8 所示，此时很容易看到地基表面节点的分布，从左至右节点号依次为：254、252、251、249、250、247、246、231、230、224、226、221、223、217、215、212、210、206、208。

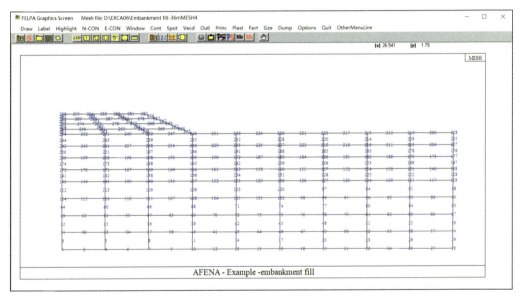

图5-8　节点号查看

（2）打开 ORIGIN 软件，新建一个 Workbook；然后打开后缀为 .afo 的主输出结果文件，依次找到第 4 层填筑完成后上述所有节点的 x 坐标、y 方向位移，分别复制粘贴于 ORIGIN 软件中的"Book1*"内，如图 5-9 所示。

（3）在 ORIGIN 软件中，选中"A（X）"和"B（Y）"两列，然后点击"Line+Symbol"，如图 5-10 所示，则结果如图 5-11 所示。

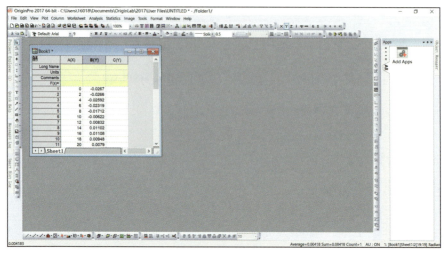

图5-9　将数据对复制粘贴至ORIGIN软件中

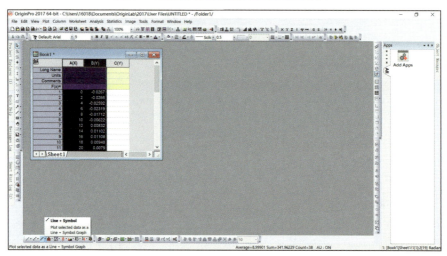

图5-10　选中数据列及选择曲线生成类型

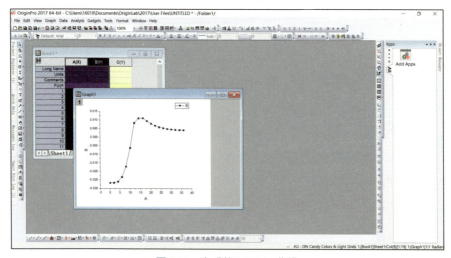

图5-11　生成的ORIGIN曲线

对图 5-11 进行适当润饰、完善，如调整曲线与符号点的颜色、粗度，修改横、纵坐标物理量名称及单位等，成果如图 5-12 所示。

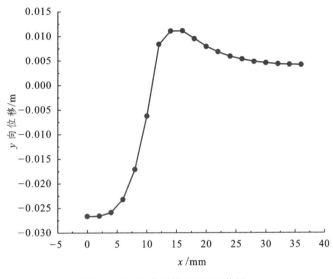

图5-12　经润饰后的ORIGIN曲线

从以上流程可看出，利用 ORIGIN 软件绘制曲线图甚为方便，其核心动作是寻求、建立二维坐标之间的对应关系，比如说上述示例是先找到节点号，然后再找到节点号对应的 x 坐标、y 方向位移，即可进行后续曲线图的绘制。

5.5.2　利用 SURFER 软件绘制等值线图（等色图）

利用 SURFER 软件绘制路基结构某力学响应（如 y 方向位移）的等色图的核心步骤包括：

（1）打开主输出结果文件（.AFO）文件，找到所有节点的 x 坐标、y 坐标及对应的某力学响应，分别将其拷贝粘贴至 SURFER 软件新建 Worksheet 中的 A 列、B 列、C 列，保存该文件为某种格式（如后缀为 .txt 的文本格式）的文件。

（2）在 SURFER 软件中，将前述所保存的 .txt 文件格栅化，即形成后缀为 .grd 的文件。

（3）在 SURFER 软件中，根据前述所生成的 .grd 文件，生成等值线图（或等色图）。

（4）路基结构具有其独特的几何外形，路堤或路堑并非规则的矩形区域，比如图 5-4 所示路堤，右上角区域是凌空面，而当绘制等值线图时右上角区域也会一并绘制，故还需要借助 SURFER 软件中的白化文件（.bln 文件）把右上角区域白化掉而不予以显示，并进行适当的润饰，即可生成最终的等值线图（等色图）。

5.6 图形可视化处理中的其他技巧

现代主流的岩土工程有限元电算软件已能很好地实现图形的旋转、平移、缩放、显隐、渲染、多图层叠加等功能。读者可参考本书第 6 章、第 7 章关于 PLAXIS 3D、Phase2软件使用的具体操作，进一步体会感受。

参考文献

[1] 陈和群，彭宣茂. 有限元法微机程序与图形处理[M]. 南京：河海大学出版社，1992.

[2] 钟光珞，赵冬. 有限单元法及程序设计[M]. 西安：陕西科学技术出版社，1997.

[3] 黄运飞，冯静. 计算工程地质学 理论·程序·实例[M]. 北京：兵器工业出版社，1992.

[4] 刘更. 结构动力学有限元程序设计[M]. 北京：国防工业出版社，1993.

[5] 黄德武. 实用有限元法[M]. 北京：兵器工业出版社，1992.

[6] 王秉愚. 有限元法程序设计[M]. 北京：北京理工大学出版社，1991.

[7] 朱以文，韦庆如，顾伯达. 微机有限元前后处理系统ViziCAD及其应用[M]. 北京：科学技术文献出版社，1993.

[8] NIGEL P BALAAM, JOHN P CARTER. Graphics pre-and post-processing for 2-D finite element analysis-user's manual for program FELPA for Windoes [M]. University of Sydney, 2006.

第6章 砂井处治软土地基路堤结构 有限元电算

6.1 概 述

软土地基路堤作为特殊路基类型之一,受到岩土工程界的高度关注。本章从用户思考和使用的角度出发,选用 PLAXIS 3D 软件,开展砂井处治软土地基路堤有限元电算分析,展示材料非线性、几何非线性、路堤分层填筑动态施工力学、应力场和渗流场耦合、砂井结构性单元等一系列关键技术在有限元电算分析中的处理技巧。通过一个具体算例的详细讲解,一方面可直观感受该类软件相较于早年电算程序(具体见第 2 章)在使用上的巨大飞跃,另一方面可为类似工程问题在该类软件中具体如何实施电算分析提供借鉴思路。

6.2 PLAXIS 3D 软件发展简介

1987 年,PLAXIS 的开发始于荷兰代尔夫特理工大学,最初作为一项倡议,目的是开发一个简易的二维有限元代码用于河堤分析。在取得一系列进展后,PLAXIS 公司于 1993 年成立,起初其旗下 PLAXIS 软件仅有适用于 DOS 操作系统的 2D 版本,自 1998 年推出 PLAXIS 2D for Windows 后,PLAXIS 系列软件开始适用于 Windows 系统。在 2D 软件的基础上,公司着手对三维计算软件进行研发,分别于 2001 年、2003 年先后推出 3D Tunnel 和 3D Foundation 两款 3D 电算软件,并在这两款产品的基础上,最终于 2010 年发布第一款 PLAXIS 3D 软件,此后以每年一个新版本进行更新换代。2018 年,PLAXIS 公司被 BENTLEY 公司并购。

6.3 算例描述与电算实施宏观策略

6.3.1 算例描述

下面选用 PLAXIS 3D Tutorial Manual 中"Construction of a road embankment"为例[1],

详细展示 PLAXIS 3D 运用于软土地基路堤电算分析的实施流程。

如图 6-1（a）所示，有自地表向下水平分布的三层土层，其中第 1 层为泥炭（Peat），层厚 3 m；第 2 层为黏土（Clay），层厚 3 m；第 3 层为砂土（Sand），具有相当大的厚度。地下水位线位于地下 1 m 处。

需在该地基上修筑一宽为 16 m，高度为 4 m，边坡坡比 1：3 的路堤。考虑到地基土为软土，选用图 6-1（b）所示平面布置形式（方形、间距为 2 m）的砂井对软土地基予以处理。路堤具体填筑施工时，将路堤等厚度分为 2m 厚的两层分步填筑，其中砂井处治及第一层路堤填筑共耗时 2 d，随后间歇 30 d，再耗时 1 d 填筑第二层路堤，随后继续静置，直至软土地基内超孔隙水压消散。

现需利用有限元软件，就路堤施工全过程中的沉降、超孔隙水压、安全稳定性等的演变规律开展电算。

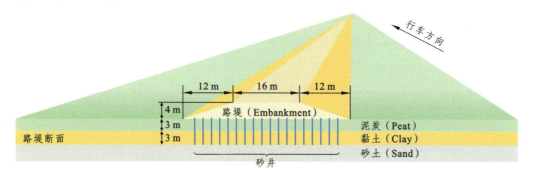

（a）路堤示意

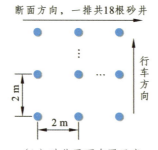

（b）砂井平面布置示意

图6-1 路堤结构及砂井布置示意

6.3.2 电算实施宏观策略思考

面对这样一个复杂的实际工程问题，直接不假思索，即简单草率地利用商用软件试图快速建立正确的有限元模型显然是不太可能的。故在正式开展电算分析前，需冷静思考，从宏观层面上做好规划，提前依次对以下几个关键问题进行深入考虑，以便后续具体步骤的正确、顺利实施：

（1）宜选用哪款电算软件开展电算？

此处需要特别指出的是，尽管本章所述算例源自 PLAXIS 3D Tutorial Manual，即已经说明是采用 PLAXIS 3D 软件，但实际选用适宜有限元电算软件处理该算例时，这个问题仍应首先考虑。从本次电算分析欲达到的目标、效果等需求出发，考虑到该算例涉及适宜软土的材料模型确定、安全稳定性的评估、固结计算，路堤填筑施工过程的模拟，以及砂井布置的三维空间性等，而这些关键之处均都可很好地在 PLAXIS 3D 中得以实现，故可选用 PLAXIS 3D 开展计算。

（2）材料模型及参数应如何选取？

本算例模型中包括路堤、泥炭、黏土以及砂土等土层，宜选用不同的本构模型分别科学描述这些土层的力学性状，尤其是泥炭、黏土层。本构模型中所对应的参数应通过各类土工试验获得。另外，砂井作为一种处治软土地基的材料，具体如何在数值模型中予以模拟自然也应受到重视。

（3）模型范围应如何确定？

因系 3D 模型，故需谨慎确定模型沿线路纵向的长度、沿横断面的宽度以及地基的深度。如：考虑到对称性，模型沿路堤中心线左右对称，故建模时实际上可考虑仅取半结构即可；考虑到砂井沿线路纵向上的平面布置形式为等距间隔布置的方形，故沿线路纵向上可仅选取其中一跨即可。需要特别注意的是，模型范围的选择一定程度上会影响边界条件的设定。

（4）有限元单元应当如何剖分？

PLAXIS 3D 中基本的单元类型为四面体 10 节点单元，软件可自动剖分单元。在具体划分网格时，单元的疏密分布以及网格的质量均对计算结果所有影响，用户虽无须自行手动划分单元，但需宏观规划单元整体和局部的布置。

（5）模型边界条件应如何设置？

模型边界条件设置主要包括位移边界和地下水流动边界双重边界的设置。具体包括模型左右、前后、底顶边界条件的设置，尤其要重视对称轴处的边界条件设置。

（6）模型的初始条件应如何考虑？

初始条件即砂井处治、路堤填筑施工前对应的条件，该阶段模型中无砂井、无路堤，仅有地基初始应力和地下水引起的静水压力，采用何种方式计算初始应力场应当仔细思考。

（7）施工过程应如何进行模拟？

PLAXIS 3D 中动态过程以阶段（phase）的形式体现。本算例中施工过程主要涉及砂井处治、路堤填筑施工、填筑施工间歇以及工后固结。此时需要思考，是将砂井处治单独设置为一个阶段还是将"砂井处治＋第一层路堤填筑"设置为一阶段。或许这两种方式对结果有所影响。固结计算中是否在考虑材料非线性的同时考虑几何非线性。

6.4　电算具体实施过程

下面将立足用户操作层面，以软件 PLAXIS 3D CONNECT Edition V20 版本对前述算例阐述具体的实施过程，并针对 6.3.2 节中所述需宏观考虑的问题给予相应的说明。

6.4.1　前处理

6.4.1.1　几何模型建立（含材料模型及参数确定）

1. 模型范围确定

显然首先需将无限大的物体，经设置一定边界条件后，处理成封闭的有限几何模型方可剖分有限元网格。采用空间笛卡儿坐标体系，分别以路堤横断面方向、行车方向和地基深度方向为 x 方向、y 方向、z 方向，三个方向上的范围边界分别以 x_{min} 和 x_{max}、y_{min} 和 y_{max}、z_{min} 和 z_{max} 表示。

首先确定沿行车方向（即 y 方向）上模型的长度。在 y 方向上，考虑到砂井为按间距 2 m 的方形平面布置形式，故 y 方向上的模型范围取含砂井的一段 2 m 范围即可。同时保持模型中 y 的取值均为正值，设置 y_{min}=0 m，y_{max}=2 m。

在 x 方向上，模型范围与路堤荷载直接相关。依据 3.4 小节所提供经验，x 方向上模型范围应至少设置为路堤基底宽度的 3 倍；另外考虑路堤的对称性，半路堤底宽 20 m，则 x 方向上的模型范围应取 60 m。出于习惯，保持模型中 x 的取值均为正值，故取模型的右半结构，此时左侧边界位于路堤断面对称轴处，对应 x_{min}=0 m；右侧边界对应远离路堤处，对应 x_{max}=60 m。

在 z 方向上，模型范围同样与路堤荷载直接相关。出于习惯，以地基表面高度为 0 m，那么模型最高处对应路堤顶面，即 z_{max}=4 m。模型最低处对应最下层土层的底面。早年版本软件直接忽略下层砂土，仅考虑泥炭和黏土，将 z_{min} 设置为 –6 m，这显然忽视了下层砂土在模型边界条件上产生的影响，不尽合适。现算上 4 m 砂土层的厚度，则对应 z_{min}=–10 m。

2. 土体材料模型及参数设置

该模型涉及地基中泥炭、黏土、砂土三个土层以及路堤，不同的土层应选取各自适宜的本构模型对其力学性状予以描述，并在合适的阶段将其赋予、激活相对应的几何模块（即模拟填筑施工）。

黏土和泥炭均为软土，故选用对应软土的本构模型"Soft soil"；而路堤和地基最下层砂土选用"Harding soil"本构模型。各种材料的具体参数见表 6-1。

表6-1　四类土体的材料属性

参数名称	符号	材料				单位
		路堤 （Embankment）	砂土 （Sand）	泥炭 （Peat）	黏土 （Clay）	
General界面						
Material model	—	Hardening soil	Hardening soil	Soft soil	Soft soil	—
Drainage type	—	Drained	Drained	Undrained(A)	Undrained(A)	—
Soil unit weight above phreatic level	γ_{unsat}	16	17	8	15	kN/m^3
Soil unit weight below phreatic level	γ_{sat}	19	20	12	18	kN/m^3
Initial void ratio	e_{init}	0.5	0.5	2.0	1.0	—
Parameters界面						
Secant stiffness in standard drained triaxial text	E_{50}^{ref}	2.5×10^4	3.5×10^4	—	—	kN/m^2
Tangent stiffness for primary oedometer loading	E_{oed}^{ref}	2.5×10^4	3.5×10^4	—	—	kN/m^2
Unloading/reloading stiffness	E_{ur}^{ref}	7.5×10^4	1.05×10^5	—	—	kN/m^2
Power for stress-level dependency of stiffness	m	0.5	0.5	—	—	—
Modified compression index	λ^*	—	—	0.15	0.05	—
Modified swelling index	κ^*	—	—	0.03	0.01	—
Cohesion	c_{ref}'	1.0	0.0	2.0	1.0	kN/m^2
Friction angle	φ'	30.0	33.0	23.0	25.0	°
Dilatancy angle	Ψ	0.0	3.0	0.0	0.0	°
Advanced: Set to default values	—	Yes	Yes	Yes	Yes	—

续表

参数名称	符号	材料				单位
		路堤（Embankment）	砂土（Sand）	泥炭（Peat）	黏土（Clay）	
Groundwater界面						
Data set	—	USDA	USDA	USDA	USDA	—
Model	—	Van Genuchten	Van Genuchten	Van Genuchten	Van Genuchten	—
Soil type	—	Loamy sand	Sand	Clay	Clay	—
<2 μm	—	6.0	4.0	70.0	70.0	%
2~50 μm	—	11.0	4.0	13.0	13.0	%
50 μm~2 mm	—	83.0	92.0	17.0	17.0	%
Use defaults	—	From data set	From data set	None	From data set	—
Horizontal permeability (x-direction)	k_x	3.499	7.128	0.1	0.047 52	m/d
Horizontal permeability (y-direction)	k_y	3.499	7.128	0.1	0.047 52	m/d
Horizontal permeability (z-direction)	k_z	3.499	7.128	0.05	0.047 52	m/d
Change of permeability	c_k	1×10^{15}	1×10^{15}	1.0	0.2	—
Interface界面						
Interface strength	—	Rigid	Rigid	Rigid	Rigid	—
Strength reduction factor	R_{inter}	1.0	1.0	1.0	1.0	—
Initial界面						
K_0 determination	—	Automatic	Automatic	Automatic	Automatic	—
Over-consolidation ratio	OCR	1.0	1.0	1.0	1.0	—
Pre-overburden pressure	POP	0.0	0.0	5.0	0.0	kN/m^2

另外，本应以上述相同的方式在软件中输入砂井材料的本构模型及参数，但考虑到其占用几何空间较路堤实体模型非常之小，且主要发挥加快消散超孔隙水压的功能，故在 PLAXIS 3D 中处理砂井时忽略其实际所占几何空间，直接以内嵌于软件中的排水线单元"Drain"进行模拟。PLAXIS 3D 中排水线类型包括常规型和真空型，本算例设定为常规型排水线，排水线上每一个节点超孔隙压力都为 0，且忽略指定的水头，从而可很好地模拟砂井处治的效果。

3. 地基土层分布及地下水位设置

PLAXIS 3D 采用自上而下的钻孔方式，描述地基中土层的分布，综合反映各土层的厚度、高低起伏等。

如地基中各土层分布均水平，则采用 1 个钻孔即可实现，具体如图 6-2 所示。平面上只需布置一个钻孔，钻孔向下钻探至土层 1 与土层 2 分界处可确定第 1 个土层，第 1 个土层由地基表面、钻孔深度及该深度对应的 xy 平面共同构成；钻孔继续向下，第 2 个土层由第 1 层土层底部平面、钻孔深度及该深度对应 xy 平面共同构成；依次类推可确定各个土层的具体布置情况。不难看出，一个钻孔得到的各个地层分布均保持水平，无论钻孔布置在地基表面的任何位置，只要对应土层钻孔深度不变，实际上土层的模拟结果都是一致的。

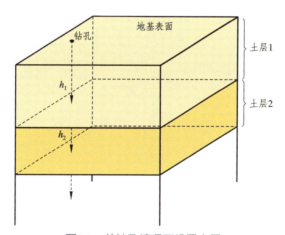

图6-2　单钻孔情况下设置土层

如地基中各土层并不保持水平，则一个钻孔是不够的，需要设置多个钻孔进行处理。以 4 个钻孔为例（见图 6-3），对于第 1 个土层，每个钻孔得到的土层深度并不相同，将每个钻孔得到的一二土层分界处深度对应点相连接，可以得到一个曲面，由这个曲面和地基表面可确定第 1 个土层。同理，将各钻孔二三层分界处深度对应点相连接得到第 2 个曲面，由该曲面和上一曲面可确定第 2 个土层，依次类推。不难看出，钻孔取得越多，土层深度对应点越多，对实际土层的描述、模拟就越细致、精准。

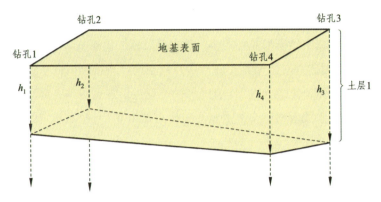

图6-3 多钻孔情况下设置土层

地下水位在软件中的设置本质上同土层设置是相同的，一个钻孔对应存在一个地下水水位的水头。当地下水位水平时，只需一个钻孔及一个地下水位深度的 z 坐标即可确定地下水位；当地下水位并非水平时，则需多个水头，即设置更多钻孔才能实现。

4. 路堤堤身土层设置

不同于地基中土层分布在 PLAXIS 3D 中是以地基表面向下予以钻孔方式形成，路堤堤身土层的设置则采用由前至后、沿行车方向的扫掠拉伸方式形成，具体实现过程如图 6-4 所示。先在一个 xz 剖面上构造出一个半路堤的断面，然后将这个断面沿着 y 方向进行纵向拉伸，这个断面扫过的区域整体即可构成一个完整的半路堤。

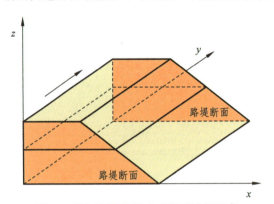

图6-4 通过扫掠拉伸方式形成路堤示意

对于本算例，路堤堤身分两层填筑，如直接采用完整路堤断面拉伸则得到的路堤实体呈一体化，无法再对路堤上下两层分别进行操作。为避免该问题，可采用以下两种不同的方法：

（1）先构造下层路堤断面，将下层路堤断面拉伸得到下层路堤实体，再构造上层路堤断面，将上层路堤断面拉伸得到上层路堤实体。

（2）先直接构造完整的路堤断面，然后在路堤断面中作出上下层路堤断面的分割线，再将完整路堤断面同分割线一块进行拉伸。

相较于方法（1），方法（2）只需在断面上将分割线布置好并进行一次拉伸即可形成路堤实体，操作更为高效。

5．砂井设置

砂井的设置需注意如下几点：

（1）因模型内按照一定间距排布有数量较多的砂井，如反复多次使用"Drain"命令显然建模效率低下，故可在布置好第一个砂井后，采用软件自带的布置阵列功能排布剩余的砂井。

（2）如图 6-5 所示，当选定右半路堤结构后，砂井在路堤横断面（xz 平面）上的布设位置即确定 [图 6-5（d）或（e）]，但其在沿行车方向上（yz 断面）的布设位置尚需确定。为满足边界条件，y 方向上所截取的长度为 2 m，布置有砂井的路堤在 yz 断面上应保持对称性，故可采用如图 6-5（b）或（c）所示的两种布置形式，但一般情况下建议选用图 6-5（b）的形式，更为简便。

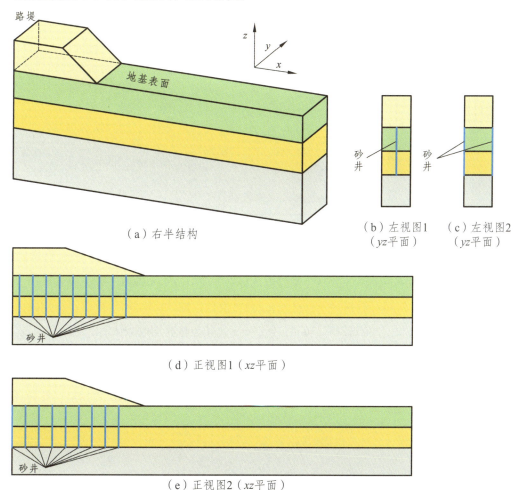

（a）右半结构

（b）左视图1　（c）左视图2
（yz平面）　　（yz平面）

（d）正视图1（xz平面）

（e）正视图2（xz平面）

图6-5　砂井在简化后模型中排布示意

6. 模型建立具体操作

下面运用 PLAXIS 3D 软件直观、友好的前处理界面，阐述前述建模过程中的核心操作。

图 6-6 为双击"PLAXIS 3D CE V20 Input"打开程序前处理界面并选择"Start a new project"后所示窗口。程序已默认"Soil—Structures—Mesh—Flow conditions—Staged construction"的前处理顺序，用户在具体建模时只需利用菜单栏及竖向工具栏进行操作即可，且用户的每一步操作都会直观地反映在三维图形窗口，其对应操作的命令流也会显示在"Command line"窗口内。

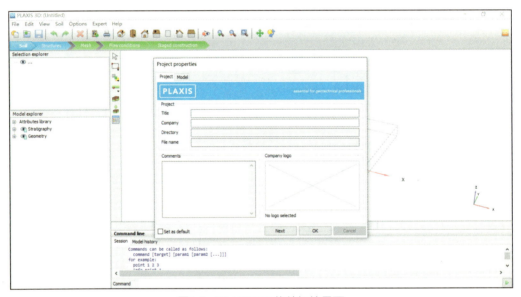

图6-6　PLAXIS 3D软件初始界面

在图 6-6 的"Project properties"窗口内的标题栏（Title）中输入"软土路基"建立模型。点击"Next"进入图 6-7 所示的"Model"窗口，在"Contour"窗口中分别输入模型范围 x_{min}=0 m、x_{max}=60 m，y_{min}=0 m，y_{max}=2 m，其余参数均取默认值。需注意的是，左下角处"Units"界面将模型各种单位确定后，后续所有计算结果都将以这里所设置的单位为准呈现。

设置完毕后，点击"OK"进入"Soil"主界面，如图 6-8 所示。

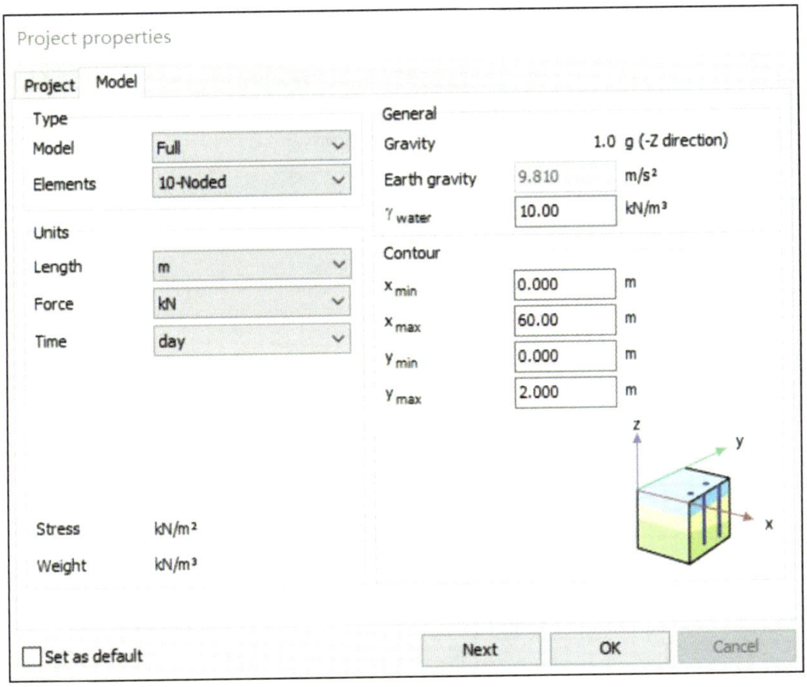

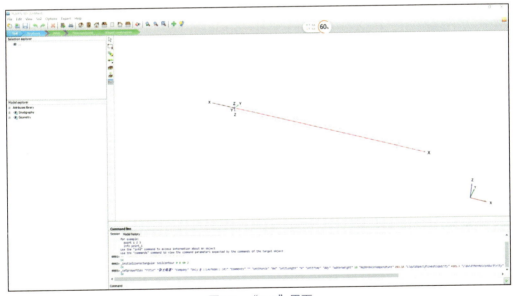

图6-7 "Model" 设置窗口

图6-8 　"Soil" 界面

　　点击图 6-8 中 "　　" 图标进入图 6-9 所示的界面，选择 "New…" 新建材料进入图 6-10 ~ 图 6-15 所示的材料具体参数输入界面 [仅以泥炭（Peat）为例]，将各种土体材料具体参数按照表 6-1 输入，未提供参数则保持默认即可，输入完毕后点击 "OK" 返回 "Soil" 主界面。

图6-9 "Material sets"窗口

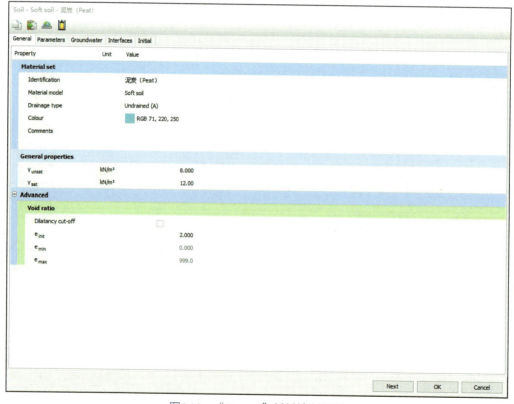

图6-10 "General"材料输入界面

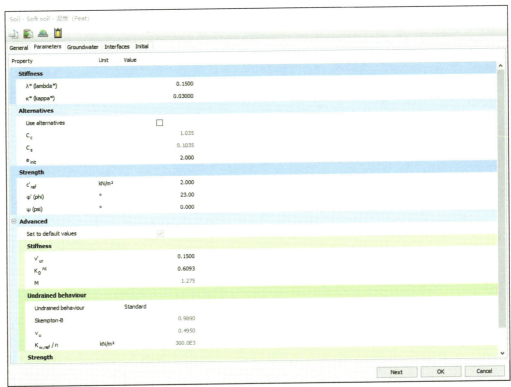

图6-11　"Parameters"材料输入界面

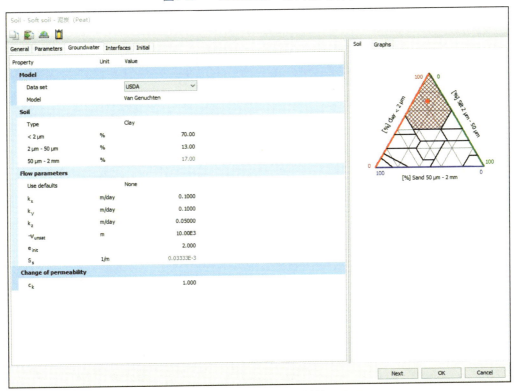

图6-12　"Groundwater"材料输入界面

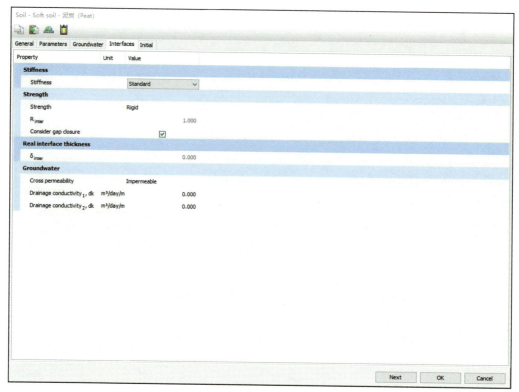

图6-13 "Interface"材料输入界面

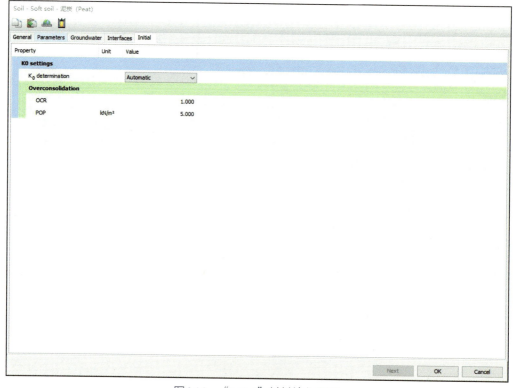

图6-14 "Initial"材料输入界面

图6-15　材料设置完毕后的"Material sets"界面

选取图 6-8 竖向工具栏中的设置钻孔 " 🔲 " 图标，将钻孔设置在地基表面任意坐标（x，y，0）处（$x \in [0, 60]$，$y \in [0, 2]$）。图 6-16 为钻孔设置完毕后所弹出界面，按照如下步骤对地下水位以及地基土层进行设置：

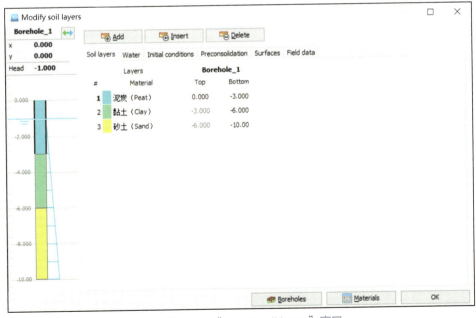

图6-16　"Modify soil layers"窗口

（1）在"Head"处设置地下水位为 –1 m。

（2）三次点击"Add"确定三个土层，以地基表面为第 1 个土层顶面，Top 设置为 0，依照土层 1、2、3 的顺序依次输入各土层层底对应的 z 坐标 –3 m、–6 m 和 –10 m。上一土层层底深度 Bottom 的 z 坐标一旦确定，那么下层土的土层顶面 Top 的 z 坐标也就同样得到确定且无法进行改动。

（3）选中"Layers Material"下方"#1""#2""#3"对应的空白处，单击将先前新建的材料赋予对应的土层。

完成上述操作后，点击"OK"返回图 6-17 所示的"Soil"主界面，至此完成地基土层设置。

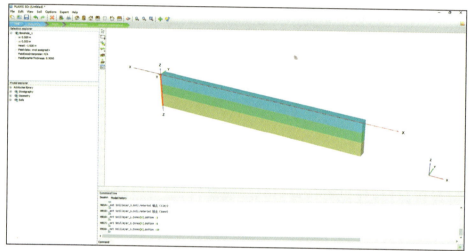

图6-17 土层设置完毕后的"Soil"窗口

点击图 6-8 中的"Structures"进入图 6-18 所示的结构物设置界面，并按照如下步骤设置路堤和砂井：

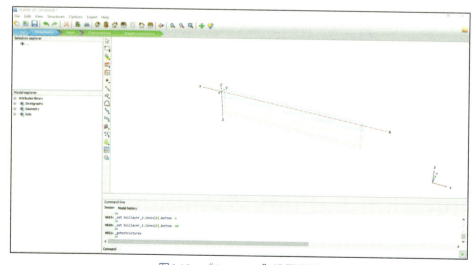

图6-18 "Structures"设置界面

（1）点击图6-18菜单栏中"⌂"图标，将三维视图界面变为横剖面，如图6-19所示。

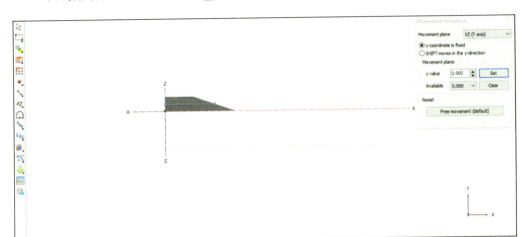

图6-19 路堤横剖面设置

（2）在"Movement limitation"窗口将 y 方向数值设置为0，表明在 $y=0$ 的 xz 平面上进行操作。

（3）在竖向菜单栏中选中"🔩"图标，选取（0，0，0）、（0，0，4）、（8，0，4）和（20，0，0）等4个控制点构造出半路堤断面的形状。

（4）在竖向菜单栏中选中"🔨"图标，分别以（0，0，2）和（14，0，2）为起点和终点作一条线段将半路堤断面分成等厚的两个部分。

（5）点击菜单栏中"⌂"图标，将视角再度切回三维视图界面，按住 Ctrl 键并同时选中创建的面和线并在竖向菜单栏中选中拉伸对象"▥"图标，在弹出的"Extrude"窗口中将 y 方向的拉伸矢量设为 $x=0$，$y=2$，$z=0$，拉伸长度设为 2 m，点击"Apply"，断面和线段即向后延伸形成一个路堤实体，如图 6-20、图 6-21 所示。

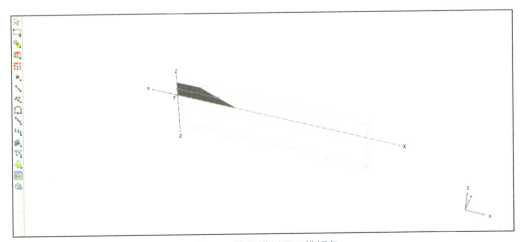

图6-20 路堤横剖面三维视角

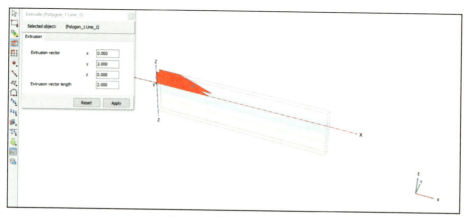

图6-21　路堤横剖面拉伸

（6）删除原断面和线段，选中路堤实体，在"Selection explorer"窗口为实体赋予路堤对应材料，如图 6-22、图 6-23 所示。至此完成路堤模型的设置。

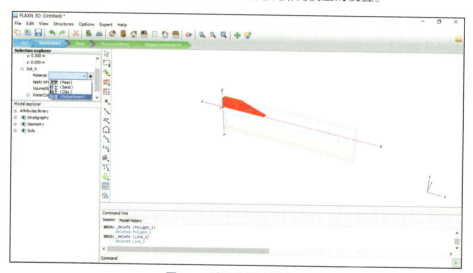

图6-22　赋予路堤材料模型

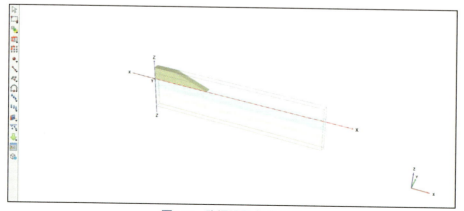

图6-23　路堤设置完成示意

（7）同样切换到前视图，在"Movement limitation"窗口将 y 方向数值设置为 1，表明操作在 $y=1$ 的 xz 平面上进行操作。如图 6-24，选择"⊹"图标，单击模型中（1，1，0）和（1，1，-6）两点布置第一根排水线表示砂井。此处需要特别注意，第 1 个砂井的 x 坐标为 1 m。读者结合图 6-5（d）即可理解为什么需要将第 1 个砂井的 x 坐标设为 1m。

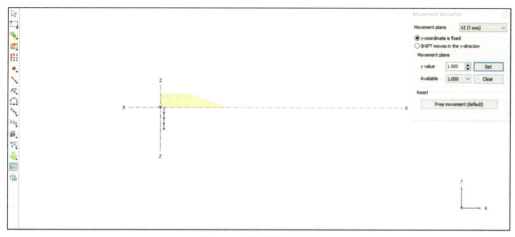

图6-24 第1个砂井布设

（8）选中已布置的砂井，点击竖向工具栏中的创建阵列"⁝⁝"图标，在图 6-25 中输入总计布置列数（Number of columns）9 个，按照矩形阵列（Rectangular）在一维 x 方向间隔（Distance between columns）2 m 进行布置，点击"OK"即可完成砂井的布置。

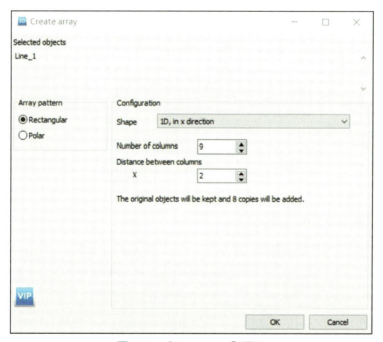

图6-25 "Create array"界面

图 6-26 为最终得到的单元剖分前的整个模型三维透视图。

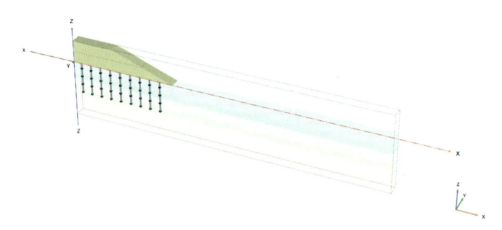

图6-26　模型三维透视图

6.4.1.2　单元剖分

1．单元平均尺寸

PLAXIS 3D 中使用的实体单元均为图 6-27（a）所示的四面体 10 节点单元。不同于早年程序需通过纯手动或半自动设定单元号和节点号，PLAXIS 3D 仅需用户宏观设定模型整体的单元平均尺寸，后续单元的剖分及单元编号、节点编号均可完全自动进行。单元平均尺寸 l_e 的计算式为：

$$l_e = r_e \times 0.05 \times \sqrt{(x_{max} - x_{min})^2 + (y_{max} - y_{min})^2 + (z_{max} - z_{min})^2} \qquad （6\text{-}1）$$

式中：r_e 为单元相对尺寸因子，与用户所设定的尺寸标准直接相关，"很粗（Very corase）""粗（Corase）""中等（Medium）""细（Fine）""很细（Very fine）"时，对应的 r_e 分别为 2.0、1.5、1.0、0.7、0.5；$x_{max} - x_{min}$、$y_{max} - y_{min}$、$z_{max} - z_{min}$ 分别表示模型在 x、y、z 方向上的尺寸。

就本算例而言，$x_{max} - x_{min} = 60\,m$，$y_{max} - y_{min} = 2\,m$，$z_{max} - z_{min} = 14\,m$，如采用"粗（Corase）"水平，可计算得到 $l_e = 4.623\,m$，注意 l_e 的具体长度单位应同图 6-7 中设置的保持一致。

2．不同类型单元的组合

本算例除了针对土体所剖分的四面体 10 节点单元外，尚有由排水线单元（Drain）所模拟的砂井。对于模型中已特殊处理的结构物如排水线单元，如图 6-27（b）所示，在自动划分时，该处四面体 10 节点单元的节点均会自动落于排水线上，不会发生图 6-27（c）所示的某个四面体 10 节点单元穿过排水线的情况，从而实现在同一数值模型内不同类型单元的组合。注意，此动作在 PLAXIS 3D 程序中完全自动实现，无须用户干涉。

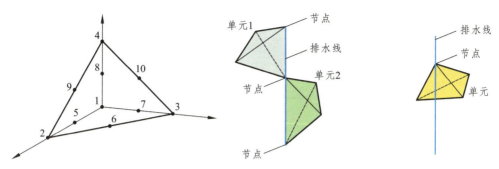

（a）四面体10节点单元　　（b）四面体单元的节点落于排水线上　（c）四面体单元穿过排水线

图6-27　单元类型及不同类型单元的组合

3. 单元剖分的疏密程度分布

对于具体的模型，不同位置处对单元剖分的疏密程度要求并不相同，一般情况下加荷处、用户感兴趣处及可能产生应力集中处均需适当加密网格。本算例路堤三维模型如图 6-28 所示，近路堤荷载作用范围内需相对细密剖分网格，但远离路堤处，其单元剖分的尺寸可相对粗糙。这时如仅单纯采用由单元平均尺寸 l_e 对整个模型进行单元剖分则有所不妥，一方面，如整体采用较为细密的单元尺寸剖分，无疑会致使计算效率低下，计算机时增加；另一方面，如整体采用较为粗糙的单元尺寸剖分，虽相对节省机时，但势必导致计算精度下降，对于关键部位结果精度的影响则更大。

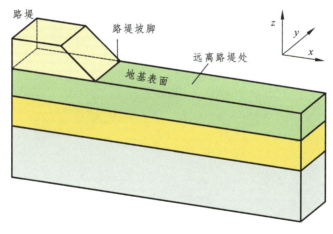

图6-28　路堤三维模型

为解决上述问题，PLAXIS 3D 提供了局部加密单元尺寸的功能。即在设计好整体剖分的大框架下，可针对某些具体部位再进行必要的细化剖分，此时单元平均尺寸 l_e 再乘上一个粗糙因子（Coarseness factor），一般情况下程序默认该粗糙因子为 0.707 1（用户也可自行在 0.25 ~ 6.25 之间设置）。

4. 单元剖分质量评价

此外，为判断所划分单元的质量，PLAXIS 3D 还提供了网格质量评估的功能。在自动生成网格的过程中，软件以正四面体单元作为标准（设置为 1.0），利用其内接球半径 $R_{标准内}$ 同外接球半径 $R_{标准外}$ 的比值进行归一化，得到各单元剖分质量。单元剖分质量 Q 具体转换公式为

$$\frac{1}{R_{标准内}/R_{标准外}} = \frac{Q}{R_内/R_外} \tag{6-2}$$

式中：$R_{标准内}/R_{标准外}$ 为定值，1/3，$R_内/R_外$ 表示一般四面体单元内接球半径同外接球半径的比值。Q 值在 0 ~ 1，该值越靠近 1 则表明单元剖分质量越好，越靠近 0 就表明单元剖分质量越差。

由式（6-2）不难看出，四面体单元越扁越长，则 $R_内/R_外$ 就越小，相应的 Q 值就越接近 0，单元剖分质量也就越差。

5. 单元剖分具体操作

点击图 6-18 中的"Mesh"进入图 6-29 所示的单元剖分界面。按以下流程进行单元剖分：

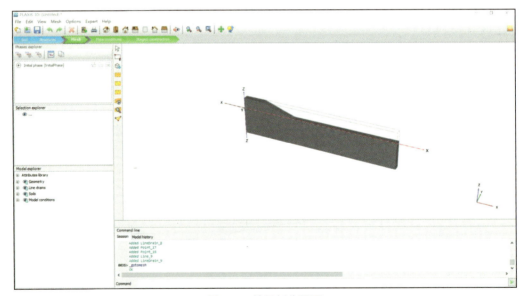

图6-29 单元剖分界面

（1）点击竖向工具栏中的生成网格" "图标，界面如图 6-30 所示，这里"Element distribution"先选择"Coarse"，点击"OK"后，软件即开始自动划分网格。

（2）划分结束后，点击查看单元网格"🔍"图标，软件会自动打开对应的输出部分"PLAXIS 3D CE V20 Output"以展示网格划分的结果，如图 6-31 所示。

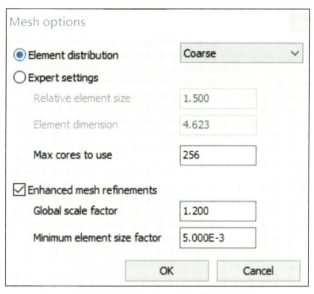

图6-30　"Mesh options"界面

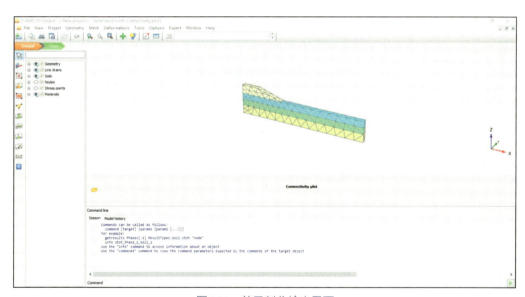

图6-31　单元剖分输出界面

在 Output 菜单栏选择"Mesh"—"Quality spheres"，即可查看每个单元的剖分质量，如图 6-32（a）所示。上下拖动图中右侧色棒上的黄色标准线可以查看对应标准线下单元个数和分布情况。如将标准线拖动至 Q 为 0.5 时，便只显示单元剖分质量 Q 在 0.5 以下的各个单元，具体如图 6-32（b）所示。

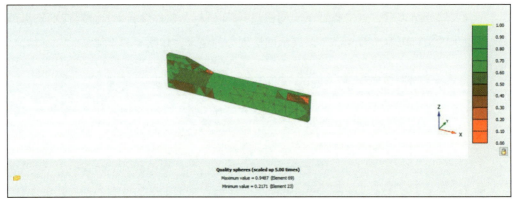

（a）单元剖分质量Q标准线处于1.00

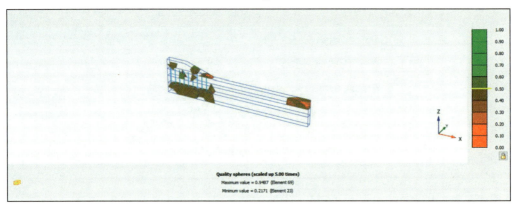

（b）单元剖分质量Q标准线处于0.50

图6-32 单元剖分质量检视界面

不妨以单元剖分质量 Q 为 0.5 作为评价标准，可见单独采用整体粗糙划分的单元剖分质量并不理想，故需重新对单元进行划分。

（3）点击图 6-31 中"Close"，关闭"Output"界面回到"Mesh"界面，单击""图标后，鼠标点击模型对应部分对局部进行加密：最上一层路堤点击一次，最下一层路堤点击两次（表示 l_e 乘两次粗糙因子，绿色越鲜艳表明加密次数越多），泥炭层和黏土层各点击一次，如图 6-33（a）所示。

（4）再次点击"⏵"图标，在弹出的窗口将"Element distribution"改为"Medium"，点击"OK"后重新对网格进行划分。

（5）查看单元网格，再次在 Output 菜单栏选择"Mesh"—"Quality Spheres"，可得到如图 6-33（b）所示的单元剖分质量情况。确认单元剖分相对合理后，再次点击"Close"退出"Output"界面，至此完成单元剖分。

诚然单元剖分得越细，单元质量整体上会更好。但是过于细化的单元将往往会加大后续计算求解过程的工作量，对于规模较大的模型，过度划分单元将导致计算用时往往是以小时或天为单位的增长，故在剖分单元时应充分考虑，适度划分，合理即可。

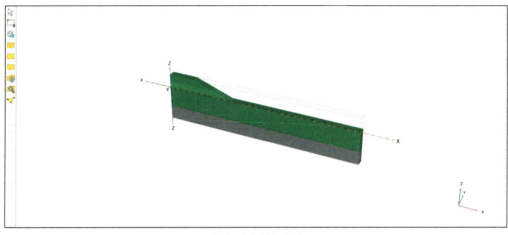

（a）网格局部加密

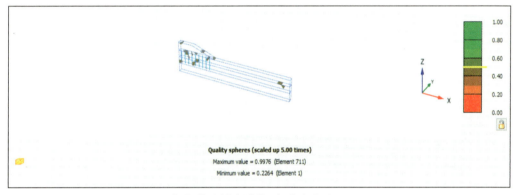

（b）单元剖分质量Q标准线处于0.50

图6-33 调整后的单元剖分质量

6.4.1.3 边界条件和初始条件设置

1. 初始条件

针对本算例，需进行未开展砂井处治、路堤填筑前地基初始应力的计算。PLAXIS 3D 软件已内置有 K_0 过程、重力加载两种不同的初始应力计算方法。考虑到本算例地基表面水平且所有土层和潜水位均平行于地基表面，故可使用 K_0 过程方法计算初始应力，此时初始应力场并不涉及剪应力，可满足应力场的平衡，而其他情况下 K_0 过程并不能保证应力场，需采用重力加载模式。

K_0 过程方式开展初始有效应力计算的基本思路是：先计算出土体在深度方向上的有效应力 σ_z，再利用材料本身特性，得到相应的 K_0 值，将该值同 σ_z 相乘得到水平向的有效应力 σ_x 和 σ_y。

下面不妨采用手算对上述基本思路予以具体阐述。以计算砂土层底部有效应力为例，断面示意图如图 6-34 所示，首先计算竖向有效应力 σ_z，即为土压力减去水压，具体计算过程如下：

图6-34 计算有效应力的断面示意

$$\begin{aligned}\sigma_z &= h_w \gamma_{unsat-peat} + (h_{peat} - h_w)\,\gamma_{sat-peat} + h_{clay}\gamma_{sat-clay} + h_{sand}\gamma_{sat-sand} - (h_{peat} + h_{clay} + h_{sand} - h_w)\gamma_w\\ &= 1\times8 + (3-1)\times12 + 3\times18 + 4\times20 - (3+3+4-1)\times10 = 76\ \text{kN}/\text{m}^2\end{aligned}$$

式中：h_w 为地基表面到地下水位线的距离；h_{peat}、h_{clay}、h_{sand} 分别为泥炭层、黏土层、砂土层厚度；$\gamma_{unsat-peat}$ 为泥炭的自然重度；$\gamma_{sat-peat}$、$\gamma_{sat-clay}$、$\gamma_{sat-sand}$ 分别为泥炭、黏土、砂土的饱和重度；γ_w 为水的重度。

对于本构模型为 Hardening soil 的砂土以及本构模型为 Soft soil 的泥炭和黏土而言，K_0 值均由式（6-4）计算：

$$K_0 = K_0^{nc}OCR - \frac{\nu_{ur}}{1-\nu_{ur}}(OCR-1) \tag{6-4}$$

式中：K_0^{nc} 为正常固结状态下的 K_0 值，由 $1-\sin\varphi$ 确定，φ 为内摩擦角；OCR 为超固结比，本例中各类土体均取 1；ν_{ur} 为材料的不排水泊松比。

不难得到，砂土的 K_0 值应为 0.455 36。这部分计算可在图 6-10~图 6-14 的材料参数设置中体现。

得到 K_0 值后，对应水平方向的有效应力 σ_x 和 σ_y 可由式（6-5）和式（6-6）计算得到：

$$\sigma_x = K_0\sigma_z \tag{6-5}$$

$$\sigma_y = K_0\sigma_z \tag{6-6}$$

计算得到 σ_x 和 σ_y 均为 34.607 kN/m^2。

2. 边界条件

对于本算例，同时涉及位移边界和地下水流动边界这两类边界条件。模型左侧系对称面，前后侧（y 方向）亦具有对称性，对称轴上并不会出现水平向变形只会出现竖向变形，故 x_{min}、y_{min} 和 y_{max} 作为对称轴边界，位移边界应设置为法向固定；在 x_{max} 边界模拟地基的边界，在实际情况中允许竖向变形，不可出现水平位移，故 x_{max} 位移边界条件也应设置为法向固定；z 方向上方不存在约束，z_{max} 边界设置为自由，下方边界 z_{min} 设置为完全固定。

对于地下水渗流边界条件，同样，对称轴边界上不存在向模型边界外的渗流，故 x_{min}、y_{min} 和 y_{max} 渗流条件应设置为关闭。对于 x_{max} 边界可以允许存在向外的渗流，故 x_{max} 渗流条件设置为打开。z_{max} 边界上渗流条件显然设置为打开，z_{min} 边界上是砂土层，透水性好，故 z_{min} 渗流条件也应设置为打开。

3．初始条件及边界条件设置具体操作

点击图 6-29 中的"Flow conditions"进入边界条件和初始条件设置界面，如图 6-35 所示。具体操作步骤如下：

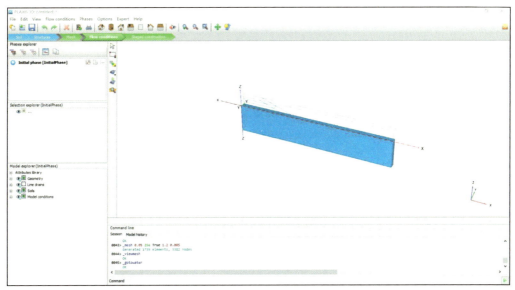

图6-35　初始条件和边界条件设置界面

（1）双击"Phase explorer"窗口中的"Initial phase"，弹出"Phases"窗口，如图 6-36 所示。在计算类型"Calculation type"后选择"K0 procedure"，其余参数均保持默认，点击"OK"回到图 6-35 所示的界面，完成初始条件的设置。

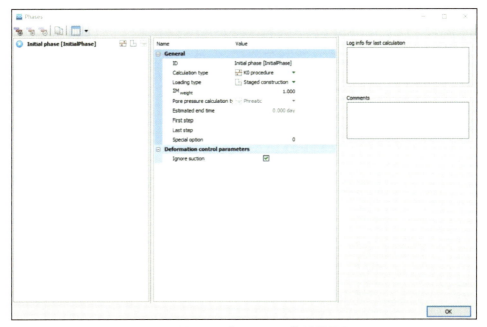

图6-36　"Initial phase"设置界面

（2）点击图 6-35 中左下"Model explorer"窗口"Model condition"前的"+"，展开各种边界条件的设定。

对于模型的位移边界，对应点击"Deformation"前的"+"进行设置。将对应 $x_{\min}$、$x_{\max}$、$y_{\min}$、$y_{\max}$、$z_{\min}$、$z_{\max}$ 的约束情况按图 6-37 进行设置。

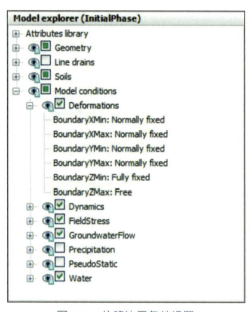

图6-37　位移边界条件设置

对于模型的渗流边界条件，对应点击"GroundwaterFlow"前的"+"进行设置。将对应 $x_{\min}$、$x_{\max}$、$y_{\min}$、$y_{\max}$、$z_{\min}$、$z_{\max}$ 的渗流情况按图 6-38 进行设置。至此完成边界条件和初始条件的设置。

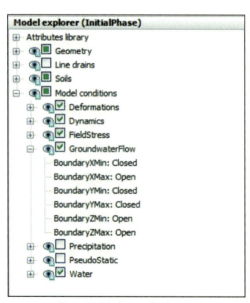

图6-38　渗流边界条件设置

6.4.1.4　施工阶段设置及模型树功能应用

1. 施工阶段设置

自初始阶段后，整个路堤修筑的过程包括第一阶段下层路堤填筑及砂井的实施，耗时 2 d；第二阶段静置（即施工间歇）30 d；第三阶段上层路堤填筑，耗时 1 d；第四阶段静置至超孔隙水压消散到规定水平以下。整个路堤施工的过程中，土体的固结无时无刻不在进行，故所有阶段都应相应选取固结计算模式。注意，PLAXIS 3D 程序基于 Biot 固结理论开展固结计算。另将砂井处治单独设置为一个阶段还是将"砂井处治＋第一层路堤填筑"设置为一个阶段这两种方式或对结果有一定影响，按照 6.3 节算例描述，此处将"砂井处治＋第一层路堤填筑"设置为一个阶段。

点击图 6-35 中的"Staged construction"进入施工阶段设置界面，如图 6-39 所示。其具体设置过程如下：

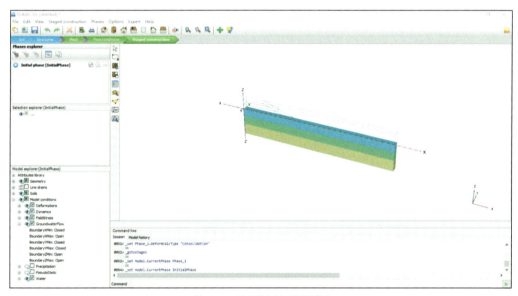

图6-39　施工阶段设置界面

（1）对于阶段一（包括砂井处治和第一层路堤的施工，耗时 2 d）。双击"Phases explorer"中的"Initial phase"打开"Phase"窗口，如图 6-40 所示。点击添加阶段""图标添加"Phase_1"，在该阶段内将"Calculation type"设置为固结计算"Consolidation"，并将固结计算所需时间"Time interval"设置为"2day"，其余选项保持默认。计算类型设定完毕后，点击"OK"返回图 6-39 所示的界面。

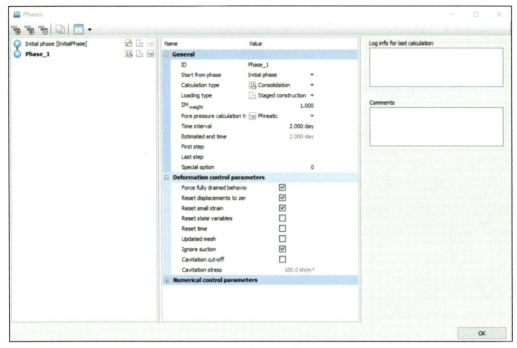

图6-40 "Phase_1"设置界面

　　选中第一层路堤，在左侧"Selection explorer"窗口中选中"Soil_4_2"将其激活，表示路堤的填筑。此外，在"Model explorer"窗口中选中"Line drains"将其激活，表示砂井的施工，如图6-41所示，至此阶段一设置完毕。

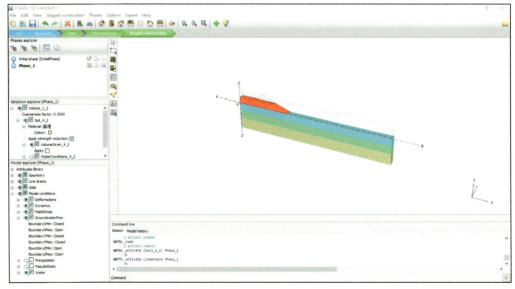

图6-41 第一层路堤和砂井激活

（2）对于阶段二（静置30 d）。打开"Phase"窗口，在"Phase_1"后继续添加"Phase_2"，将"Calculation type"设置为"Consolidation"，"Time interval"设置为"30day"，其余均保持默认，如图 6-42 所示。

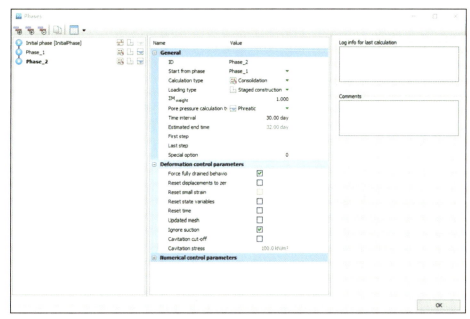

图6-42　"Phase_2"设置界面

（3）对于阶段三（填筑第二层路堤，耗时 1 d）。在"Phase_2"后继续添加"Phase_3"，将"Calculation type"设置为"Consolidation"，"Time interval"设置为"1day"，其余均保持默认，如图 6-43 所示。

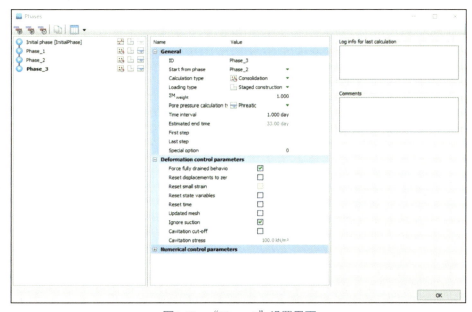

图6-43　"Phase_3"设置界面

同阶段一，返回图 6-39 所示的界面，选中第二层路堤，在"Selection explorer"窗口中选中"Soil_4_1"将其激活，表示第二层路堤的填筑，如图 6-44 所示。

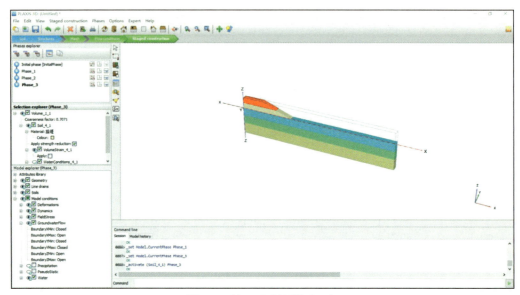

图6-44　第二层路堤激活示意

（4）对于阶段四（静置至超孔隙水压消散）。在"Phase_3"后继续添加"Phase_4"，将"Calculation type"设置为"Consolidation"，不同于前三个阶段，"Phase_4"中加载类型"Loading type"应设置为达到最小孔压"Minimum excess pore pressure"，最小孔压取默认值 |P-stop|=1.000 kN/m^2，其余均保持默认如图 6-45 所示。至此施工过程的模拟全部完成。

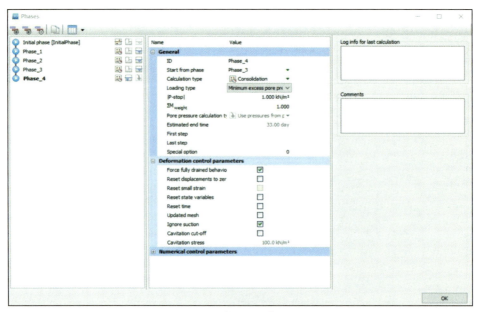

图6-45　"Phase_4"设置界面

2. 模型树功能应用

对于模型本体一致而施工过程中有所不同的工况，PLAXIS 3D 可以直接在初始阶段后另加新的阶段组成一个新的施工流程而无须从头建立一个新项目。从上述施工阶段设置流程中不难看到，程序界面的左侧一直显示着模型树（Model tree），每新建一个施工阶段都会在模型树中体现出来，这可为用户直观展示整个阶段建立的过程。

下面通过两个工况来展现 PLAXIS 3D 程序模型树功能的独特优势：

（1）为更好地展现砂井处治软土地基的效果，不妨再设置一组无砂井处治的工况与之进行对比。同样，打开"Phase"窗口，在模型树中选中初始阶段"Initial phase"，点击添加阶段图标，此时模型树会在先前形成的"Phase_1"至"Phase_4"阶段外展开另一条以"Phase_5"为起点的不同的模型树分支，同样设置四个施工阶段"Phase_5"至"Phase_8"，如图 6-46 所示。除改变上述步骤（1）不再激活砂井外，其余设置均同上述步骤保持一致，即可得到不设置砂井的路堤施工过程。

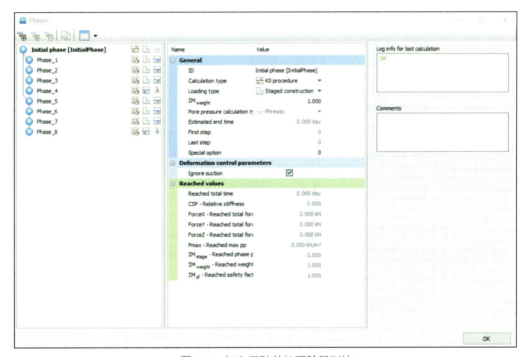

图6-46　加入无砂井处理阶段对比

（2）前述工况均暂未考虑几何非线性行为，PLAXIS 3D 程序已内嵌有"Updated mesh"（更新网格）选项用于描述软土的几何非线性性状。不妨考虑设置更新网格的工况，从而与未更新网格工况进行对比。按照"Phase_1"至"Phase_4"相同的方式建立"Phase_9"至"Phase_12"，并勾选每个阶段"Deformation control parameters"中对应的"Update mesh"选项即可，如图 6-47 所示。

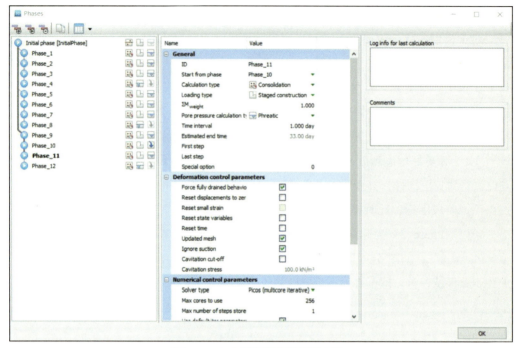

图6-47　加入更新网格的阶段对比

6.4.1.5　安全稳定性计算设置

PLAXIS 3D 程序已内嵌 phi-c 强度折减法，可开展安全稳定性计算，获得稳定安全系数（即临界强度折减系数）及滑动面。安全稳定性以总乘子$\sum M_{sf}$的形式表示：

$$\sum M_{sf} = \frac{\tan \varphi}{\tan \varphi'} = \frac{c}{c'} \tag{6-7}$$

式中：φ 为输入材料参数的内摩擦角；c 为输入材料参数的黏聚力；φ' 为安全稳定分析过程中一定程度折减的内摩擦角；c' 为安全稳定分析过程中一定程度折减的黏聚力。φ 与 c 均在图 6-10~ 图 6-14 所示材料输入参数中输入。

PLAXIS 3D 中默认使用逐步减小强度参数来实现安全稳定性的计算。起始时 $\sum M_{sf}$ 设置为 1，以确保计算过程由参数输入值开始进行，计算过程由增量乘子 M_{sf} 加以控制，软件默认第一步 M_{sf} 取 0.1。随着乘子的变化，强度参数会在计算过程中不断折减直至模型破坏。破坏及破坏后计算步骤中得到的 $\sum M_{sf}$ 数值趋于稳定，此时的 $\sum M_{sf}$ 即对应安全稳定系数 SF。

特别需要注意的是，在安全稳定性计算中每一阶段均是相对独立的，故在进行计算时应当将前面步骤计算得到的位移清零。

安全稳定性计算阶段设置的具体操作如下：

在"Phase_1"后添加阶段"Phase_13"，将"Calculation type"设置为安全性"Safety"，"Loading type"应设置为增量乘子"Incremental multipliers"，此时孔压计算类型"Pore pressure calculation type"会固定为前一阶段孔压"Use pressures from previous phase"，即对应"Phase_1"的孔压，如图 6-48 所示。此外，每个阶段的安全性都具有独立性，应当排除初始阶段计算时带来的位移影响，故还需将位移重置为 0（Reset displacement to zero）。以同样的方式分别在"Phase_2"后加上"Phase_14"，在"Phase_3"后加上"Phase_15"，"Phase_4"后加上"Phase_16"完成安全稳定性计算的设置，其他两种工况同理。

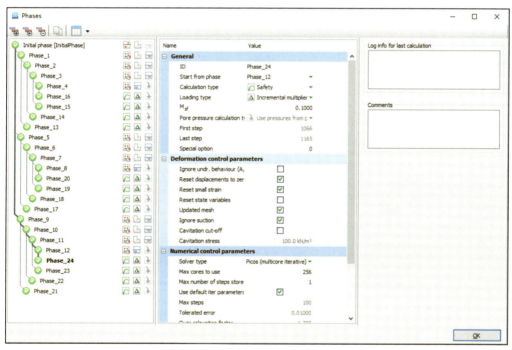

图6-48　安全性计算相关设置界面

6.4.2　计算求解

在执行计算前，软件会要求用户自行选择一些计算点以便后处理时曲线的生成。点击图 6-39 中竖向工具栏，选择生成曲线所需点" ✐ "图标进入"Output"界面，如图 6-49 所示。不妨选择坡脚处一点为 A（20，1，0）以监测位移，任意选择路堤下软土层中一点 B（1.02，1.28，-3.21）以查看超孔隙水压。选择完毕后点击"Update"回到图 6-39 所示的界面。

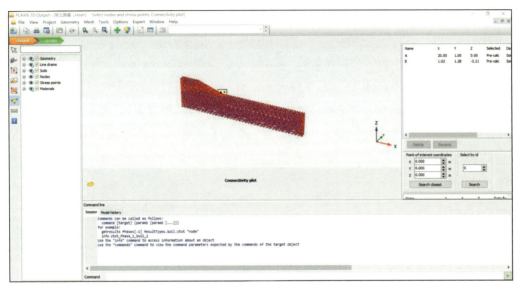

图6-49　选择生成曲线所需点

所有前处理环节设置完毕后，点击图 6-39 中竖向工具栏下执行计算"$\int_0^v$"图标，软件就会自动对模型展开计算。图 6-50 为计算过程中的"Active tasks"窗口。

图6-50　"Active tasks"窗口

由图 6-50 可以看出，整个计算过程是可视的，且随时可以对计算进行预览、暂停和终止。注意，此时看起来有限元计算本身所涉及参数在前处理过程中没有特别设置，但实际上程序均已相应地给出了默认值或推荐值，若需改动，可在对应阶段的"Phase"窗口中"Numerical control parameters"指示栏下进行修改。

6.4.3　后处理

PLAXIS 3D 软件本身已具备相当强大、优秀的后处理功能。计算完毕的软件界面如图 6-51 所示。点击查看计算结果"🔍"图标，将打开相对应的"Output"输出界面，如图 6-52 所示。

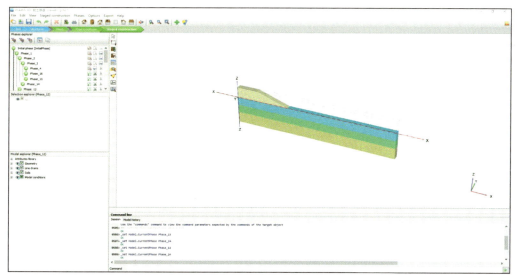

图6-51　计算完毕所示界面

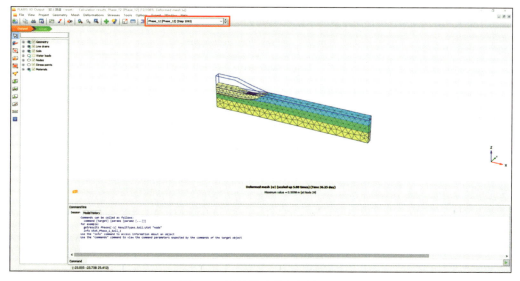

图6-52　计算结果输出初始界面

6.4.3.1 初始应力

考虑到岩土结构强烈的非线性性状，初始阶段计算的正确性无疑是整个模型计算正确性的起点。不同于早年版本在更新孔压后可直接在前处理界面中看到初始阶段的位移、应力、水压、渗流等情况，PLAXIS 3D CE V20 只可在"Output"界面分阶段查看计算结果，包括初始应力。对于本算例，不难想象，在初始条件下即路堤还未开始施工时，地基本身应不存在位移、渗流，没有超孔隙水压力，地基自身的应力场应保持平衡，同时由于采用 K_0 过程计算，平衡应力场中应当没有剪应力。

对于初始阶段计算的准确性，可按照如下方式进行检验：

点击图 6-52 中红色方框标记处进行阶段选择，选择"Initial Phase"，此时默认位移结果输出界面，可以看到初始阶段没有位移，如图 6-53 所示。

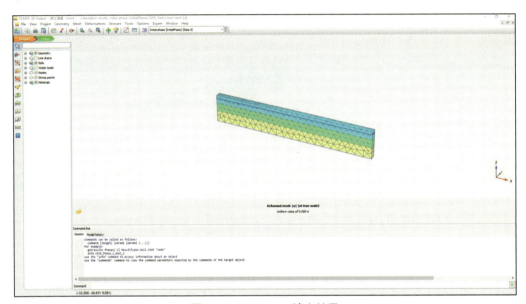

图6-53　Initial phase输出结果

点击菜单栏中"Stresses"—"Cartesian effective stresses"即可查看初始有效应力，如图 6-54 所示。可以看到，初始阶段不存在有效剪应力，有效正应力自地表向下均匀增大，初始应力场保持平衡。

除图形外，点击"⊞"图标可生成所有相关计算点得到的计算结果表格，如图 6-55 所示。

下面不妨以应力点 Stress point 6057 为例，开展电算与前述手算的比较，从而证实电算的正确性。该应力点对应 z 坐标数值为 −9.787 m，采用前处理中所述 K_0 过程进行手算，可以得到 σ_z' 为 73.870 kN/m²，σ_x' 和 σ_y' 为 33.637 kN/m²，这与 PLAXIS 3D 电算得到的结果（PLAXIS 3D 以拉应力为正值）基本一致。手算与电算二者数值上细微的差异或与表格的显示有关，表格中只能显示数值至小数点后三位，此后的小数并不完全一致，这也可以用以解释应力点 6057、6058 及 6059 有效应力结果的差异性。

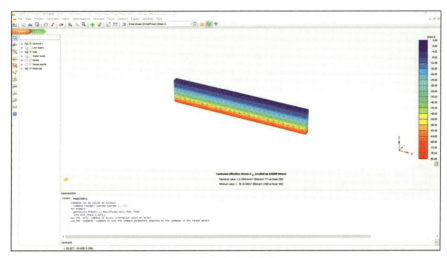

（a）z方向有效正应力σ_z'

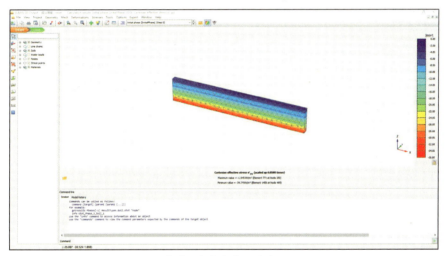

（b）y方向有效正应力σ_y'

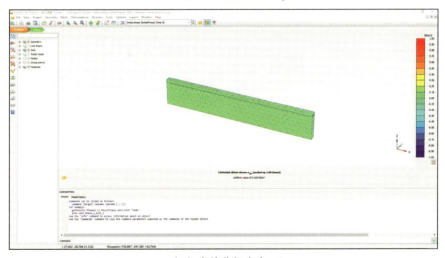

（c）有效剪切应力σ_{yz}'

图6-54　"Initial phase"有效应力输出结果

Soil element	Stress point	Local number	X [m]	Y [m]	Z [m]	σ'_{xx} [kN/m²]	σ'_{yy} [kN/m²]	σ'_{zz} [kN/m²]	σ_{xy} [kN/m²]	σ_{yz} [kN/m²]	σ_{zx} [kN/m²]	Status
Clus. 5 - El. 1515	6057	1	57.636	1.171	-9.787	-33.682	-33.682	-73.967	0.000	0.000	0.000	Elastic
砂土 (Sand)	6058	2	57.636	0.276	-9.787	-33.704	-33.704	-74.017	0.000	0.000	0.000	Elastic
Soil_3_1	6059	3	58.977	0.276	-9.787	-33.667	-33.667	-73.934	0.000	0.000	0.000	Elastic
	6060	4	58.352	0.276	-9.099	-30.553	-30.553	-67.095	0.000	0.000	0.000	Elastic
Clus. 5 - El. 1516	6061	1	1.646	1.447	-9.097	-30.509	-30.509	-67.000	0.000	0.000	0.000	Elastic
砂土 (Sand)	6062	2	2.364	1.447	-9.787	-33.657	-33.657	-73.913	0.000	0.000	0.000	Elastic
Soil_3_1	6063	3	2.364	0.553	-9.787	-33.643	-33.643	-73.883	0.000	0.000	0.000	Elastic
	6064	4	1.022	0.553	-9.787	-33.640	-33.640	-73.875	0.000	0.000	0.000	Elastic
Clus. 5 - El. 1517	6065	1	0.386	0.276	-8.282	-26.787	-26.787	-58.826	0.000	0.000	0.000	Elastic
砂土 (Sand)	6066	2	1.010	1.171	-8.579	-28.145	-28.145	-61.808	0.000	0.000	0.000	Elastic
Soil_3_1	6067	3	1.010	0.276	-8.579	-28.141	-28.141	-61.799	0.000	0.000	0.000	Elastic
	6068	4	0.386	0.276	-9.269	-31.280	-31.280	-68.692	0.000	0.000	0.000	Elastic
Clus. 5 - El. 1518	6069	1	20.030	0.276	-9.706	-33.310	-33.310	-73.150	0.000	0.000	0.000	Elastic
砂土 (Sand)	6070	2	18.688	1.171	-9.706	-33.316	-33.316	-73.163	0.000	0.000	0.000	Elastic
Soil_3_1	6071	3	18.688	0.276	-9.706	-33.305	-33.305	-73.139	0.000	0.000	0.000	Elastic
	6072	4	19.574	0.276	-8.755	-28.982	-28.982	-63.647	0.000	0.000	0.000	Elastic
Clus. 5 - El. 1519	6073	1	20.444	1.447	-9.706	-33.313	-33.313	-73.158	0.000	0.000	0.000	Elastic
砂土 (Sand)	6074	2	19.103	1.447	-9.706	-33.322	-33.322	-73.178	0.000	0.000	0.000	Elastic
Soil_3_1	6075	3	20.444	0.553	-9.706	-33.311	-33.311	-73.152	0.000	0.000	0.000	Elastic
	6076	4	19.988	0.553	-8.755	-28.986	-28.986	-63.655	0.000	0.000	0.000	Elastic
Clus. 5 - El. 1520	6077	1	44.271	1.171	-8.168	-26.301	-26.301	-57.759	0.000	0.000	0.000	Elastic
砂土 (Sand)	6078	2	45.245	0.276	-8.179	-26.363	-26.363	-57.895	0.000	0.000	0.000	Elastic
Soil_3_1	6079	3	44.256	0.276	-8.170	-26.326	-26.326	-57.814	0.000	0.000	0.000	Elastic
	6080	4	44.803	0.276	-9.121	-30.654	-30.654	-67.319	0.000	0.000	0.000	Elastic
Clus. 5 - El. 1521	6081	1	15.013	0.276	-8.140	-26.242	-26.242	-57.629	0.000	0.000	0.000	Elastic
砂土 (Sand)	6082	2	14.089	1.171	-8.201	-26.452	-26.452	-58.091	0.000	0.000	0.000	Elastic
Soil_3_1	6083	3	14.706	0.276	-9.125	-30.730	-30.730	-67.485	0.000	0.000	0.000	Elastic
	6084	4	14.067	0.276	-8.199	-26.535	-26.535	-58.273	0.000	0.000	0.000	Elastic
Clus. 5 - El. 1522	6085	1	35.539	0.276	-7.630	-23.910	-23.910	-52.507	0.000	0.000	0.000	Elastic
砂土 (Sand)	6086	2	36.531	0.276	-7.620	-23.871	-23.871	-52.423	0.000	0.000	0.000	Elastic
Soil_3_1	6087	3	35.563	1.171	-7.630	-23.878	-23.878	-52.438	0.000	0.000	0.000	Elastic
	6088	4	36.047	0.276	-6.783	-20.056	-20.056	-44.045	0.000	0.000	0.000	Elastic
Clus. 5 - El. 1523	6089	1	52.455	1.447	-7.416	-22.861	-22.861	-50.205	0.000	0.000	0.000	Elastic
砂土 (Sand)	6090	2	52.450	0.553	-7.416	-22.902	-22.902	-50.294	0.000	0.000	0.000	Elastic
Soil_3_1	6091	3	52.923	0.553	-6.541	-18.885	-18.885	-41.473	0.000	0.000	0.000	Elastic
	6092	4	51.964	0.553	-6.541	-18.886	-18.886	-41.476	0.000	0.000	0.000	Elastic

图6-55　"Initial phase"有效应力输出表格

点击菜单栏中"Stresses"—"Pore pressures"即可查看初始阶段的各种水压力情况，如图 6-56 所示。可以看到，初始阶段超孔隙水压为 0，稳态水压同前述手算得到结果相同，最大水压出现在模型底部，为水头至模型底部距离乘以水的重度 $9 \times 10 = 90$ kN/m²。

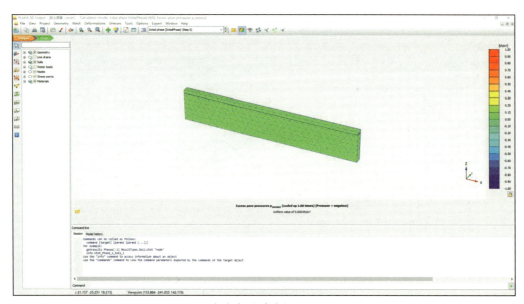

（a）超孔隙水压 P_{excess}

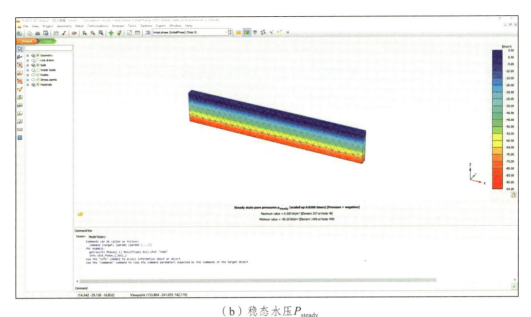

（b）稳态水压P_{steady}

图6-56　"Initial phase"水压力输出结果

点击菜单栏中"Stresses"—"Groundwater flow"即可查看初始阶段的地下水流动情况，如图 6-57 所示。可以看到，初始阶段模型并不存在地下水流动的情况。综上，可初步判断初始阶段计算结果正确无误。

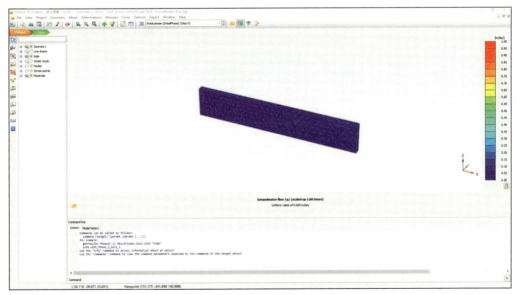

图6-57　"Initial phase"地下水流动情况

需要再次强调的是，在 PLAXIS 3D 计算完毕后第一时间对初始阶段有关计算结果的查看颇有必要，它可帮助用户判断前处理过程中模型建立的准确性，以便对前处理中的潜在问题及时进行修改。

6.4.3.2 路基沉降

软土地基路堤的设计一般情况下应更多关注其工后沉降，针对本算例，即为在第二层路堤施工完毕以后再产生的沉降，反映在模型中则对应"Phase_4""Phase_8""Phase_12"这些阶段分别所产生的阶段位移（Phase displacement）。

以采用砂井处治的"Phase_4"为例，点击图6-52中阶段选择，选择"Phase_4"，点击菜单栏中"Deformations"—"Phase displacement—ρu_z"得到"Phase_4"阶段竖向位移的云图界面，如图6-58所示。图6-58下方已经标注出最大和最小竖向阶段位移对应的节点号和阶段位移的具体数值，需要注意的是，PLAXIS 3D默认向上的位移为正，向下的位移为负。故实际上最大工后沉降应对应"Minimum value=−0.1771m（Element 5 at Node 23）"，即0.177 1 m。

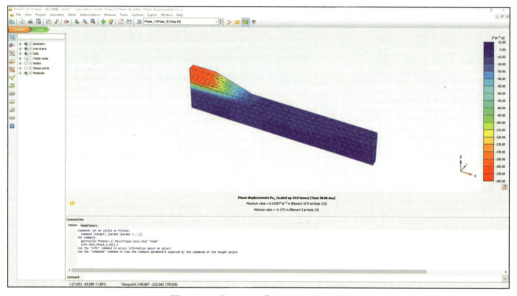

图6-58 "Phase_4"阶段竖向位移

如需知道更加详细的信息，还可点击菜单栏中的生成表格"⊞"图标进行查看，如图6-59所示。将鼠标置于"Node"列，右击并在弹出选项中选择"Find value"，输入23后点击"Search"，程序即可找到最大工后沉降对应节点，由节点坐标（0，2，4）可知最大工后沉降发生在路堤表面。

以同样的方式得到无砂井处理工况的"Phase_8"阶段竖向位移，如图6-60所示。可以得到，最大工后沉降为0.294 6 m，发生在节点24（0，0，4），同样出现在路堤表面。采用砂井处治工况对应工后沉降为无处治工况的60.12%。

Soil element	Node	Local number	X [m]	Y [m]	Z [m]	Pu_x [10^{-3} m]	Pu_y [10^{-3} m]	Pu_z [10^{-3} m]	|Pu| [m]
	2386	9	13.664	1.217	2.112	17.256	0.000	-76.030	0.078
	2181	10	13.505	0.996	2.000	18.761	0.000	-78.185	0.080
Clus. 1 - El. 2	21	1	14.000	2.000	2.000	18.799	0.000	-71.494	0.074
路堤（Embankment）	2384	2	13.328	1.435	2.224	15.709	-0.003	-80.590	0.082
Soil_4_1	545	3	12.600	2.000	2.000	18.690	0.000	-90.469	0.092
	2170	4	13.011	0.993	2.000	18.719	-0.002	-84.896	0.087
	2385	5	13.664	1.717	2.112	17.258	-0.001	-76.034	0.078
	3334	6	12.964	1.717	2.112	17.202	-0.002	-85.531	0.087
	554	7	13.300	2.000	2.000	18.744	0.000	-80.967	0.083
	2180	8	13.505	1.496	2.000	18.765	-0.002	-78.185	0.080
	3333	9	13.169	1.214	2.112	17.217	-0.002	-82.747	0.085
	2179	10	12.80					-87.684	0.090
Clus. 1 - El. 3	2170	1	13.01					-84.896	0.087
路堤（Embankment）	2383	2	13.31					-80.759	0.082
Soil_4_1	22	3	14.00					-71.489	0.074
	583	4	14.00					-71.462	0.074
	3335	5	13.16					-82.832	0.085
	2389	6	13.65					-76.118	0.078
	2182	7	13.505	0.496	2.000	18.759	0.000	-78.187	0.080
	2181	8	13.505	0.996	2.000	18.761	0.000	-78.185	0.080
	2388	9	13.658	0.801	2.114	17.224	0.000	-76.112	0.078
	584	10	14.000	0.500	2.000	18.794	0.000	-71.470	0.074
Clus. 1 - El. 4	572	1	12.600	0.000	2.000	18.684	0.000	-90.478	0.092
路堤（Embankment）	2383	2	13.316	0.602	2.228	15.645	0.000	-80.759	0.082
Soil_4_1	22	3	14.000	0.000	2.000	18.787	0.000	-71.489	0.074
	2170	4	13.011	0.993	2.000	18.719	-0.002	-84.896	0.087
	3336	5	12.958	0.301	2.114	17.168	0.001	-85.621	0.087
	2389	6	13.658	0.301	2.114	17.220	0.000	-76.118	0.078
	582	7	13.300	0.000	2.000	18.736	0.000	-80.973	0.083
	2183	8	12.805	0.496	2.000	18.702	0.000	-87.690	0.090
	3335	9	13.163	0.797	2.114	17.185	-0.001	-82.832	0.085
	2182	10	13.505	0.496	2.000	18.759	0.000	-78.187	0.080
Clus. 1 - El. 5	2323	1	1.189	2.000	3.096	0.929	0.000	-175.951	0.176
路堤（Embankment）	2315	2	0.000	1.000	3.163	0.000	0.026	-176.591	0.177
Soil_4_1	609	3	2.000	2.000	4.000	0.268	0.000	-175.618	0.176
	23	4	0.000	2.000	4.000	0.000	0.000	-177.051	0.177

图6-59　"Phase_4"阶段位移表

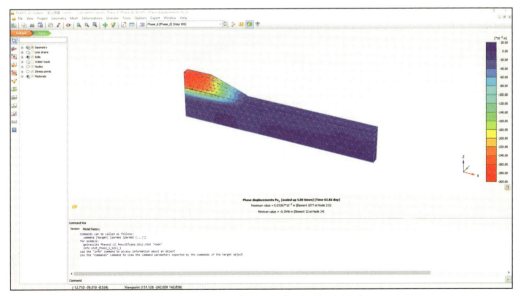

图6-60　"Phase_8"阶段竖向位移

不妨将两种工况计算得到的总沉降再进行一个比较，与上述操作相同，分别选择"Phase_4"和"Phase_8"，点击菜单栏中"Deformations"—"Total displacement—u_z"即可得到对应两种工况的全阶段总沉降云图，如图 6-61 和图 6-62 所示。从图 6-61 和图 6-62 中可以看到，两种工况计算得到的总沉降分别为 1.062 m 和 1.101 m，砂井处治工况对应总沉降为无处治工况的 96.46%。这说明采用砂井处治并非可有效地减小总沉降，而是让沉降尽可能地提前发生于施工阶段。

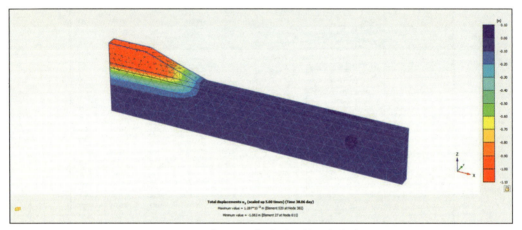

图6-61　"Phase_4"全阶段总竖向位移

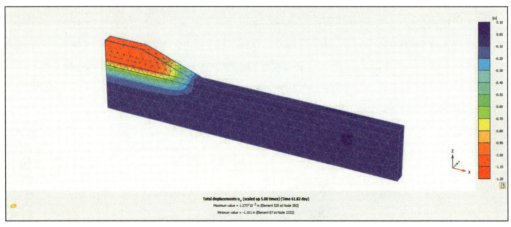

图6-62　"Phase_8"全阶段总竖向位移

6.4.3.3　超孔隙水压

为更直观地观察超孔隙水压的增长与消散过程，可进一步对砂井所在剖面予以观察。单击竖向工具栏中截取竖向平面"▢"图标，在窗口中输入确定平面的两个点（0，1）和（60，1），可得到 $y=1$ 时的 xz 剖面情况，如图 6-63 所示。

点击菜单栏中"Stresses"—"Pore pressures"—"P_{excess}"以查看各阶段砂井所处平面的超孔压分布。以有砂井处治、无砂井处治这两种工况的第二层路堤填筑（"Phase_3"和"Phase_7"）为例，如图 6-64 和图 6-65 所示。从图 6-64、图 6-65 中可以看出，采用砂井处治的工况超孔压明显沿着砂井的轮廓消散；无砂井处治的工况超孔压聚集在地基土层中向各个方向消散，该工况下的最大超孔压明显超过采用砂井处治的工况。

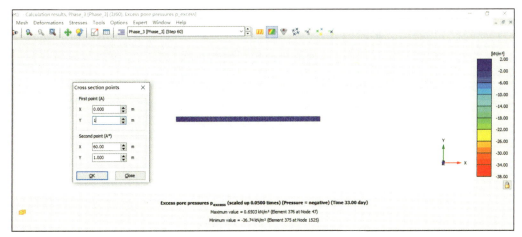

图6-63　剖面图设置示意

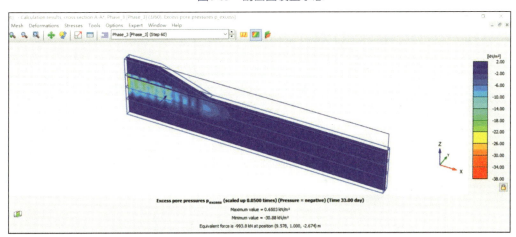

图6-64　"Phase_3"超孔隙水压剖面示意

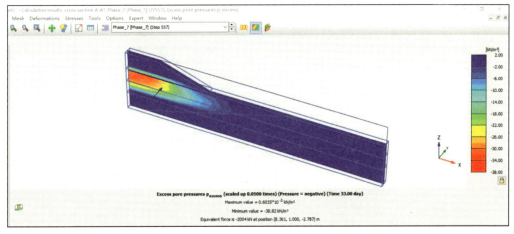

图6-65　"Phase_7"超孔隙水压剖面示意

　　另外，PLAXIS 3D 还可以自动生成某点超孔压随时间变化的曲线图。点击菜单栏 Tools 中生成曲线 "" 图标，在弹出的 "Curves manager" 窗口（见图 6-66）中点击 "New"，进入 "Curve generation" 窗口（见图 6-67），新建一条曲线：x 轴选择 "Project"—"time"，y 轴取生成的 B 点，选择 "Stresses"—"Pore pressures"—"P_{excess}"，点击 "OK" 可得到超孔压随时间的变化曲线，如图 6-68 所示。单击菜单栏中设置曲线 "" 图标进入 "Settings" 窗口（见图 6-69），在 "B*" 界面下点击 "Phase…"，去除其他阶段的曲线，仅保留 "Phase_1" 至 "Phase_4" 或 "Phase_5" 至 "Phase_8" 的曲线，如图 6-70 和图 6-71 所示。

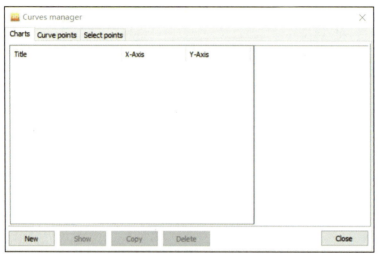

图6-66　Curves manager窗口

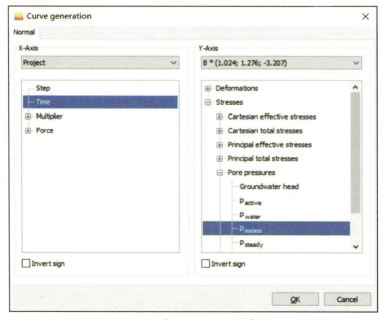

图6-67　"Curve generation" 窗口

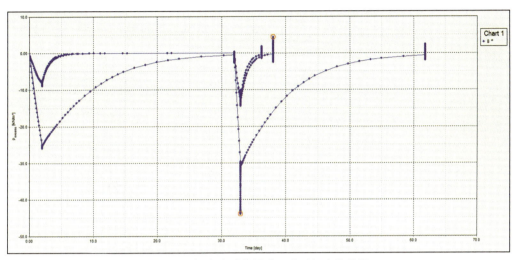

图6-68　初步生成的超孔压随时间变化曲线

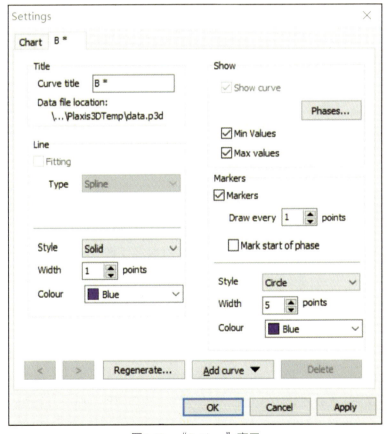

图6-69　"Settings" 窗口

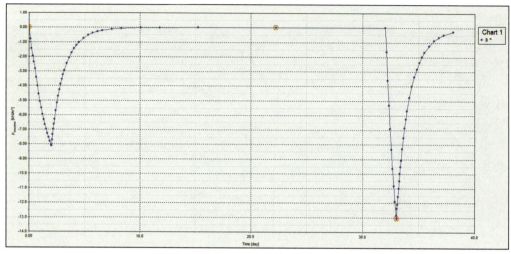

图6-70 "Phase_1"至"Phase_4"超孔压随时间变化曲线

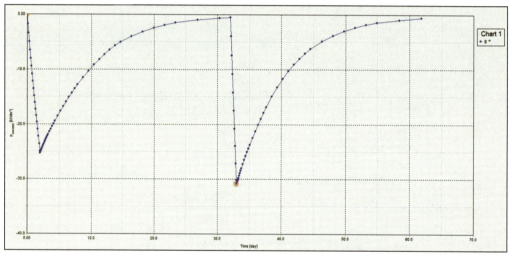

图6-71 "Phase_5"至"Phase_8"超孔压随时间变化曲线

从图6-70、图6-71中可看出,有砂井处治工况与无砂井处治工况二者超孔隙水压的变化规律一致。随着第一层路堤施工,超孔隙水压急剧增大,施工完毕后进入静置阶段水压又会缓慢消散,第二层路堤施工亦是如此。

对比这两种不同工况的同一施工阶段(如第一层路堤施工完静置阶段)可以发现,在相同的时间下,有砂井处治工况大概在第10 d时,超孔压即可消散完,而无砂井处治工况直至静置30 d结束,超孔压也尚未完全消散,显然有砂井处治时软土地基内超孔压的消散要明显快于无砂井处治的工况。这即可解释为何两种工况中,采用砂井处治的工况所产生的工后沉降更小。

6.4.3.4　安全稳定性

1．稳定安全系数

安全稳定性由乘子 $\sum M_{sf}$ 反映，该值可以通过以下两种方式进行查看：

（1）在计算完毕后，通过阶段选择窗口选到对应的阶段，点击菜单栏中"Project"—"Calculation information"，界面如图 6-72 所示，找到该阶段 $\sum M_{sf}$ 数值即可（以"Phase_16"为例）。

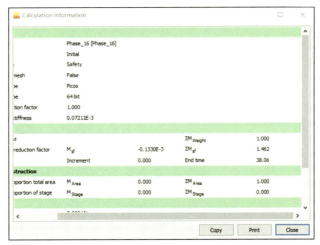

图6-72　"Calculation information"界面

（2）绘制位移—安全系数曲线。采用上述同样的方法打开生成曲线的窗口，如图 6-73 所示。x 轴取生成的 A 点，选择"Deformation"—"Total displacement— $|u|$ "，y 轴选择"Project"—"$\sum M_{sf}$"。分别取"Phase_13"至"Phase_16"（对应"Phase_1"至"Phase_4"）和"Phase_17"至"Phase_20"（对应"Phase_5"至"Phase_8"），两种工况下的曲线如图 6-74 和图 6-75 所示。将鼠标放置在每个阶段对应的最后一点处即可弹出对应阶段的乘子 $\sum M_{sf}$。

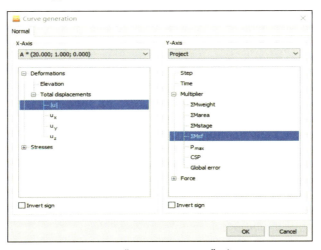

图6-73　"Curve generation"窗口

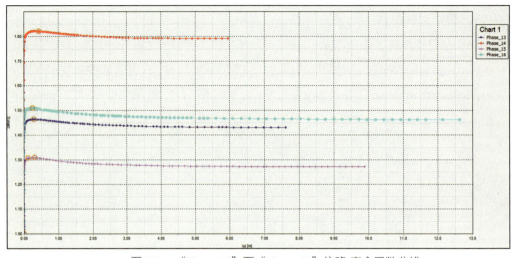

图6-74 "Phase_13"至"Phase_16"位移-安全系数曲线

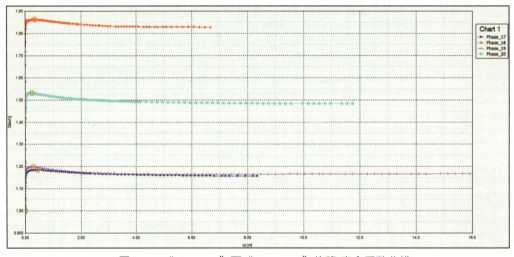

图6-75 "Phase_17"至"Phase_20"位移-安全系数曲线

虽然方法（2）较方法（1）显得更加繁琐，但是方法（2）在读取结果的过程中也顺带检验了安全稳定性计算结果的正确性。安全稳定计算时，软件默认计算100步即停止，可以预见，即便最后得到的位移 - 安全系数曲线并不能基本保持在一个常量而仍有很大的波动，软件也会将第100步计算得到的结果当作正确结果计入图6-72中，故选用方法（2）更加稳妥。若检验发现曲线不能保持稳定，则应该在前处理过程中将迭代步数进行相应的增加，如图6-76所示。

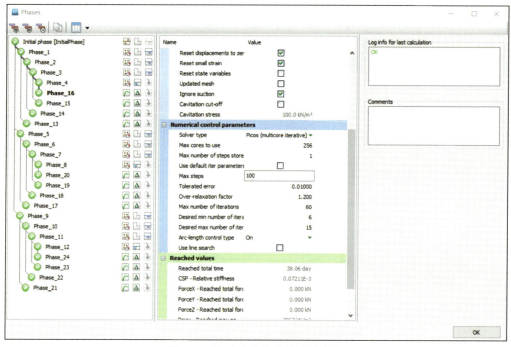

图6-76　修改安全稳定性计算步数

2. 滑动面

点击图 6-52 输出主界面中"Deformations"—"Incremental displacements—"|Δu|"，分别选中"Phase_13""Phase_14""Phase_15""Phase_16"，即可查看地基经砂井处治下阶段一、二、三、四时的潜在滑动面形态，如图 6-77 所示，大致可看出路堤本体连同软土地基一块出现深层类圆弧状的潜在滑动。

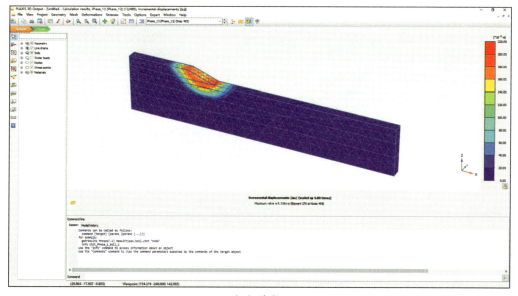

（a）阶段一

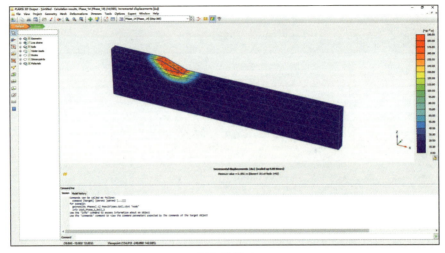

（b）阶段二

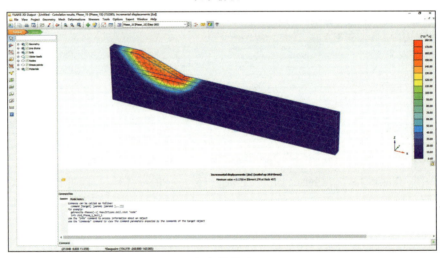

（c）阶段三

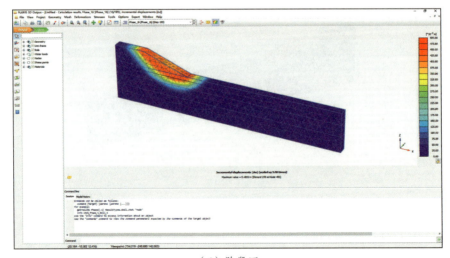

（d）阶段四

图6-77　潜在滑动面

6.4.3.5　考虑更新网格与否的影响

下面对比无更新网格和有更新网格时对计算结果的影响。以各自最终阶段（"Phase_4"和"Phase_12"）的最大位移为例进行比较。点击菜单栏中"Deformations"—"Total displacement"可得到各自工况对应的模型位移云图，如图 6-78 和图 6-79 所示。可以看到，考虑更新网格时的模型最大位移为 0.909 8 m，较未采用更新网格的最大位移 1.064 m 更小一些。对于是否勾选更新网格选项，应根据情况仔细斟酌而确定。

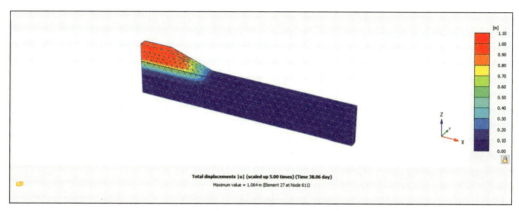

图6-78　未更新网格沉降云图

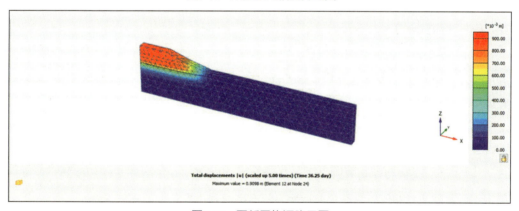

图6-79　更新网格沉降云图

还需要特别说明的是，在开展安全稳定性计算的阶段时可同时选择更新网格，但此时在实际计算过程中并不会进行更新网格操作。

6.5　本算例电算实施关键之处的再回顾

针对本算例，再全程回顾前述运用 PLAXIS 3D 程序开展电算的具体流程，以下几方面的关键技术可值得借鉴：

（1）当无砂井处治时，本算例其实可直接简化为平面应变问题；考虑到砂井以某间距、按照平面上呈方形的形式空间布设，故应选用 3D 程序开展电算。当然经过必要的等效处理后，该算例亦可视为平面应变问题，具体可参见本书第 9 章的讨论；或视为平面变形、空间渗流问题，具体可参见文献 [2] 和文献 [3]。

（2）模型几何尺寸确定方面，考虑到砂井以某间距、按照平面上呈方形的形式空间布设，故可仅取沿线路纵向一跨开展分析（注意：跨度为砂井纵向间距，可将砂井置于跨中或跨两端；需同时施加沿线路纵向的对称边界条件）；考虑到对称性，可取右半结构开展电算（注意：对称轴上可布设砂井或不布设砂井，如不布设砂井，则横向上第 1 个砂井距离对称轴的距离为砂井横向间距的 1/2；需同时注意对称轴处边界条件的正确施加）。以上考虑可极大地缩减模型规模，节省机时。

（3）地基土层、地下水位通过自上而下钻孔法建立生成，而路堤则通过前后扫掠拉伸法生成，其核心是通过调整变换不同的视角、坐标体系开展参数化建模；而砂井则引入程序内嵌的排水线单元予以模拟，同时考虑到砂井数量较多，可应用阵列功能以提高建模效率。采用排水线单元模拟砂井的理由：砂井主要发挥竖向排水体、加快超孔隙水压消散的功能，而排水线单元实施处直接视超孔隙水压为 0，可很好地描述砂井的这一功能；砂井直径一般为 20~30 cm，袋装砂井直径仅 7 cm，相对路堤荷载作用范围，其几何尺寸的影响可忽略不计。

（4）程序采用全自动剖网技术，将土层按照事先设定的宏观网格密度用四面体 10 节点单元离散模型，还可针对某（些）特定区域进一步细化网格密度；四面体 10 节点实体单元可自动与用于模拟砂井的排水线单元实现节点自由度的耦合，即在同一数值模型中实现不同类型单元的组合。同时开展单元剖分质量的评价及剖分优化，以确保、提高电算精度。

（5）同时考虑位移边界和地下水流动边界，实现了双重边界条件的设置，在该过程中需要尤其注意左侧对称面、前后面等特定剖面处边界条件的正确设置。

（6）采用程序内嵌的软土模型描述泥炭、黏土等软土土层，而路堤、砂土采用硬化土模型，实现了同一数值模型中同时含有多种本构模型，充分考虑了岩土体材料的非线性。

（7）通过 K_0 过程方式生成初始应力场，引入单元生死技术（单元激活或冻结），模拟了砂井处治、路堤分层逐层填筑、施工间歇、工后固结等施工过程，实现了变结构非线性、场耦合（应力场与渗流场耦合）等。

（8）通过引入模型树，实现了在同一模型中计算走向的有序分叉，从而便于开展不同工况的比较，如有砂井处治与无砂井处治、是否考虑更新网格等，注意在这些工况比较中，网格剖分无须进行任何调整。如勾选更新网格（Updated mesh）选项，则同时考虑了几何非线性。

（9）通过程序优秀的后处理功能，可将力学响应以体、面、线等图形方式输出，亦可通过表格方式获得具体某点的力学响应，实现了力学响应随空间、时间而变化的细致描述。程序后处理方面所拥有的任意剖面输出（如 $y=1$m 处横剖面超孔隙水压分布云图）、事先所选取点位的历史追踪（如地基中 B 点超孔隙水压随时间而变化的曲线）等功能颇具特色。

参考文献

[1]　BENTLY SYSTEMS. PLAXIS CONNECT Edition V20.02 PLAXIS 3D-Tutorial Manual[M]. Bentley Systems, 2020.

[2]　谢康和，周健．岩土工程有限元分析理论与应用[M]．北京：科学出版社，2002．

[3]　蒋鑫，邱延峻，周成．深厚层软土地基袋装砂井处治的数值模拟[J]．中国铁道科学．2005，26（1）：31-35．

第7章 路基重力式挡土墙有限元电算

7.1 概　述

重力式挡土墙作为一种常见的支挡结构，具有施工简单、取材方便等诸多优点，已在铁路和公路路基工程中广泛应用。本章尝试从用户思考和使用的角度出发，选用 Phase2 有限元软件，开展路基重力式挡土墙的电算分析，展示材料非线性、动态施工力学、土 - 墙相互作用等一系列关键技术在有限元分析中的处理技巧。通过该具体算例的详细讲解，一方面进一步直观对比现代有限元软件较早年电算程序应用上的巨大飞跃，另一方面可为类似工程问题在 Phase2 软件中具体如何实施电算分析提供借鉴思路。

7.2 Phase2 软件简介

为满足采矿、土木等行业对分析、设计以及可视化工具的需求，1987 年，加拿大多伦多大学的 John Curran 教授就尝试开发了一套地质力学软件。在加拿大政府的支持下，为满足日益增长的软件需求，Rocscience 公司作为多伦多大学的一个分公司于1996年成立。

作为 Rocscience 公司旗下一款经典的用于土木和采矿行业的岩土结构二维有限元分析软件，Phase2 适用于隧道和支护设计、地下挖掘、地面挖掘、边坡、堤坝、地基等许多不同问题的电算。Phase2 软件自问世以来，一直保持着较快的更新频率，目前软件的版本已经更新至 Version 11.0，并更名为 RS2，全称为 Rock and Soil 2-dimensional analysis program。

7.3 算例描述与有限元电算实施宏观策略

7.3.1 算例描述

下面不妨选用 Phase2 8.0 版本安装后 "Tutorials" 文件夹中的 "Tutorial_16_Retaining_

Wall"为算例[1]，详细展示该软件开发路基重力式挡土墙电算分析的具体实施流程。

该算例示意图如图 7-1 所示，于水平地基（Foundation Soil）之上修建混凝土挡土墙（Concrete Retaining Wall），墙背直立，墙高 6 m，顶宽 0.5 m，底宽 2.5 m，墙后填土分层填筑，第一层填土（Fill 1）水平填筑，填土高度 6 m；之后拟在挡土墙墙前引入深度为 3 m 的池塘（即考虑距地基表面水头为 3m 的静水压力），再开始第二层填土（Fill 2）的填筑，第二层填土高度 1.5 m，边坡坡率为 1∶2.05。

现需基于 Phase2 有限元软件，分析以上全过程中挡土墙墙体受力、位移等的变化规律。

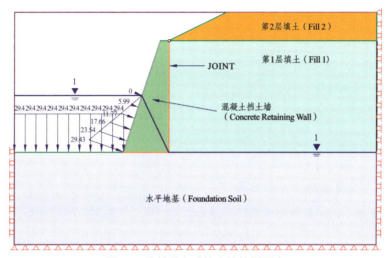

图7-1　路基重力式挡土墙算例示意

7.3.2　有限元电算实施宏观策略

在开展该算例电算分析之前，需冷静思考，从宏观层面上做好规划，提前依次对以下几个关键问题进行深入琢磨，以便后续具体步骤的正确、顺利实施：

（1）宜使用哪款电算软件开展电算？

尽管该算例选自 Phase2 的例题手册，即已明确需使用 Phase2 程序。但如果读者刚接触时，需大刀阔斧抓住几个核心问题，即：该算例实际上可仅取横断面视为平面应变问题予以分析，涉及初始地应力、材料非线性、施工阶段模拟、水压力荷载、土 - 结构物相互作用等核心技术的解决，而这些都可较好地利用 Phase2 程序予以实现。关于具体如何选用适宜的电算程序，读者请进一步详细阅读第 9 章。

（2）几何模型应如何进行确定？

将模型进行 2D 简化时需考虑是否存在因三维问题平面化所带来的等效折减问题；尚需考虑是否可利用对称性予以简化。进一步的，需考虑模型的上下边界范围和左右边界范围的选取。此外，Phase2 在建立几何模型时提供了几种不同的模型边界，如阶段边界（Stage boundary）、材料边界（Material boundary）等供用户选取，具体选何种边界进行建模也应进行充分考虑。

（3）材料模型及参数应怎样进行选取？

本算例模型中包括地基、挡土墙、墙后填土，土体本构模型中所对应的参数应通过相应土工试验获得。而由混凝土圬工材料所修建的重力式挡土墙刚度大，其材料模型及参数、挡土墙和墙后填土间的相互作用关系等，也应受到重视。

（4）模型中涉及荷载应当如何施加？

该模型中需考虑的荷载可分为两种类型：一为挡土墙及土体的自重，表现为体积力；二为引入池塘后产生的静水压力，表现为面力。两种荷载的设置方式、表现形式及与施工阶段的关系均有所不同。

（5）有限元单元应当如何剖分？

Phase2 中有多种类型单元可供用户选取。在具体划分网格时，需注意单元类型选择、疏密分布安排及网格剖分质量评价等。对于 Phase2 程序，用户虽无须手动划分单元，但需事先宏观规划单元整体和局部的布置。待用户给出具体要求后，软件可自动剖分单元。

（6）模型边界条件应如何设置？

Phase2 中强调的是位移约束条件，如：有无约束、仅约束 x 向位移和仅约束 y 向位移等，具体体现在模型左右、上下边界条件的设置。还需要注意的是，当同一边界上需同时设置两种不同类型的边界条件时应当如何处理，两边界交界处的角点又应当如何进行设置。

（7）施工过程应如何进行模拟？

Phase2 中动态过程以阶段（Stage）的形式体现。本算例中施工过程主要涉及挡土墙及墙后第一层填土（Fill 1）施工、池塘静水压力引入和墙后第二层填土（Fill 2）的施工。Phase2 整个模型是在总阶段数已设置好的情况下建立的，建模时哪些地方会受到阶段的影响同样应当引起重视。

7.4 电算具体实施过程

7.4.1 前处理

7.4.1.1 确定施工阶段数

Phase2 不同于 PLAXIS，在处理动态施工问题时，须先由用户决定这一动态过程可以划分成几个部分，在此基础上方可建立几何模型。就本算例而言，可将整个施工流程分为共计 4 个阶段：① 初始阶段（无施工行为，仅为水平地基形成初始地应力）；② 挡土墙修建及墙后填土（Fill 1）的填筑；③ 墙前池塘静水压力的引入；④ 墙后第二层土体（Fill 2）的填筑。

7.4.1.2 建立几何模型（含确定材料模型及参数）

正式建立几何模型前，需思考模型范围如何取值、几何模型如何绘制、材料模型及参数如何确定等技术关键。下面详细予以阐述。

1. 模型范围确定

显然该算例可简化为平面应变问题，故只需要确定模型的左右宽度和上下高度即可。采用平面笛卡儿坐标系，将横断面水平和竖直方向分别表示为 x 方向和 y 方向，两个方向上的模型范围不妨以 x_R 和 y_R 表示。

首先确定水平方向（即 x 方向）上模型的宽度。在 x 方向上，考虑到本算例分析的核心是挡土墙及其周围土体，故模型范围应首先包含挡土墙墙底宽 2.5 m，再向挡土墙两侧分别进行延伸，即 x_R = 挡土墙墙底宽 + 墙后土体宽度 + 墙身前土体宽度，原则上两侧向外延伸越多模型的模拟相对越精确。不妨取墙后土体宽度 11.5 m，墙身前土体宽度 6 m，即 x_R=20 m。

在 y 方向上，同样地，模型应包含挡土墙及其周边土体，即 y_R = 挡土墙墙高 + 墙后填土高 + 地基厚度。地表以上墙高和填土可全尺寸表示，共 7.5 m；原则上地基土越厚模拟越精确，这里不妨取地基土厚 5 m，即 y_R=12.5 m。

至此，可以理解为模型将封闭在一个长 20 m、宽 12.5 m 的长方形边界中。

2. 几何模型绘制

在划分好 20 m × 12.5 m 的外边界后，Phase2 生成几何模型的方式实际类似于使用二维 CAD，用线条在长方形外边界内划分不同的封闭区域，以便进行后续阶段单元剖分、不同阶段材料赋予和激活操作。

但与 CAD 不同的是，Phase2 的分界线包括 7 种类型，各种类型的分界线具有一定的功能，适用于不同的情况。就本算例，应当使用如下几种边界条件：

（1）外部边界（Add External），用以确定模型范围的边界，就本算例而言，即用该种边界绘制长 20 m、宽 12.5 m 的长方形模型边界，所有其他边界线的绘制都应在外部边界确定的封闭边界中进行。

（2）材料边界（Add Material），用以区分不同材料属性（如强度、弹性属性等）的封闭区域的分界线，如本算例中挡土墙和墙后第一层填土（Fill 1）、地基间的分界线，墙后第一层填土（Fill 1）和地基、墙后第二层填土（Fill 2）的分界线等，都应当使用材料边界。

（3）阶段边界（Add Stage），当分界线两侧封闭区域或其中一侧会受施工过程影响时，可选择使用阶段边界。如本算例中挡土墙墙身同左侧池塘的分界线，墙背同地基、墙后第一层填土（Fill 1）的分界线均可选择阶段边界。需要注意的是，在任何使用阶段边界的地方均可使用材料边界，反之亦然。用户可以选择给定情况下自认为更加合适的边界类型（在 Phase2 5.0 版本前两种边界略有差别，阶段边界只能在开挖边界（Excavation）中设置，后续版本已取消这一限制）。

（4）测压线边界（Add Piezometric Line），用以表示水位，也可以代表从测压仪测量得到的实际测压面的分界线，用以计算水压力。如本算例中引入池塘的水位线应使用测压线边界表示。

（5）结合边界（Add Joint），用以表示岩体中的节理或建模、开挖过程中的不连续性。如本算例中挡土墙和地基、墙后第一层填土之间就存在这样的不连续性，故应当在材料边界的基础上再设置一个结合边界。结合边界相对于其他边界具有以下特点：①不同于其他边界，结合边界被赋予了强度和刚度的属性。②结合边界的端点有两种不同的状态，表示为张开"open"和闭合"close"，这会对单元的剖分产生一定影响。如端点处选择张开，这意味着结合边界的端点由有限元网格中的两个节点表示，端点处可以存在相对错动；如端点处选择闭合，这表明结合边界的端点由有限元中的一个节点表示，端点处无相对错动。其不同之处亦会在后续的后处理阶段予以体现。显然对于本算例而言，结合边界的两个端点都应选择张开。

需要注意的是，在对几何模型进行绘制时，外部边界、材料边界、阶段边界不会受到阶段的影响，即无论在哪个阶段对模型进行绘制，这些线条都会在全阶段显示；而相对的，就本算例而言，挡墙和墙后填土施工前不存在墙土结合面不连续的问题，引入池塘前也自然不存在水位线，故结合边界和测压线边界的使用会受到施工阶段的影响，并非全阶段设置，即二者应设定在某些特定阶段。

3. 材料模型及参数设置

该模型涉及地基土、墙后第一层填土以及墙后第二层填土共三种土体，不同的土层应选取不同的本构模型对其力学性状予以描述，并在合适的阶段将其赋予、激活土体相对应的几何模块（即模拟填筑施工）。另外，对于挡土墙，本算例采用实体置换的方式进行模拟，参数设置虽和土体有所不同，但模拟施工的方式一致。

地基土、墙后第一层填土以及墙后第二层填土三种材料类型均为塑性材料"Plastic"，而挡土墙材料类型为弹性材料"Elastic"；地基材料需用于初始应力的计算，故初始单元荷载（Initial Element Loading）需考虑场应力选择"Field Stress & Body Force"，而其余材料仅考虑自重"Body Force Only"即可。各种材料的具体参数见表 7-1，其余未列出参数及选项暂保持程序默认值。

表7-1　材料属性

参数名称	材料				单位
	地基 （Foundation）	墙后第一层填土 （Fill 1）	墙后第二层填土 （Fill 2）	挡土墙 （Concrete）	
Initial Element Loading	Field Stress & Body Force	Body Force Only	Body Force Only	Body Force Only	—
Unit Weight	27	20	20	24	kN/m^3
Elastic Properties					
Elastic Type	Isotropic	Isotropic	Isotropic	Isotropic	—
Poission's Ratio	0.2	0.2	0.2	0.2	—
Young's Modulus	800 000	70 000	50 000	250 000 000	kPa
Strength Parameters					
Failure Criterion	Mohr Coulomb	Mohr Coulomb	Mohr Coulomb	Mohr Coulomb	—
Material Type	Plastic	Plastic	Plastic	Elastic	—
Tensile Strength (peak)	0	0	0	0	kPa
Fric. Angle (peak)	35	40	35	35	°
Cohesion (peak)	5	0	0	10.5	kPa
Dilation Angle	0	0	0	—	°
Fric. Angle (resid)	35	35	35	—	°
Cohesion (resid)	5	0	0	—	kPa
Tensile Strength (resid)	0	0	0	—	kPa

　　另外，对于结合边界，实际上也可以理解为一种特定的材料。就本算例而言，结合边界的滑移准则采用莫尔 - 库仑（Mohr-Coulomb）准则，抗拉强度为 0，峰值内聚力（Peak Cohesion）为 0，峰值摩擦角（Peak Friction Angle）为 27°，法向刚度（Normal Stiffness）为 100 000 kPa/m，切向刚度（Shear Stiffness）为 10 000 kPa/m，其余参数保持默认。

　　针对前述技术关键，下面详细讲解具体操作实施过程。

　　图 7-2 为 Phase2 8.0 打开后的前处理界面，可以看到该界面整体上比较简洁。软件主窗口视图采用 CAD 二维制图视图，窗口左侧和下方分别显示了单位刻度，工具栏则排布于界面的上方。鼠标点击 "Getting Started" 即进入帮助文档页面，同时可开始软件的使用。

图7-2　软件主界面

4. 具体实施操作

（1）基本信息确定。

点击菜单栏中"Analysis—Project Settings"，在弹出窗口中对模型的前处理相关条件进行设定，如图 7-3 所示。从图 7-3 中左侧窗口可以看到，软件将各种设定条件进行了分类，就本算例而言，模型具体条件的确定可按照以下步骤设置：

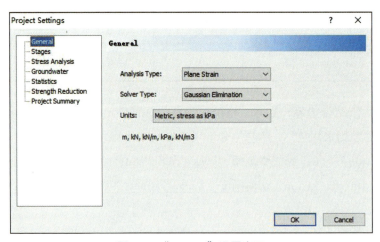

图7-3　"General"设置窗口

① 鼠标选中图 7-3 左侧窗口"General"进入"General"设定界面，设置分析类型为平面应变（Analysis Type—Plain Starin）；计算求解器类型选择采用高斯消除法（Solver Type—Gaussian Elimination）；单位制设置为公制单位，应力单位为 kPa（Units—

Metric，　stress as kPa），具体涉及单位显示在 "Units" 设置框下方。单位设置完毕后，后续所有计算结果都将以此处所设置的单位为准。

② "General" 界面设置完毕后，鼠标选中 "Stages" 进入 "Stages" 设定界面，如图7-4所示，将阶段设置为4个阶段（如有需求可进一步分别在主窗口中定义四个阶段的名称）。

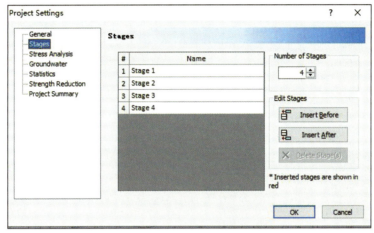

图7-4　"Stages" 设置窗口

③ "Stress Analysis" "Groundwater" "Statistics" "Strength Reduction" 均保持默认设定。

④ 鼠标选中 "Project Summary" 进入 "Project Summary" 设定界面，如图7-5所示，可在此处输入该模型项目的标题（Project Title）等相关信息。输入完毕后点击 "OK"，完成 "Project Setting" 模块的设置。

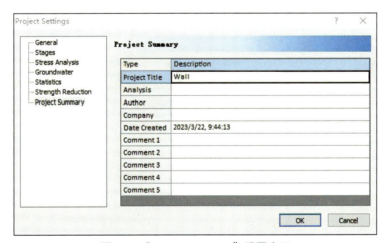

图7-5　"Project Summary" 设置窗口

（2）材料属性和结合边界属性设置。

材料属性和结合边界属性设置的操作步骤具体如下：

　　将主界面定位至"Stage 1"，点击菜单栏中"Properties"—"Define Materials"或" 🗐 "图标，在弹出窗口（见图7-6）中对地基（Foundation）、墙后填土第一层（Fill_1）、墙后填土第二层（Fill_2）和混凝土挡土墙（Concrete）材料进行设置，具体参数设置分别见图7-7、图7-8、图7-9和图7-10。四种材料设置完毕后点击"OK"，返回主界面。

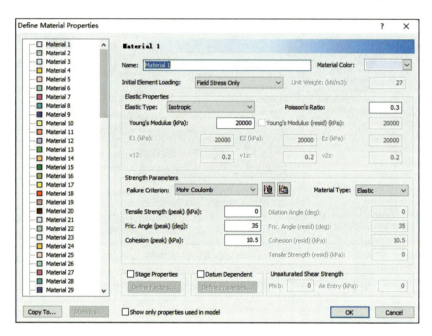

图7-6　"Material"参数设置窗口

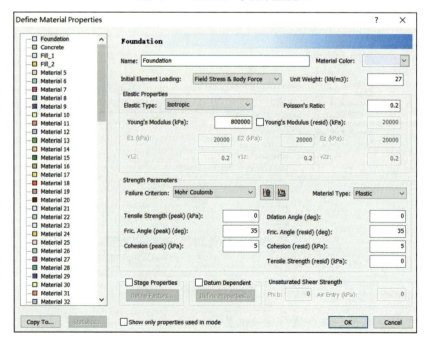

图7-7　地基材料参数设置

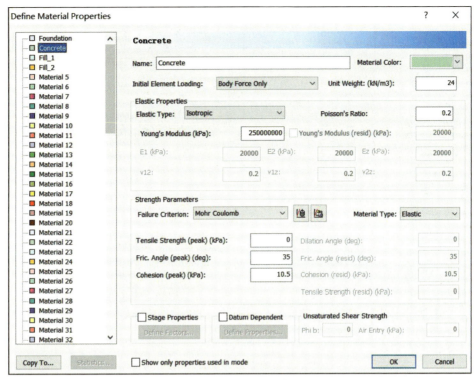

图7-8　挡土墙材料参数设置

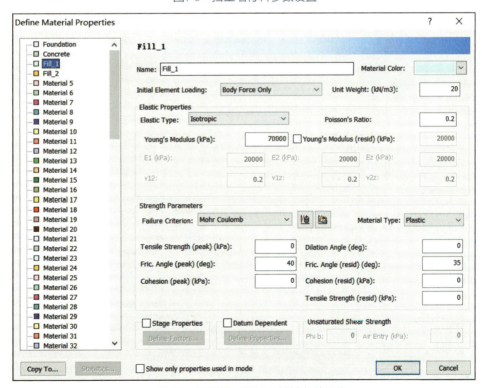

图7-9　墙后第一层填土材料参数设置

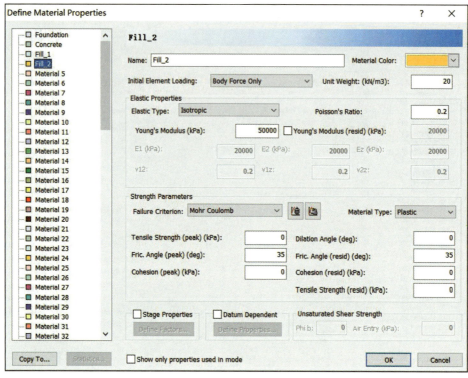

图7-10　墙后第二层填土材料参数设置

点击主界面菜单栏中"Properties"—"Define Joints"或"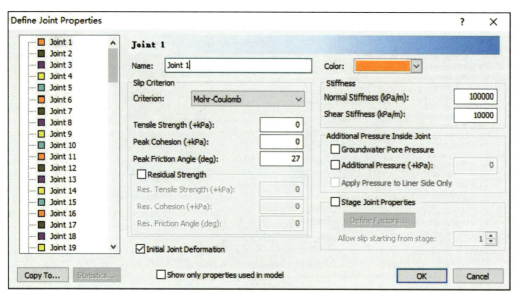"图标，在弹出窗口中设置结合边界的属性参数，具体参数如图 7-11 所示，设置完毕后点击"OK"，完成结合边界参数设置。

图7-11　结合边界参数设置

（3）几何模型绘制。

几何模型绘制的操作步骤具体如下：

① 将主界面定位至"Stage 1"，点击主界面菜单栏中"Boundaries"—"Add External"或"▢"图标，设定模型的外部边框，依次在右下角"Enter vertex"框中输入点位（0,0）、（0,5）、（0,11）、（0,12.5）、（11.575,12.5）、（20,12.5）、（20,11）、（20,5）、（20,0），注意输入时应确保分隔 x 坐标和 y 坐标的分隔逗号在英文状态下输入（也可使用空格予以分隔 x 坐标和 y 坐标），点位坐标之间以回车键区分，输入完毕后再在框中输入"c"，即可将图形闭合。当然也可使用鼠标直接单击界面右下角图标"▦"，将上述点位以表格形式输入，如图 7-12 所示。设定完毕后的外边框如图 7-13 所示。

Point	X	Y
1	0	0
2	0	5
3	0	11
4	0	12.5
5	11.575	12.5
6	20	12.5
7	20	11
8	20	5
9	20	0
10	0	0
11		
12		

图7-12　外部边界点位表格输入形式

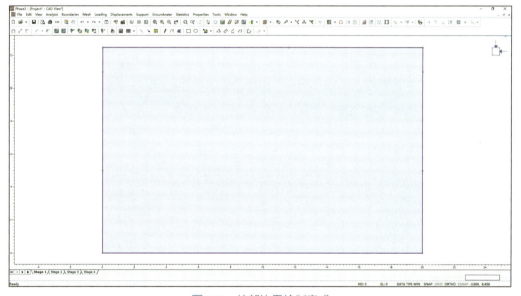

图7-13　外部边界绘制完成

② 点击主界面菜单栏中"Boundaries"—"Add Material"或"▣"图标设定模型的材料边界，依次在右下角 Enter vertex 框中输入点位（0,5）、（6,5）、（8.5,5）、（20,5），输入完毕后鼠标右击选择"Done"命令完成设置。

③ 继续点击"Boundaries"—"Add Material"设定模型的材料边界，依次在右下角 Enter vertex 框中输入点位（8.5,5）、（8.5,11）、（11.575,12.5），输入完毕后鼠标

右击选择"Done"命令完成设置。

④ 再次点击"Boundaries"—"Add Material"设定模型的材料边界，依次在右下角 Enter vertex 框中输入点位（8,11）、（8.5,11）、（20,11），输入完毕后鼠标右击选择"Done"命令完成设置。最终材料边界设置完毕后如图 7-14 所示。

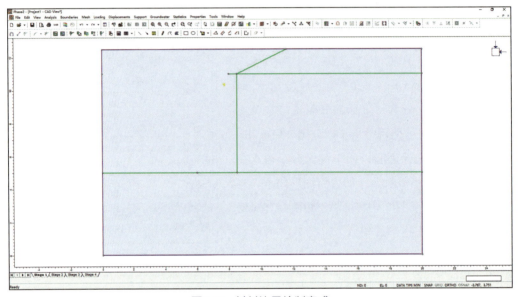

图7-14 材料边界绘制完成

⑤ 点击主界面菜单栏中"Boundaries"—"Add Stage"或"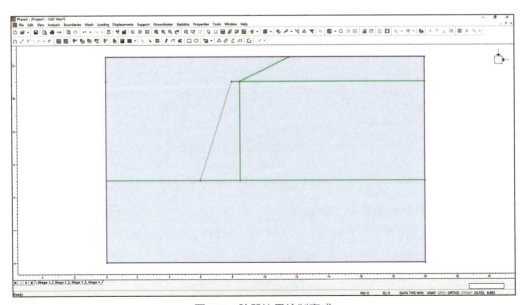"图标设定模型的阶段边界，依次在右下角"Enter vertex"框中输入点位（6,5）、（8,11），输入完毕后鼠标右击选择"Done"命令完成设置，具体如图 7-15 所示。

图7-15 阶段边界绘制完成

⑥ 墙后第一层填土在第二阶段填筑，故墙体与土体之间的结合边界应在第二阶段设置。点击主界面左下角阶段信息，鼠标单击"Stage 2"，点击主界面菜单栏中"Boundaries"——"Add Joint"或"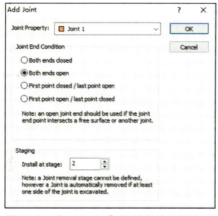"图标，弹出结合边界设置窗口（见图 7-16），此时窗口默认结合边界设置在"Stage 2"及其后续阶段。考虑到系人工建造的刚性挡土墙，墙 - 土之间或存在不连续，故应设置结合边界情况（Joint End Condition）为两端张开（Both ends open）（对于地质构造中自然的结合边界，"Joint End Condition"通常设置为"Both ends closed"）。设置完毕后，点击"OK"返回主界面进行结合边界设置。

图7-16　"Add Joint"相关条件设置窗口

⑦ 紧接步骤⑥，依次在右下角"Enter vertex"框中输入点位（6,5）、（8.5,5）、（8.5,11），输入完毕后鼠标右击选择"Done"命令完成设置，具体如图 7-17 所示，可以看到，双圆圈表示结合边界两端张开。注意：对于"Stage 2""Stage 3""Stage 4"，结合边界显示为深橙色，表示已激活；对于"Stage 1"，结合边界显示为浅橙色，表示并未激活，如图 7-18 所示。

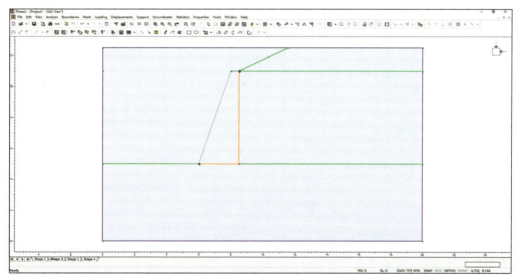

图7-17　"Stage 2"及后续阶段结合边界已激活状态

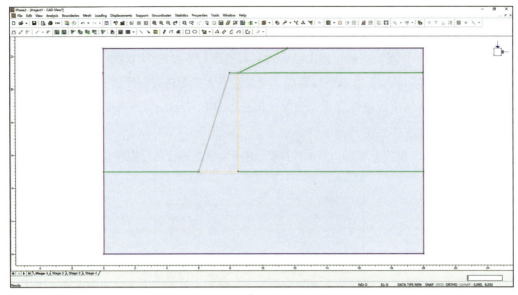

图7-18 "Stage 1"结合边界未激活状态

⑧ 单击主界面左下角"Stage 1"将阶段切换至第一阶段，点击主界面菜单栏中"Boundaries"—"Edit"—"Add Vertices"或"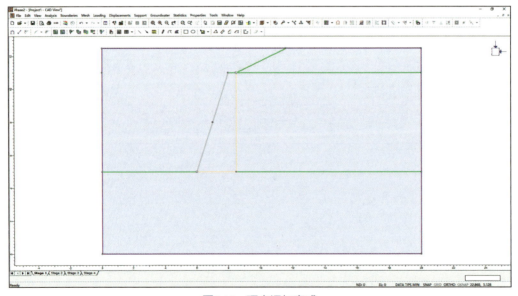"图标添加一个顶点，在右下角"Enter vertex on boundary"中输入点位（7,8），点击"回车键"，创建顶点以进行后续测压线边界布置，如图 7-19 所示。

图7-19 顶点添加完成

⑨ 点击主界面菜单栏中"Boundaries"—"Add Piezometric Line"或"▦"图标设置测压线边界。依次在右下角 Enter vertex 框中输入点位（0,8）、（7,8）、（8.5,5）

和（20,5），输入完毕后鼠标右击选择"Done"命令完成设置，此时软件弹出"Assign Piezometric Line to Materials"窗口，如图 7-20 所示，单击选中"Foundation"复选框，表明地基会受到测压线边界的影响，点击"OK"，完成测压线边界的布置，具体如图 7-21 所示。

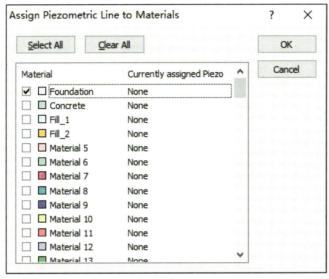

图7-20 "Assign Piezometric Line to Materials"窗口

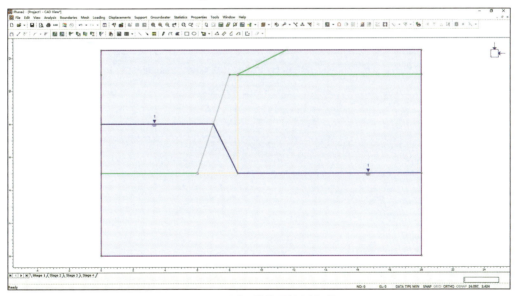

图7-21 测压线边界绘制完成

⑩引入池塘静水压力出现在"Stage 3"，故测压线边界在"Stage 1""Stage 2"应处于未激活状态。点击主界面菜单栏"Properties"—"Define Hydraulic"或"⬛"图标，进入"Define Hydraulic Properties"窗口，如图 7-22 所示，对测压线边界进行

激活。选中"Foundation",针对地基材料勾选"Stage Piezo Lines"复选框,点击"Add Stage",在窗口主界面中添加阶段,对于"Stage 1""Stage 2",无须测压线边界,故图中"Stage 1"(表示"Stage 1"至下一添加阶段前所有阶段)对应"Piezo #"设置为"None";对于"Stage 3"和"Stage 4",需要测压线边界,故图中"Stage 3"(表示"Stage 3"后全部阶段)对应"Piezo #"设置测压线边界"1",其余参数保持默认,设置完毕后点击"OK"完成。此时"Stage 1""Stage 2"测压线边界呈浅蓝色,表示处于未激活状态,"Stage 3""Stage 4"测压线边界呈深蓝色,表示处于已激活状态,如图 7-23 和图 7-24 所示。至此几何模型建立完毕。

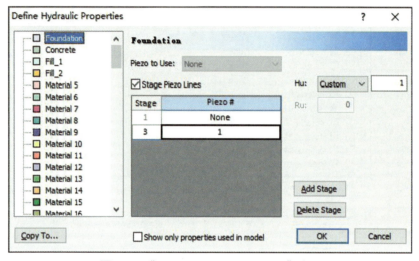

图7-22 "Define Hydraulic Properties"窗口

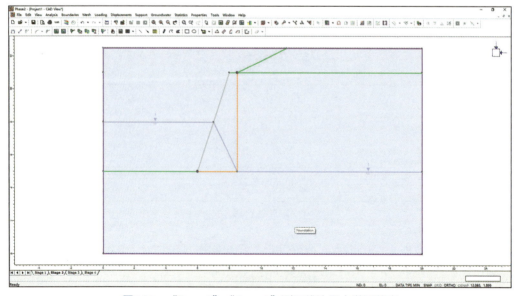

图7-23 "Stage 1""Stage 2"测压线边界未激活状态

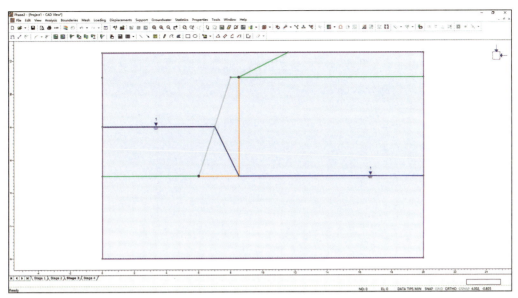

图7-24　"Stage 3"　"Stage 4"测压线边界已激活状态

7.4.1.3　剖分单元

Phase2 单元剖分过程一般分为两步：① 整个模型的离散化，即将已建立好的各种模型边界用离散点分隔成一条条线段，由这些划分线段的点和被划分的线段构成有限元网格的框架；② 在离散化的基础上划分单元，Phase2 仅需用户对模型单元网格进行宏观设定，后续单元的剖分及单元编号、节点编号均可完全自动进行，宏观设定的内容包括单元类型选择、剖分方式确定等方面。

1. 单元类型

针对土体或采用实体置换形式模拟的结构物（如本算例中的挡土墙）的离散，Phase 2 提供了四种不同类型的单元供用户进行选择，包括 3 节点三角形单元、6 节点三角形单元、4 节点四边形单元和 8 节点四边形单元，如图 7-25 所示。

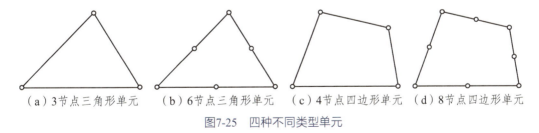

（a）3节点三角形单元　（b）6节点三角形单元　（c）4节点四边形单元　（d）8节点四边形单元

图7-25　四种不同类型单元

2. 单元剖分方式

Phase2 给出了三种不同的单元剖分方式以应对不同的工况：

（1）均匀剖分（Uniform Mesh）。均匀剖分方式保证了模型中单元尺寸基本相近，其单元尺寸由离散点分布和个数以及用户给定的一个大致单元数（Approximate Number of Mesh Elements）决定。需要注意的是，这个"大致单元数"是一个近似数字。单元剖分后，生成的实际单元数将显示在状态栏中，通常与用户输入的"大致单元数"略有不同。图 7-26 为均匀剖分示意图。

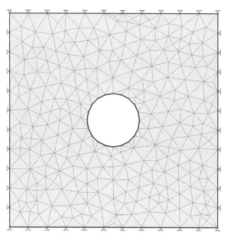

图7-26　均匀剖分示意

（2）渐变剖分（Graded Mesh）。渐变剖分方式（见图 7-27）主要是针对开挖施工的情况，在有开挖边界的情况下，这种剖分方式使得由外边界向开挖边界单元尺寸越来越小，从而可保证开挖周边的单元相对密集，计算结果更加精确，而模型外边界附近无须重点关注的地方又不至浪费机时和存储。这种剖分方式的单元尺寸由渐变因子（Gradation Factor）和开挖边界上的离散点数 N_E（Default Number of Nodes on All Excavation）决定。其中渐变因子被定义为开挖边界上离散的平均长度与挖掘边界最大距离的外部边界离散长度之比。不难理解，当渐变因子取 1 时，实际上等同于进行均匀剖分。图 7-27 为渐变剖分示意图。

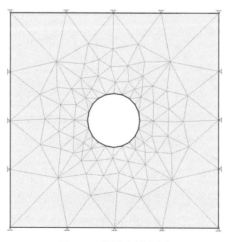

图7-27　渐变剖分示意

（3）径向剖分（Radial Mesh）。径向剖分主要用于圆形以及椭圆形的对称挖掘。这种剖分方式的单元尺寸由膨胀因子（Expansion Factor）和开挖边界上的离散点数（Number of Excavation Nodes）决定。这种单元剖分形式有严格的条件限制，其外边界为圆形，只适用于单个开挖的情况，且无法应用于存在材料边界、阶段边界和结合边界的情况。图 7-28 为径向剖分示意图。

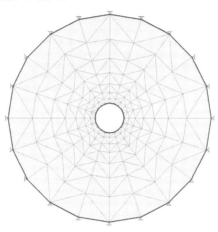

图7-28　径向剖分示意

对于本算例而言，由于不涉及开挖，故直接选择均匀剖分即可。

3. 单元质量评价和单元质量优化方式

Phase2 软件可在单元剖分完毕后自动对单元的质量进行评价。程序内嵌有三个判别单元质量的条件：最大边长与最小边长之比不大于 30、最小内角不小于 2° 和最大内角不大于 175°（注意这些判断网格质量条件的数值可由用户自行确定），只要有其中一项不满足，那么该单元就会被视为"质量差"。请注意，这三个标准并不独立，主要标准是最小内角，因为长薄单元始终至少有一个较小的内角，但不一定有较高的边长比或较大的最大内角。用户可通过软件菜单栏中"Mesh"—"Mesh Quality"以检查单元的剖分质量情况。

单元剖分质量差可能有多种不同的原因，如多个单元之间的顶点彼此非常接近、模型边界的分级离散化较差（粗离散化边界紧邻精细离散化边界）、模型几何边界存在几乎平行的边界等。欲优化所生成的质量较差的单元，一般可通过以下两种方式：

（1）变更离散化密度。自定义变更离散化密度只能在软件自动完成离散化后、单元剖分之前使用，如单元已经存在，则应当删除剖分好的单元重新进行剖分。更改离散化密度的方式有两种：一是直接给定对应边界上离散化点的个数；二是给定一个系数，该系数将用于乘以每个选定线段上的现有离散化数。该操作可通过点击菜单栏中"　　　▼"—"Increase Discretization Density"实现。

（2）局部增加单元密度。局部增加单元密度应当在软件对单元完成了自动剖分后进行，单元密度的增加并不会对边界上的离散情况产生影响。用户可通过菜单栏中"⬛ ▼"—"Increase Mesh Element Density"，鼠标选定某一具体闭合区域完成该操作。在选定区域内，每个有限元的中心会自动插入一个新节点，然后生成一个新的网格。

从经验上来说，如需优化边界附近的单元质量，一般选择对离散化的密度进行变更；如需优化几何模型内部的单元质量，则应选择局部增加单元密度。

单元剖分具体操作步骤如下：

（1）点击主界面左下角阶段窗口，将阶段定于位置"Stage 1"，点击主界面菜单栏"Mesh"—"Mesh Setup"或"⬛"图标，在弹出窗口对网格划分进行设置，如图 7-29 所示。将网格类型"Mesh Type"设置为统一"Uniform"，单元类型"Element Type"选择为 3 节点三角形单元"3 Noded Triangles"，大致网格单元数目"Approximate Number of Mesh Elements"取默认值 1 500。

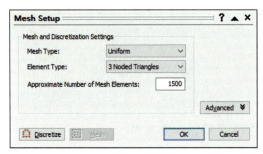

图7-29 "Mesh Setup"窗口

（2）上述设置完毕后，点击图 7-29 左下角的"Discretize"，软件自动对所建立模型进行离散化，离散化完成后主界面模型如图 7-30 所示。

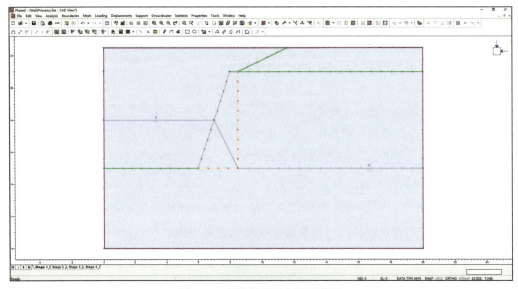

图7-30 离散完成后主界面模型

（3）点击主界面菜单栏"Mesh"—"▨ Mesh"或"▨"图标对网格进行划分，划分完毕后主界面模型如图 7-31 所示。图 7-31 右下方可看到软件自动划分的网格共计节点（ND）709 个，单元（EL）1 281 个。

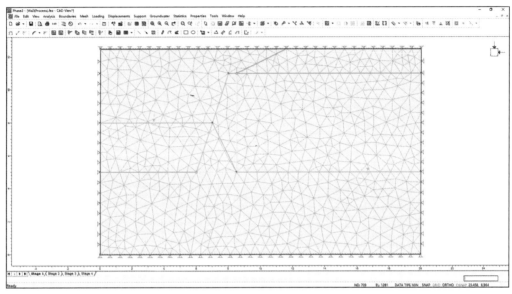

图7-31　单元剖分完毕

（4）点击主界面菜单栏"Mesh"—"Mesh Quality"—"Show Mesh Quality"或"▨"图标，即可查看单元剖分质量，如图 7-32 所示。可以看到此时并不存在质量差的单元，单元的剖分合理，故无须重新变更离散化密度或局部增加单元密度。

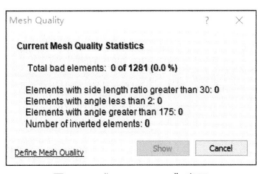

图7-32　"Mesh Quality"窗口

7.4.1.4　根据阶段激活材料模型

单元剖分完毕后，此时全模型区域均默认材料类型为材料设置中排在第一位的材料"Foundation"，这与实际情况并不符合。为体现动态施工过程，不同阶段材料对应的材料激活应当并不相同。具体操作如下：

（1）对于"Stage 1"，实际只存在地基，对于除地基外的区域，应将赋予的材料清空。

分别鼠标右击地基以上的封闭区域，选择"Assign Material"—"0.Excavate"将对应区域进行清空，清空完毕后"Stage 1"对应网格划分结果如图 7-33 所示，共计节点（ND）286 个，单元（EL）490 个。

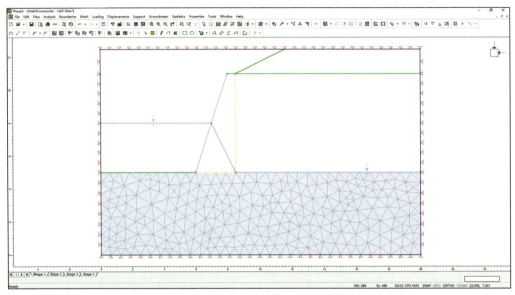

图7-33　"Stage 1"材料模型激活示意

注意在各阶段材料赋予的过程中，阶段越靠前优先级越高，在该阶段的调整会直接影响到后续阶段。就本例而言，"Stage 1"设置完毕后，点击左下角"Stage 2"进入阶段二，如图 7-34 所示，可以看到"Stage 2"延续了"Stage 1"进行的布置而非保持图 7-31 所示的刚划分完网格对应的模型图。

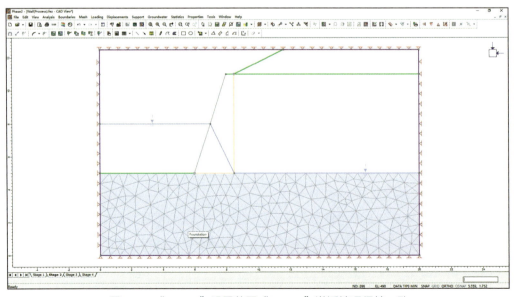

图7-34　"Stage 2"设置前同"Stage 1"激活情况保持一致

（2）阶段二完成了挡土墙和墙后第一层填土的施工，故应为挡土墙和墙后第一层填土处赋予材料。由图 7-34 可见，在赋予材料前，"Joint 1"呈浅橙色，表示处于为未激活状态。鼠标分别右击挡土墙区域和墙后填土区域，分别选择"Assign Material"—"2.Concrete"和"Assign Material"—"3.Fill_1"，将对应材料赋予对应区域，如图 7-35 所示。完成操作后"Joint 1"呈深橙色，表明"Joint 1"处于激活状态。"Stage 2"共计节点（ND）509 个，单元（EL）903 个。

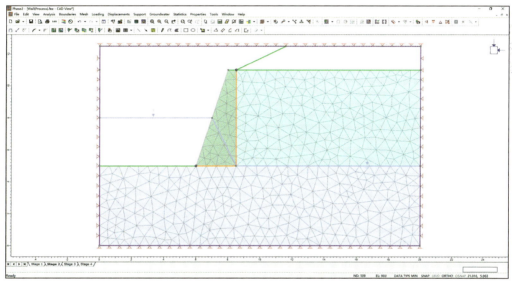

图7-35　"Stage 2"材料模型激活

（3）阶段三引入池塘静水压力，故在施加水荷载前应当同"Stage 2"图形基本保持一致，差别仅表现在水压线有无激活，如图 7-36 所示。"Stage 3"共计节点（ND）509 个，单元（EL）903 个。

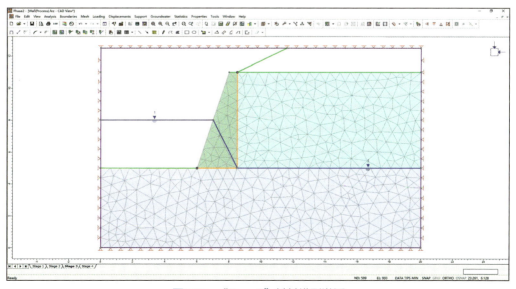

图7-36　"Stage 3"材料模型激活

（4）阶段四完成了墙后第二层土填筑，故应为墙后第二层填土区域赋予材料。点击左下角"Stage 4"进入阶段四，鼠标右击墙后第二层填土区域，选择"Assign Material"—"4.Fill_2"，将 Fill 2 材料赋予对应区域，如图 7-37 所示。"Stage 4"共计节点（ND）562 个，单元（EL）1 006 个。至此各阶段材料设置完毕。

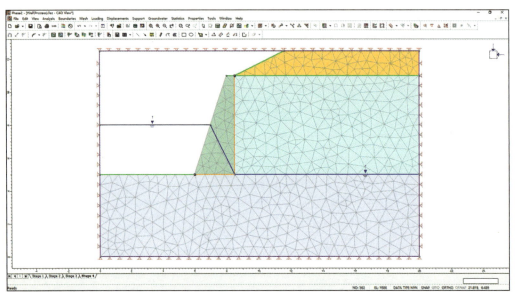

图7-37　"Stage 4"材料模型激活

7.4.1.5　施加位移边界条件

Phase2 软件中，只有在网格建立完毕后才可对模型的位移边界条件进行设定，默认情况下，所有约束均显示在外边界的离散点上，表现为完全约束。就本算例而言，对于模型上侧，实际并无约束；对于下侧，地基下视为基岩，故应为完全约束；对于右侧，允许出现竖向变形，不可出现水平位移，故应为 x 方向约束；模型左侧下方地基处则设定为 x 方向约束，而上方悬空自由部分应保持无约束。

对比图 7-30 和图 7-31，在软件自动对单元进行剖分后，每个外边框离散点上均对应一个完全约束的三角符号。需要注意的是，不同于材料赋予，无论在哪个阶段设置边界条件，其余阶段边界条件均会同该阶段保持一致。边界条件设置具体操作如下：

（1）这里不妨选取"Stage 1"进行边界条件设置。对于上边界，鼠标右击选中边框，选择"Free Restraints"完成设置，或点击主界面"⬛"图标，再选中对应边界，右键"Done Selection"完成设置，上边界设置完毕后如图 7-38 所示。

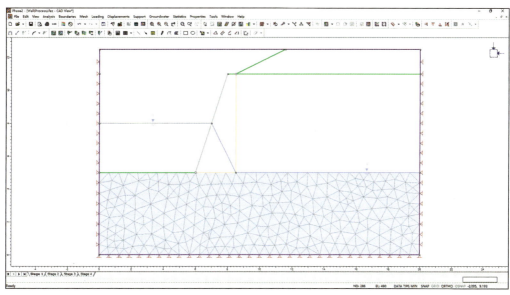

图7-38　上边界设置

（2）对于右侧边界，鼠标右击选中边框，选择"Restrain X"完成设置，或点击主界面"◆"图标，再选中对应边界，右键"Done Selection"完成设置，右侧边界设置完毕后如图 7-39 所示。

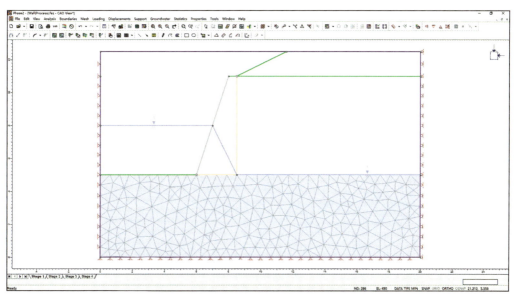

图7-39　右边界设置

（3）对于左侧边界，地基以上并无约束，故采取和上边界相同的设置方式；而地基处，采用和右侧边界相同的约束方法，选择"Restraint X"完成设置，左侧边界设置完毕后如图 7-40 所示。

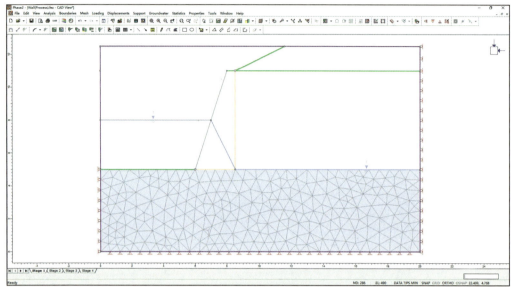

图7-40　左边界设置

（4）对于下边界，尽管默认情况全约束是符合条件的，但是两个角点在左右侧边界设置时发生了变化（角点默认哪一侧边界设置后和其保持一致），故还需鼠标右击选中下侧边界选择"Restrain X Y"完成设置，或点击主界面" ▲ "图标，再选中对应边界，右键"Done Selection"完成设置，当然也可以选中角点单独设置边界。最终下边界设置完毕后如图 7-41 所示。

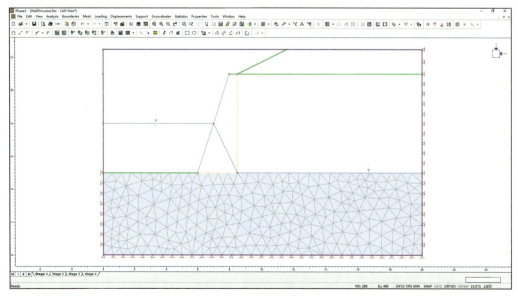

图7-41　下边界设置

7.4.1.6　设置荷载

1. 初始场应力（Field Stress）设置

关于初始应力的设置，Phase2 给出了两种不同的形式。一是恒定场应力（Constant Field Stress），这种多用于应力场不随位置和深度变化的情况，如相对位置较深（远离地表）的开挖；二是重力式应力场（Gravity Field Stress），这种应力场用于定义随深度变化的原位应力场，通常用于地表或近地表开挖。就本算例而言，显然应当选择重力式应力场。

由于本算例在开始施工前不存在水对地基的影响，即不存在孔隙水压力，故理论上计算得到的土体总应力等同于有效应力。初始应力的计算方式如下：

$$\sigma_V = \gamma_F h \tag{7-1}$$

$$\sigma_H = K\sigma_V \tag{7-2}$$

式中：σ_V 为垂直总应力；γ_F 为地基重度，本算例对应重度为 27 kN/m^3；h 为计算点距地表深度；σ_H 为水平总应力；K 为总水平应力和垂直应力之比，由材料本身的情况决定，本算例取 1。

如以地基 5 m 处深度为例，即不难得到 5 m 深处 σ_V 和 σ_H 的计算结果均为 135 kPa。

场应力设置具体操作：点击主界面菜单栏"Loading—Field Stress"进入"Field Stress Properties"窗口（见图 7-42），选择场应力类型"Field Stress Type"为重力"Gravity"，紧接着选择"Use actual ground surface"，具体参数保持默认值，点击"OK"完成场应力相关设置。

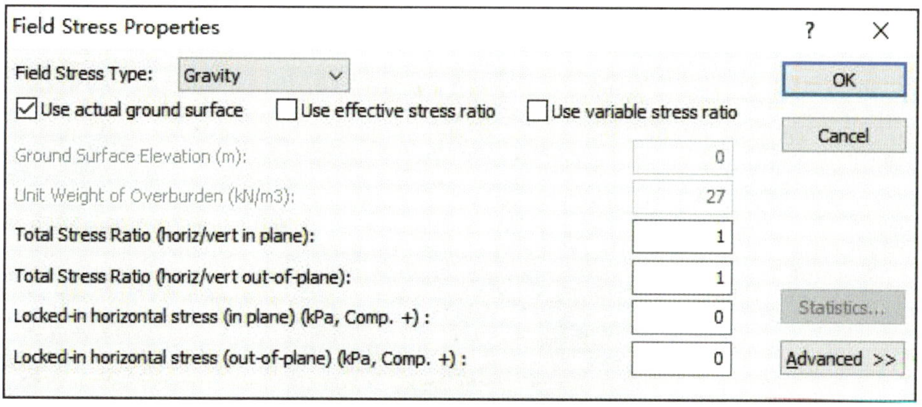

图 7-42　"Field Stress Properties"窗口

2. 水压力（Ponded Water Load）设置

在阶段三引入池塘后，反映在模型上即表示为静水压力。水压力的大小可以通过手算得出，作用在地基上的水压实际上是一个大小为 $3 \times 9.81=29.43$ kPa 的均布荷载，而作用在挡土墙上的水压计算同理，只不过需要涉及力的合成与分解。Phase2 给出了便捷设置水压力的操作，具体如下：

点击主界面左下角将阶段切换至"Stage 3"，点击菜单栏"Loading"—"Distributed Loads"—"Add Ponded Water Load"进入图 7-43 所示的界面，设置水头"Total Head"为 8m；选中"Stage Load"复选框，点击"Stage Total Head…"，在图 7-44 所示的窗口中选中"Stage 3""Stage 4"对应的复选框，表示水荷载出现在阶段三和阶段四，两次点击"OK"，返回主界面，选中图 7-41 中位于水下的地基材料边界和挡土墙阶段边界[注意：若未在建立几何模型过程中额外在（7,8）处设置顶点，则无法选中挡土墙水下阶段边界，只能选中整个挡土墙阶段边界]，鼠标右击"Done Selection"，完成水压力设置，这时软件会自动计算出水压力结果并显示在图 7-45 所示的界面上。此时前序阶段没有水压力，如图 7-46 所示。至此前处理过程设置完毕。

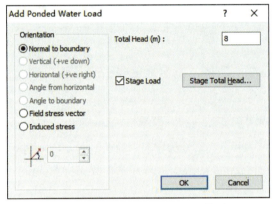

图7-43　"Add Ponded Water Load"窗口

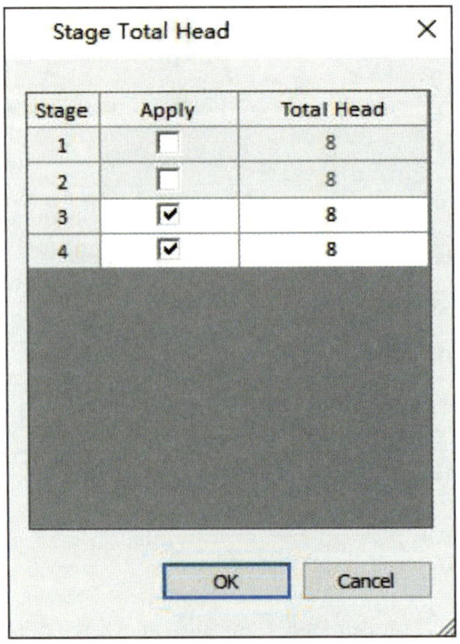

图7-44　"Stage Total Head"窗口

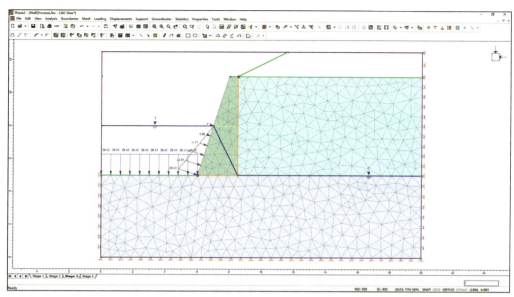

图7-45　　"Stage 3"和"Stage 4"水压力处于激活状态

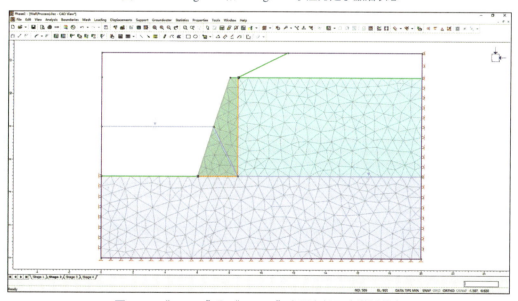

图7-46　　"Stage 1"和"Stage 2"水压力处于未激活状态

7.4.2　计算求解

待前述前处理所有环节设置完毕后，点击主界面菜单栏中"Analysis"—"Compute"或"　　　"图标，保存文件为 wall.fez，Phase2 软件即开始对模型执行计算。图 7-47 为计算过程中所示窗口。

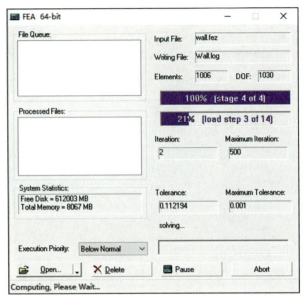

图7-47　计算过程

由图7-47可以看出，整个计算过程可视，主要显示了迭代计算和有限元单元的有关动态信息，且随时可以对计算过程进行暂停和终止。因本算例模型和单元划分并不复杂，故实际计算机时非常短。

7.4.3　后处理

计算完成后，点击主界面菜单栏"Analysis"—"Interpret"进入Phase2输出主界面，如图7-48所示。主界面默认显示"Stage 1"地基中的最大主应力（Sigma 1）分布云图。

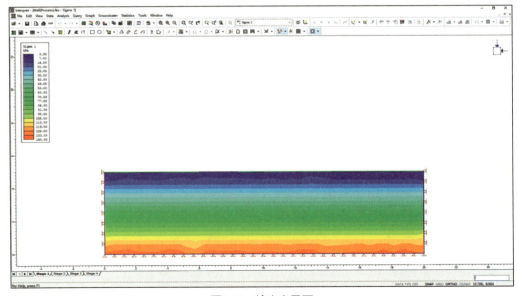

图7-48　输出主界面

鼠标左键单击输出主界面菜单栏"Sigma 1"显示框，在弹出的其他选项中选择"Total Displacement"，得到总位移分布云图，如图 7-49 所示。由于"Stage 1"实际为初始阶段，有限元场应力处于平衡状态，因此地基土层中位移为 0。

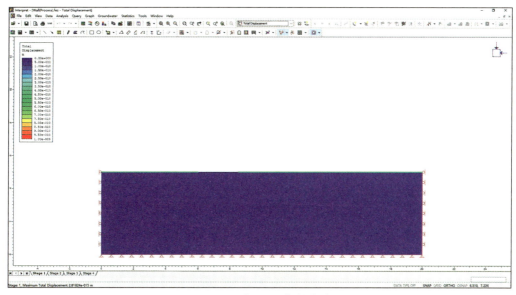

图7-49　"Stage 1"总位移云图

点击主界面左下角"Stage 2"，将总位移分布云图视角切换到阶段二，如图 7-50 所示。可见墙后填土在自重的影响下变形显著，墙后填土的最大总位移出现在靠近挡土墙的填土表面处，最大总位移数值显示在主界面左下角，大致为 0.010 236 m。相比之下，由于挡土墙由刚度大的混凝土圬工材料建成，故其自身受重力荷载的影响相对较小，位移很小。

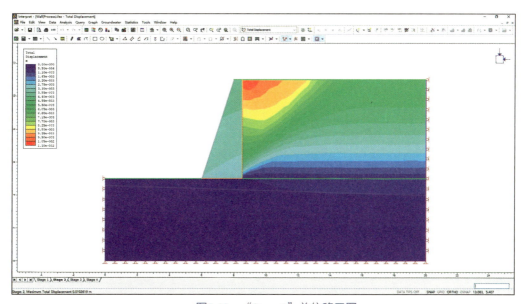

图7-50　"Stage 2"总位移云图

不妨点击输出主界面菜单栏中"▢"图标，得到具体的位移边界（见图 7-51），以更直观地体现位移变化情况。可以看到，墙后填土经自身压密沉降后土体表面高度低于挡土墙墙高，挡土墙被推向外侧并产生了一定的逆时针旋转。点击输出主界面菜单栏中"▢"图标，显示已屈服结合边界，如图 7-52 所示，整个垂直结合边界变为红色，说明连接处的整个部分已经发生相对错动，进而也从侧面表明沿着垂直结合边界的土体滑动是造成挡土墙位移的原因。

需要注意的是，挡土墙与墙后填土共同接触点在结合边界的影响下允许出现相对位移，如在建模时未设置结合边界，则会得到图 7-53 所示的计算结果，这显然是不合理的。

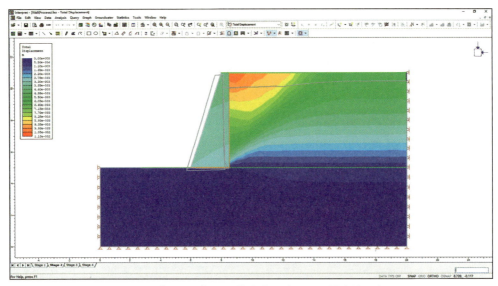

图7-51　"Stage 2"显示位移边界（设置了结合边界）

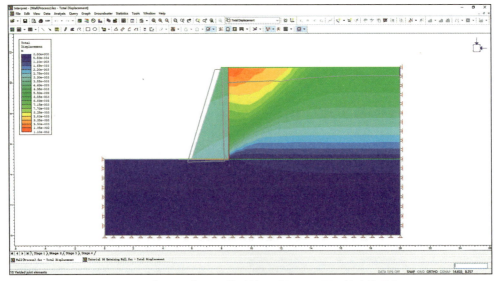

图7-52　"Stage 2"显示位移边界（显示已屈服结合边界）

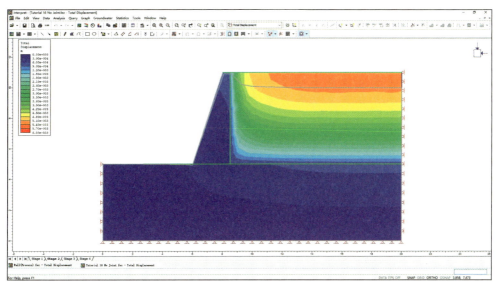

图7-53 "Stage 2"显示位移边界（未设置结合边界）

　　点击主界面左下角"Stage 3"将总位移分布云图视角切换到阶段三，如图 7-54 所示。可以看到位移变化同阶段二相比并不明显。为更清楚地看到其中变化，可通过点击主界面菜单栏"Data"—"Stage Setting"，在弹出窗口设置参考阶段位移为"Stage 2"，如图 7-55 所示，点击"OK"，即可得到相对阶段二的位移情况，如图 7-56 所示。从图 7-56 中不难看出，挡土墙底部在水荷载的作用下，又被向右回推，逆时针旋转角度进一步增加。

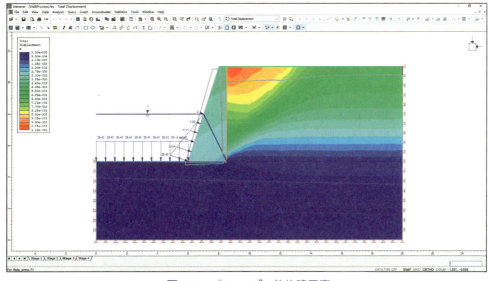

图7-54 "Stage 3" 总位移示意

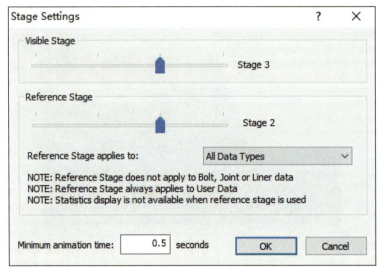

图7-55 "Stage Settings"窗口

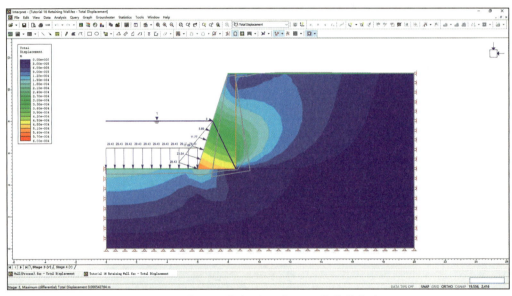

图7-56 "Stage 3"相对于"Stage 2"的总位移

点击主界面左下角"Stage 4"将总位移分布云图视角切换到阶段四,如图7-57所示。随着路堤土的填筑,挡土墙再次被向左推动,继续在逆时针方向上发生一个微小的旋转。

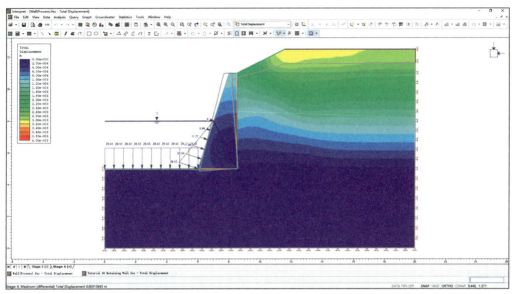

图7-57　"Stage 4"相对于"Stage 2"的总位移

7.5　本算例电算实施关键之处的再回顾

本算例体现了材料非线性、土 - 结构相互作用、动态施工力学行为等路基结构有限元电算特色。再次全程回顾前述运用 Phase2 程序开展电算的具体流程，以下几方面的关键技术可值得借鉴：

（1）该算例显然可简化为平面应变问题，无须开展 3D 分析，且无对称性可利用，需按全结构建立模型。电算分析的主旨在于探究重力式挡土墙及周围土体的受力、变形情况，故确定模型几何范围时应以重力式挡土墙为中心，谨慎确定模型的左侧、右侧、底侧分别距挡土墙的距离。

（2）重力式挡土墙未采用结构性单元，而直接采用实体置换的形式，借助 3 节点三角形单元对模型中的土体、挡土墙予以离散。在墙背、墙底引入结合边界（Joint），墙顶与填土结合处、墙趾与地基结合处设置为张开（open）模式，从而较为细致地模拟土 - 结构之间的相互作用。

（3）模型的边界仅考虑了位移边界条件，应注意模型左下角、右下角两处位移边界的特殊处理；初始场应力考虑为由水平地基生成的重力式应力场（需注意将"Foundation"的"Initial Element Loading"选定为"Field Stress & Body Force"）；通过引入阶段（Stage），模拟了挡土墙建造与墙后第一层土体填筑、池塘水压力施加、墙后第二层土体填筑等动态力学行为。

（4）模型中考虑的荷载包括挡土墙及墙后第一层土体的自重、墙后第二层土体的自重、池塘水压力，前二者均为体力（需注意将"Concrete""Fill_1""Fill_2"的"Initial Element Loading"均选定为"Body Force Only"），后者则为面力，图 7-19 增设顶点（7,8）是为了方便后续水压力的施加。

（5）算例实施时绘制了 20 m × 12.5 m 的矩形状外部边界，其实模型外部边界也可设定为图 7-58 非矩形状的外部边界（仅为模型的外轮廓），此时同样通过菜单栏"Loading"—"Distributed Loads"—"Add Ponded Water Load"施加水压力，获得正确解答。

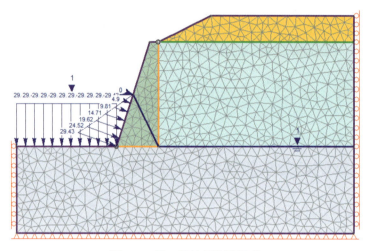

图7-58　另一种外部边界形式

关于利用 Phase2 程序开展路基挡土墙电算分析更多的应用性研究，还可参考文献 [2] 和文献 [3]。

参考文献

[1] ROCSCIENCE INC. Phase2 v8.0 tutorial manual-retaining wall tutorial[Z]. Rocscience Inc., 2013.

[2] 蒋鑫，陈滔，吴玉，等. 衡重式挡土墙外倾对山区公路拓宽路基沉降的影响[J]. 湖南大学学报（自然科学版），2016，43（9）：136-143.

[3] 蒋鑫，陈滔，吴玉，等. 刚性挡土墙拓宽加筋路基稳定性演变数值模拟[J]. 西南交通大学学报，2018，53（5）：1000-1008.

路基结构有限元电算技术应用实例

8.1 概 述

本章拟以软土地基路堤为背景，阐述前述路基结构有限元电算技术在实际工程中的应用。重点讨论两个问题：一是分析宽路堤作用下软土地基的沉降特性[1]，二是开展软土地基高速公路路基拓宽塑料排水板与粉喷桩处治的比较[2]。这些电算工作均采用 PLAXIS 程序完成。通过这两个具体应用实例的介绍，读者可进一步体会到路基结构有限元电算技术的独到优势、实施要点及注意事项等，本章末还明确指出了两个实例电算实施中的若干关键之处。

8.2 宽路堤作用下软土地基沉降特性

8.2.1 研究背景

随着各国经济迅速发展，交通量迅猛增加，为适应交通量的需求，八车道甚至十车道以上的高速公路日益增多，路基面宽度达数十米甚至上百米，需要道路工程师对此类宽型路堤给予更多的关注。欲建成宽型路堤，可采取两种方式：一是在原有窄路堤的基础上进行拼接式拓宽[3-5]，目前已有不少研究者给予了相应关注，其理论研究相对较为成熟；二就是直接一次性新建为宽型路堤，注意到新建宽路堤不同于路基拓宽，并没有旁侧老路堤的约束、影响，其沉降特性等有异于路基拓宽情况。并且如果一次性建成的宽型路堤设计修建于软土地基之上，除地基土体软弱、压缩性高、渗透性差之外，占地面积大、填方多、投资大，路堤沉降变形、稳定安全性等更需值得关注，一旦发生路堤失稳、工后沉降超限等严重后果，所造成的经济损失和社会影响均不容忽视。

软土地基新建宽路堤工程目前已广泛存在于公路、铁路、地铁、机场等行业[6]。其中公路行业宽路堤主要体现在多车道高速公路，如中国深圳水官高速公路（中国首条双向十车道高速公路）、厦漳同城大道（厦门至漳州，主道双向八车道、辅道双向六车道，为福建省车道最多的无高架公路）等；对于铁路行业，其区间路堤宽度一般较小，宽路堤主要分布于站场工程，如京沪高速铁路济南西客站（全长 3 000 m，中心路堤宽 200 m，站场范围内均为深厚松软地基）；而地铁等城市轨道交通工程的宽路堤主要存在于车辆段，如广州地铁车辆段（工点软土厚度一般为 2~14 m，最厚达到 17 m，路堤宽度一般为 52~72 m）；同时因宽体飞机自身特点，机场行业的跑道、滑行道、停机坪、站坪等都大量分布着宽路堤，如深圳机场（边长超过 400 m，软土厚 4~6 m）。

稳定性验算、沉降计算和地基处理是软土地基路堤设计的几大主要工作。从公路行业技术规范层面看，我国的《公路工程技术标准》（JTG B01—2014）尚未明确给出车道数超过八车道之后的公路路基宽度，自然更无法对此类宽路基设计、施工等提供切实的技术标准。《公路软土地基路堤设计与施工技术细则》（JTG/T D31-02—2013）、《公路路基设计规范》（JTG D30—2015）等尽管设有专门章节对软土地基路堤设计给予了若干规定，但这些规范并未明确回答当路堤宽度达到一定数值后，其力学行为、设计技术是否发生根本性变化、如何发生变化等问题。

意识到软土地基新建宽路堤工程的诸多挑战性，不少研究者尝试基于现场观测或模型试验对其沉降行为予以探索。黄生根等 [7] 开展了京珠高速公路新乡—郑州段第 9 合同段（以粉质黏土、粉土为主）K60+430（路基面总宽度 99.0 m，采用搅拌桩处治）、FK0+190（路基面总宽度 36.0 m，采用碎石桩处治）等 2 个断面的现场变形观测；栾光日等 [8] 开展了京沪高速铁路济南西客站（全长 3 000 m，中心路堤宽 200 m，站场范围内均为深厚松软地基，采用 PHC 管桩、CFG 桩复合地基处理）的现场试验；申益民 [9] 开展了广州地铁车辆段工点（软土厚度一般为 2~14 m，最厚达到 17 m，路堤宽度一般为 52~72 m）超宽路堤软土地基沉降及变形规律的离心模型试验；Zhang Limin[10] 则开展了深圳机场站坪（袋装砂井处理面积 $17.9 \times 10^4 \, m^2$，边长超过 400 m，软土厚 4~6 m）的现场实测。

考虑到实际工程的安全实施，以上试验对象多为已经进行地基处理后的非天然地基，而未经地基处理的工况才是后续科学设计的前提、基础；同时，这些试验周期长、费用高、组织实施困难，所选取的断面、测点及所测试的力学响应指标均相当有限。这无疑表明尚需充分利用现代数值模拟手段对此进行更深入的分析。蒋鑫等 [3] 采用 PLAXIS 有限元软件，初步分析了一次性新建而成的窄路堤、宽路堤以及拓宽而成的宽路堤地基面沉降、路堤表面沉降及路堤坡脚处侧向位移的变化规律，但未考虑软土地基固结沉降过程中渗透系数的变化。蒋鑫等 [11] 采用平面变形、空间渗流有限元程序 PDSS，初步讨论了路基顶面宽度参数对软基沉降特性的影响，但本构模型仅简单地视为理想线弹性。陈建峰等 [12] 分析了宽路堤软土地基表面沉降规律，但仅将路堤视为荷载，未考虑路堤与地基之间的相互作用、协调变形，且本构模型为理想线弹性；陈建峰等[13]采用有限元程序分析了施工期路堤填土高度、刚度等参数与地基表面沉降、水平位移之间的关系，但未关注其工后变化规律。毛成等[14]在软土地基宽路堤有限元模拟中则未考虑土体的塑性行为，本构模型为弹性非线性。

综合前人所开展的工作，不难看出，软土地基新建宽路堤深入的理论研究明显存在不足，理论研究远滞后于工程实践。基于此，本节采用岩土工程专业有限元软件PLAXIS，对软土地基宽路堤沉降特性开展全方位、全过程的探究，重点比较宽、窄路堤沉降行为的差异性，从而为宽路堤的设计、施工提供科学指导。

8.2.2　有限元模型的建立

8.2.2.1　几何模型

参考蒋怡[15]所开展的工作，假定地基深度取 19 m，由上至下由 14 m 厚的淤泥质黏土和 5 m 厚的密实砂土组成；路堤高度为 4m，边坡坡度为 1：1.5，路基宽度分别为45 m、12 m，即分别对应我国高速公路双向八车道路基、二级公路双向两车道路基。

8.2.2.2　本构模型及材料参数

软土作为一种特殊土，在数值模拟中，需慎重考虑软土本构模型，以科学描述软土的力学性状。本节中淤泥质黏土、密实砂土、路堤填料均采用 PLAXIS 软件中内嵌的理想弹性 - 塑性模型（Mohr-Coulomb 模型），该模型发展较完善、应用范围较广。

参考蒋鑫[3]所开展的工作，各土层的具体参数如表 8-1 所示。由于淤泥质黏土渗透系数较小，将其视为不排水材料，同时将淤泥质黏土水平向、竖向渗透系数取值不同，以考虑渗透性的各向异性。注意到随着软土地基的固结，淤泥质黏土不断压密，其渗透性能动态变化，依据式（8-1）针对淤泥质黏土的渗透系数予以适当调整。

$$\lg\left(\frac{k}{k_0}\right) = \frac{\Delta e}{c_k} \tag{8-1}$$

式中：$\Delta e = e - e_0$，e_0 为初始孔隙比，e 为考虑固结后的孔隙比；k_0 为初始渗透系数；k 为考虑固结后的渗透系数；c_k 为渗透系数变化率，一般取初始孔隙比的一半，即 $c_k = 0.5e_0$，对于密实砂土与路堤填土，均视为排水性材料，渗透系数也较淤泥质黏土大，且取 c_k 足够大，即假定渗透系数不予调整[16]。

表8-1 土层材料参数

项目		单位	土层类型		
			密实砂土	淤泥质黏土	路堤填土
材料模型		—	Mohr-Coulomb	Mohr-Coulomb	Mohr-Coulomb
材料类型		—	排水	不排水	排水
材料参数	弹性模量E	MPa	60.0	1.5	13.0
	泊松比v	—	0.33	0.32	0.3
	不饱和重度γ_{unsat}	kN/m³	21.5	15.0	19.0
	饱和重度γ_{sat}	kN/m³	22.0	18.0	20.0
	水平渗透系数k_x	m/d	1.0	0.000 5	1.0
	竖向渗透系数k_y	m/d	1.0	0.000 4	1.0
	黏聚力c	kPa	1.0	30.0	31.0
	内摩擦角φ	°	38.0	18.0	25.0
	孔隙比e_0	—	0.5	1.4	0.5
	渗透系数变化率c_k	—	1.0×10^{15}	0.7	1.0×10^{15}

8.2.2.3 有限元网格划分

采用高精度的15节点三角形单元离散模型,如图8-1所示,该单元包含12个应力点。网格密度全局设定为"中等",同时为了更加准确地描述路堤坡脚处地基侧向位移的分布情况,建模时有意在坡脚处地基内添加垂线,网格自动划分时在该线上将产生若干节点,并沿该线加密网格两次。

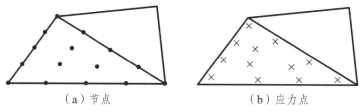

（a）节点　　　　　　　　　（b）应力点

图8-1 15节点三角形单元

8.2.2.4 边界条件及初始条件

利用PLAXIS开展软土路基固结分析时需设定位移边界和固结边界。考虑到结构的对称性,取右半结构建立模型,并视为平面应变问题予以分析。模型建立时,坐标原点取在路堤中心线地表处，并分别定义水平向右、垂向向上为 x 轴、y 轴的正方向。为了便于计算结果的比较，并尽量避免边界条件的影响，宽、窄路堤两个模型沿 x 方向的尺寸均取 100 m。

模型的左侧为对称轴，显然其水平向位移为 0，且不透水，故在该侧设置水平向位移约束、竖向位移自由的位移边界和封闭型的固结边界；模型右侧也视为水平向位移约束、竖向位移自由的位移边界和封闭型的固结边界；模型底侧水平向、竖直向位移均约束，同时因为密实砂土，固结边界设定为开放型（即透水）；模型的上表面自由。

地下水位线设置在地表，即 $y=0$ 处。创建几何模型并剖分有限元网格后，生成初始应力状态，包括初始静水压力和初始有效应力场，其中初始有效应力场的生成采用 K_0 过程。所建立的宽、窄路堤数值模型详见图 8-2。

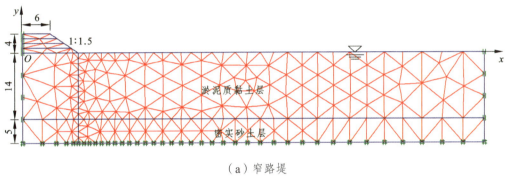

（a）窄路堤

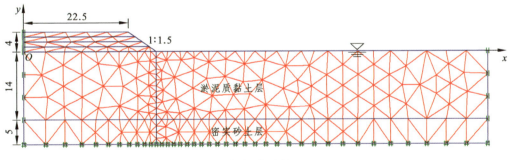

（b）宽路堤

图8-2　数值模型（单位：m）

8.2.2.5　施工工序

根据《公路路基施工技术规范》（JTG/T 3610—2019），路堤修建应分层填筑、分层压实，两种类型路堤均分为 4 层填筑，每层厚度均为 1.0 m，每层填筑时长为 20 d，每层填筑完成之后的施工间歇时间为 40 d。当第 4 层路堤填筑完成之后，设定地基内超孔隙水压降至 1 kPa 时计算终止，即固结近乎全部完成。施工工序详见图 8-3。

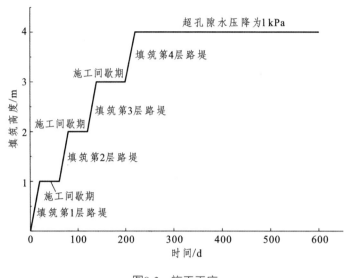

图8-3　施工工序

8.2.3　主要计算结果分析和讨论

8.2.3.1　稳定性

鉴于稳定性是后续沉降变形计算的前提，故先对宽、窄路堤的稳定性予以分析。PLAXIS 软件已内嵌了剪切强度折减法，即计算模式中的"Phi-c Reduction"。图 8-4 给出了依剪切强度折减法所获稳定安全系数随施工进程的动态演变，由该图可以得出以下结论：

（1）随着路堤的分步填筑，宽、窄路堤的稳定安全系数总体上均呈减小趋势，每一层填筑后间歇期末的稳定安全系数均略高于该层填筑完毕时，这无疑与间歇期软土固结、超孔隙水压适当消散有关；当工后超孔隙水压消散至 1 kPa 时，稳定安全系数较第4 层土体填筑完毕时有所提高，但增加幅度不大。

（2）无论是宽路堤还是窄路堤，整个施工过程中稳定安全系数均大于 1.0，表明宽、窄路堤均未发生失稳破坏。

（3）宽、窄路堤尽管路堤宽度相差 33 m，但二者施工全过程中稳定安全系数甚为接近，路基宽度的改变或路堤宽窄类型并未实质性影响路堤稳定安全性。

（4）宽、窄路堤稳定安全系数的最小值均出现在第 4 层路堤填筑完成时。

由于宽、窄路堤稳定安全系数均在第 4 层路堤填筑完成时跌至最低，故将该时刻两种路堤的滑动面云图整理于图 8-5 中。从图 8-5 中可以看出，宽、窄路堤的滑动面类型相似，都表现为通过路堤本体、下切入淤泥质黏土的深层滑动，滑动面形态未因路堤宽窄类型而发生改变。

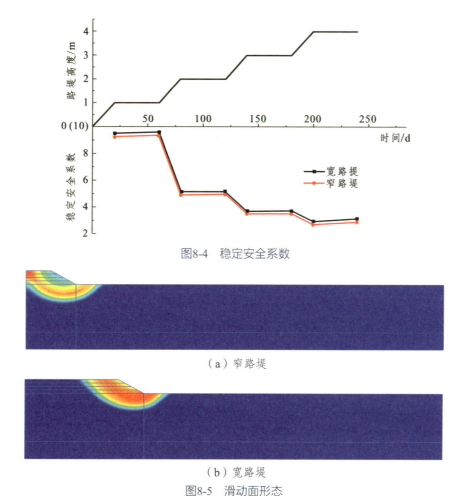

图8-4　稳定安全系数

（a）窄路堤

（b）宽路堤

图8-5　滑动面形态

8.2.3.2　竖向沉降

1．地基面沉降

图 8-6 为宽、窄路堤地基面沉降在施工期和工后的各阶段对比。由图 8-6 可见，两者沉降的相同之处在于：随着路堤逐层填筑，地基表面的沉降随之增大，各层施工间歇期末的沉降稍大于该层填筑完毕时；无论宽、窄路堤，地基面坡脚处均出现隆起的现象，宽路堤坡脚隆起较窄路堤大。宽、窄路堤地基面沉降不同之处主要为：

（1）对于宽路堤，地基面的沉降大致呈现"W"形，最大沉降并未出现在路堤中部，而是出现在路堤坡脚附近，随着路堤填筑高度的增加，最大沉降向路堤中部移动，此宏观规律与马来西亚 Muar 路堤（路基面宽 88 m）现场试验结果完全一致[10]；窄路堤地基面沉降近乎"V"形，最大沉降一直出现在路堤中心线（$x=0$）位置。

（2）对于宽路堤，在施工初始阶段，地基面的最大沉降与路堤中心线处的沉降相差较小，随着路堤填筑高度的增加，两者差距逐渐变大，直到第 4 层路堤填筑完成时达

到最大值。随着工后地基固结的发展，两者差距开始缩小，当地基内超孔隙水压低于
1 kPa 时，两者的差距最小。而窄路堤地基面最大沉降始终与路堤中心线处的沉降相等。

（3）在施工期各个阶段，窄路堤最大沉降均大于宽路堤；工后地基内超孔隙水压
低于 1 kPa 时，宽路堤最大沉降大于窄路堤。就工后沉降而言，宽路堤比窄路堤大得多。

以上分析可充分说明，宽路堤在路堤中心线附近一定范围之内沉降大致相等，即存
在一维压缩区，且随着路堤填筑高度的增加，一维压缩区的范围逐渐减小。实际工程中，
对于同样高度的宽、窄路堤，宽路堤的地基处治强度应高于窄路堤，同时宽路堤可在一
维压缩区范围内适当降低地基处治强度。

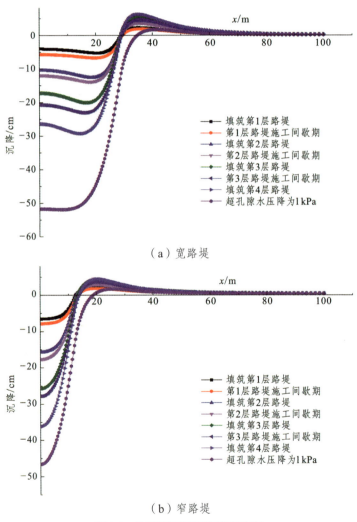

（a）宽路堤

（b）窄路堤

图8-6　地基表面沉降的横向分布

图 8-6 所获宏观结论可由甘善杰[17] 所开展的某地铁车辆段超宽路堤离心模型试验
证实。该地铁车辆段内试验工点长 190 m，宽 52~72 m，路堤填土高度为 3.5 m，软土厚

度为 10 m。经在 25 g·t 土工离心机上离心运行，图 8-7 给出了天然地基施工期及其后
6 个月预压期的变形、运行 5~6 年期间的变形（超载 1.7 m 土柱）及总变形。试验结果
表明，天然地基在施工期及工后各个时期，地基最大沉降都未出现在路堤中部，这与前
文数值模拟宏观结论吻合。

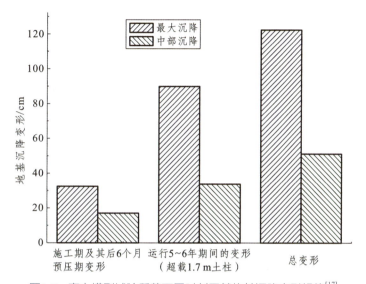

图8-7　离心模型试验所获不同时刻天然软基沉降变形规律[17]

图 8-8 为路堤中心线处地表沉降随时间的变化曲线。从图 8-8 中可以看出，随着时
间的增加，路堤中心线处地基表面的沉降逐渐增加，最终趋于平稳，窄路堤、宽路堤沉
降近乎完成需要的时间分别为 2 100 d、2 698 d，宽路堤中心线处地基表面的最终沉降
大于窄路堤。

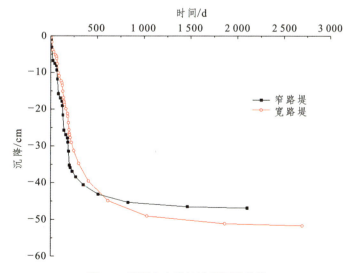

图8-8　路堤中心线处地表沉降曲线

2. 路堤表面沉降

图 8-9 为第 4 层填筑完毕、超孔隙水压消散低于 1 kPa 时，宽、窄路堤的路堤表面沉降横向分布曲线。从图 8-9 中可以看出：

（1）宽路堤两个特定时刻下的路堤面最大沉降都未出现在路堤中心线处，窄路堤最大沉降则均出现在路堤中心线处；

（2）第 4 层路堤填筑完成时，宽、窄路堤路堤面的最大沉降分别为 30.5 cm、37.3 cm，超孔隙水压低于 1 kPa 时两者的沉降分别为 53.0 cm、47.5 cm，窄路堤施工期沉降大于宽路堤，宽路堤最终沉降大于窄路堤，宽、窄路堤的工后沉降分别为 22.5 cm、10.2 cm，宽路堤工后沉降大致为窄路堤的 2 倍。

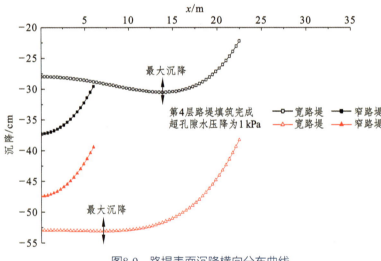

图8-9　路堤表面沉降横向分布曲线

8.2.3.3　路堤坡脚处侧向位移

图 8-10 为路堤坡脚处地基剖面侧向位移在不同时刻随深度的分布曲线。从图 8-10 中可以看出：

（1）无论是宽、窄路堤，其侧向位移均主要分布于淤泥质黏土层内，密实砂土层内侧向位移很小，随着深度增加，淤泥质黏土层内的侧向位移均呈现出先增大后减小、类似鼓肚状的趋势，最大侧向位移大约出现在淤泥质黏土层 1/3 深度处，宽路堤最大侧向位移出现深度略小于窄路堤。

（2）随着路堤填筑高度的增加，宽、窄路堤坡脚处的侧向位移随之增大，宽路堤相应各阶段的侧向位移均大于窄路堤。当第 4 层路堤填筑完成时，侧向位移达到最大值；当工后地基内超孔隙水压低于 1 kPa 时，宽、窄路堤侧向位移均有所回缩，宽路堤侧向位移的回缩量较窄路堤大（宽路堤侧向位移的回缩量大致为 5 cm，窄路堤的回缩量不足 3 cm）。

（3）无论是宽路堤还是窄路堤，在淤泥质黏土层内，与每层填筑完毕时相比，该层施工间歇期末的侧向位移略有所回缩。

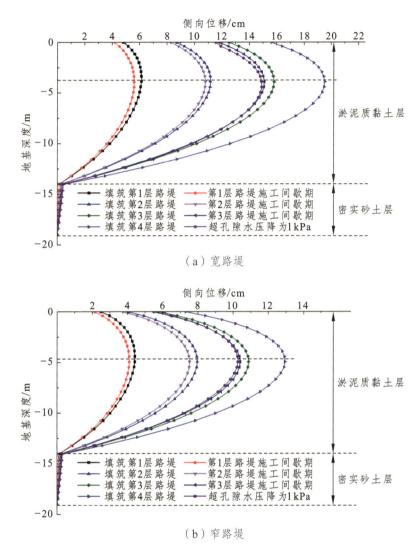

（a）宽路堤

（b）窄路堤

图8-10　路堤坡脚处地基的侧向位移分布

8.2.3.4　地基超孔隙水压

图 8-11 给出了宽、窄路堤软土地基中某相同点位超孔隙水压随时间的变化曲线。该计算点位都取自路堤中心线处软土地基内一点，具体坐标为（0，−5.83）（单位：m），详见图 8-2。可见，超孔隙水压在填筑期间升高，在施工间歇期略有所降低，整个施工期间表现为明显的锯齿状，工后随着时间推移，超孔隙水压持续减小，直到低于 1 kPa。宽路堤所产生超孔隙水压的最大值约是窄路堤的 2 倍，且宽路堤超孔隙水压低于 1 kPa 所需时间也长于窄路堤，即宽路堤沉降完成所需要的时间更长。

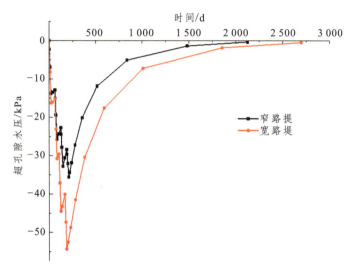

图8-11　超孔隙水压的变化曲线

图 8-12、图 8-13 分别给出了窄、宽路堤第 4 层路堤填筑完成时以及超孔隙水压低于 1 kPa 时软土地基中超孔隙水压的分布云图。可以看出，无论是哪个阶段，软土地基中的最大超孔隙水压都主要分布于淤泥质黏土中部路堤中心线处，呈现泡状，由路堤中心线向外逐渐减小。

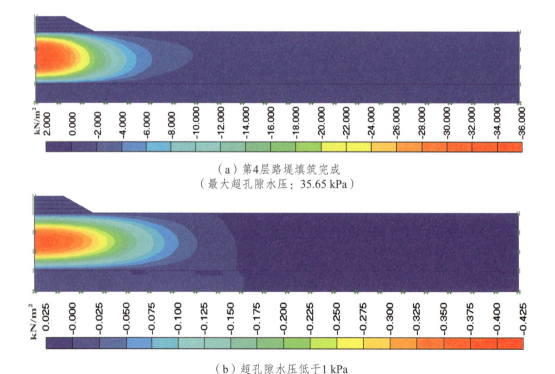

（a）第4层路堤填筑完成
（最大超孔隙水压：35.65 kPa）

（b）超孔隙水压低于1 kPa

图8-12　窄路堤超孔隙水压分布云图

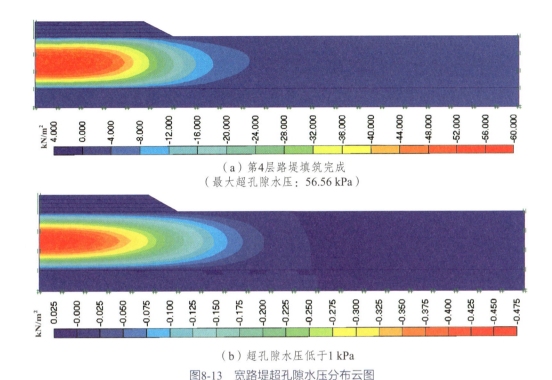

（a）第4层路堤填筑完成
（最大超孔隙水压：56.56 kPa）

（b）超孔隙水压低于1 kPa

图8-13　宽路堤超孔隙水压分布云图

8.2.3.5　软土弹性模量对宽路堤沉降的影响

在前文宽路堤数值模型的基础上，保持其他参数不变，分别取淤泥质黏土的弹性模量为 1.5 MPa、3.0 MPa、4.5 MPa、6.0 MPa、7.5 MPa、9.0 MPa，计算地基面沉降，具体结果详见图 8-14。

分析图 8-14 可见，随着淤泥质黏土层弹性模量的增大（可近似理解为工程实践中地基处理措施强度提高），地基面沉降减小，最大沉降发生位置由路堤坡脚附近逐渐向路堤中心线处移动，宽路堤地基面沉降曲线的"W"形变得较为舒缓，但其宏观沉降规律并未发生改变。

图 8-14 所获宏观结论可由黄生根等[7] 的研究成果证实。黄生根等[7] 开展了京珠高速公路新乡—郑州段第 9 合同段 K60+430 断面的现场变形观测（地层以粉质黏土、粉土为主，填土高度 8.0 m，路基面总宽度 99.0 m，采用搅拌桩处治）。图 8-15 给出了断面地基面沉降随路堤填高而变化的规律（利用 GetData Graph Digitizer 软件自黄生根等[7] 的研究成果提取而得）。可见，即使宽路堤软土地基采用搅拌桩处治，即意味着软土层弹性模量已有较大幅度提高，但其地基表面宏观沉降规律的"W"形却未发生改变，宽路堤"W"形的宏观沉降规律或不受软土地基是否处治、处治措施强弱程度的影响。

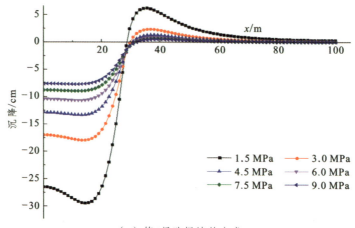

（a）第4层路堤填筑完成

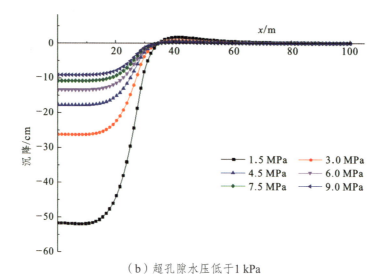

（b）超孔隙水压低于1 kPa

图8-14 地基面沉降-软土弹性模量

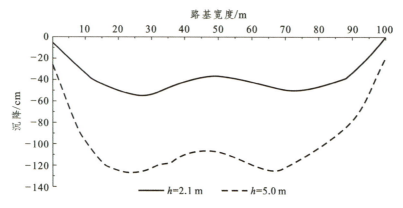

图8-15 京珠高速公路新乡—郑州段第9合同段K60+430断面沉降现场监测结果
（搅拌桩处治地基）[7]

同时注意到，随着弹性模量等差增大，沉降量的减小幅度却在迅速变小，实施地基处理后可有效减小宽路堤地基沉降，但当地基处理强度达到一定的水平之后，试图再进一步通过增强软基处治强度的方式来减小宽路堤地基沉降并不科学，这与毛成等[14]的有限元分析所获结论完全吻合。

8.2.4　软土地基宽路堤设计考虑

上述分析充分表明：宽路堤在靠近路堤中心线的特定范围内沉降大致相等，存在一维压缩区，随着路堤填筑高度的增加，一维压缩区的范围逐渐减小。在实际工程中，软土地基上宽路堤的设计需考虑以下几点：

（1）对于相同高度的宽路堤和窄路堤，宽路堤的地基处理强度应高于窄路堤。宽路堤的地基处理强度可以在一维压缩区范围内适当降低。

（2）施工监测方案可根据宽路堤下软土地基的沉降特性进行调整。例如，地面沉降的监测点也应布置在传统路堤中心线旁边的路堤坡脚附近。

8.2.5　电算分析主要结论

（1）对于相同填高的软土地基，宽、窄路堤的稳定安全系数在施工期及工后全过程中均近乎相等，路堤宽度并未实质性影响路堤的稳定安全性。

（2）宽路堤地基面、路堤面的沉降曲线大致呈"W"形，最大沉降出现在路堤坡脚附近；窄路堤地基面沉降呈"V"形，最大沉降一直出现在路堤中心线处，同时宽路堤路堤面的工后沉降约为窄路堤的 2 倍。

（3）宽、窄路堤侧向位移均主要分布于软土层内，侧向位移均呈现类似鼓肚状的趋势，最大侧向位移大约出现在淤泥质黏土层 1/3 深度处，宽路堤最大侧向位移出现深度略小于窄路堤，且宽路堤相应各阶段的侧向位移均大于窄路堤；当工后地基固结近乎完成时，宽、窄路堤侧向位移均有所回缩。

（4）施工期间宽路堤地基内超孔隙水压远大于窄路堤，且工后固结近乎完毕所需要的时间更长；无论是哪个阶段，宽、窄路堤软土地基中的最大超孔隙水压都主要分布于淤泥质黏土中部路堤中心线处，由路堤中心线呈泡状向外逐渐减小。

（5）随着软土层弹性模量的增大，宽路堤地基面的最大沉降均呈现出不断向路堤中心线处移动的趋势，但是"W"形的总体沉降规律并未发生改变。

8.3 软土地基高速公路路基拓宽塑料排水板与粉喷桩处治比较

8.3.1 研究背景

近年来，为满足日益增长的交通量需要，我国珠江三角洲、长江三角洲已开展包括广佛高速、杭甬高速、沪宁高速等在内的多条软土地基高速公路路基拓宽改建。工程实践表明，若新老路基差异沉降过大，路表将存在产生纵向长大裂缝的风险。鉴于差异沉降主要由软土地基引起[18]，故路基拓宽范围的软土地基处理措施的合理选取显得至关重要。《公路路基设计规范》(JTG D30—2015)针对软土地基高速公路原有路基的拓宽改建，提出了包括排水固结法、复合地基等在内的软土地基处理措施，认为"原有路基已基本完成地基沉降的路段，路基拓宽范围的软土地基处理宜采用复合地基，不宜采用排水固结法的处理措施"，但未明确说明这两种地基处理措施的机理差异；众多学者通过现场试验、数值计算等研究手段，多侧重于单一种处理措施，包括塑料排水板[19]、EPS 轻质路堤[20]、粉喷桩[21]等，开展了一些讨论，暂未对不同处理措施的效果进行横向对比分析；张军辉[22]、陈磊等[23]通过有限元模拟，对新老路基软土地基不同处理措施的效果进行了一定探讨，但未深入探讨其机理及开展现场试验验证。

本节拟在蒋鑫等[24]的研究基础上，运用 PLAXIS 软件，在扼要介绍塑料排水板及粉喷桩空间问题平面应变化方法后，建立塑料排水板、粉喷桩处理高速公路拓宽路基软土地基的精细化数值模型；对比路基拓宽范围软土地基无处理措施及分别采取塑料排水板、粉喷桩处理措施时的效果；并结合软土地基超孔隙水压的分布，分析这两种典型处理措施用于拓宽路基软基处理的机理；同时借助既有的现场筑堤试验成果对计算结论予以验证；对塑料排水板的使用提出改进和优化建议，以期为高速公路拓宽路基软土地基处理方法的科学选择提供一定的理论依据。

8.3.2 塑料排水板及粉喷桩的平面应变化方法简介

塑料排水板及粉喷桩处理软土地基本质上均为三维问题，但因开展三维有限元分析将面临模型构建复杂、计算机时延长、数据硬盘存储量增加等困难，故结合路堤荷载长带状的特点及拟选用的有限元软件 PLAXIS，不妨简化为平面应变问题予以分析。

8.3.2.1 塑料排水板的平面应变化

对于打设塑料排水板的地基，由于塑料排水板的作用原理、设计计算方法与砂井相同，模拟时，首先将塑料排水板换算为当量直径的砂井，换算后，称该地基为砂井地基。当量直径 d_{wa} 的换算公式如下：

$$d_{wa} = \alpha \frac{2(b+\delta)}{\pi} \tag{8-2}$$

式中：b 为塑料排水板的宽度；δ 为塑料排水板的厚度；α 为透水能力折减系数，通过试验求得，可取 0.75~1.0。

　　为将三维的砂井地基平面应变化，陈小丹等[25]、赵维炳等[26]根据固结度不变的条件，推导出将砂井地基等效为沿路基纵向连续分布的砂墙地基的计算公式。图 8-16 为塑料排水板简化过程示意图，塑料排水板以等边三角形布置为例。

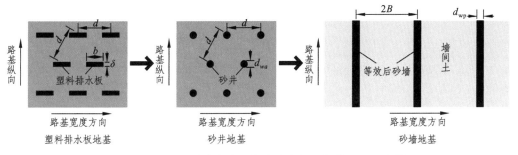

d—排水板间距；d_{wp}—砂墙宽度，与砂井直径 d_{wa} 相等；$2B$—砂墙间距。

图8-16　塑料排水板空间问题平面化

　　等效时，只需对砂井影响区内（与砂井距离小于砂墙一倍间距的区域）的地基渗透系数进行调整，即

$$\begin{cases} k_{xp} = D_x k_{xa} \\ k_{zp} = D_z k_{za} \end{cases} \quad (8\text{-}3)$$

$$\begin{cases} D_x = \dfrac{4(n_p - s_p)^2(1+\nu)L^2}{9n_p^2 \mu_a - y} \\[2mm] D_z = \dfrac{2(1+\nu)}{3} \\[2mm] y = 12\beta L^2(1+\nu)(n_p - s_p)(s_p - 1) + \dfrac{6H^2 L^2}{\gamma_w^2 M^2} \cdot \dfrac{k_{xa}}{k_w}[3(n^2 - s^2) + n^2(1+\nu)(1-L)] \\[2mm] \mu_a = \dfrac{n^2}{n^2 - s^2}\ln\dfrac{n}{s} - \dfrac{3n^2 - s^2}{4n^2} + \dfrac{k_{xa}}{k_s}\dfrac{n^2 - s^2}{n^2}\ln s \end{cases} \quad (8\text{-}4)$$

　　式中：k_{xp}，k_{zp} 分别为砂墙地基水平和竖向渗透系数；k_{xa}，k_{za} 分别为砂井地基水平和竖向渗透系数；D_x，D_z 分别为水平和竖向渗透系数的调整系数；L 为井距放大系数，$L = 2B/d_e$，d_e 为砂井有效排水直径，对于等边三角形布置的塑料排水板，$d_e = 1.05\,d$；ν 为土体泊松比；n 为砂井井径比，$n = d_e/d_{wa}$；n_p 为砂墙井径比，$n_p = 2B/d_{wp}$；s 为砂井涂抹比，$s = d_s/d_{wa}$，d_s 为砂井涂抹直径；s_p 为砂墙涂抹比，$s_p = d_{sp}/d_{wp}$，d_{sp} 为砂墙涂抹直径；$\beta = k_{xa}/k_s$，k_s 为涂抹区水平渗透系数；H 为砂墙打设的深度；γ_w 为水的重度；k_w 为井阻。

由式（8-4）中 y 等式可以看出，右边第二项含有 $M = \dfrac{(2m-1)\pi}{2}$，m=1，2，3，…，且受井阻（k_{w}）影响，如果该项等于 0，则可消除井阻的影响。即令

$$\frac{6H^2L^2}{\gamma_{\text{w}}^2 M^2} \cdot \frac{k_{xa}}{k_{\text{w}}}[3(n^2 - s^2) + n^2(1+\nu)(1-L)] = 0 \tag{8-5}$$

由此可得：

$$L = \frac{4 + \nu - 3\dfrac{s^2}{n^2}}{1+\nu} \tag{8-6}$$

因 n 一般较大，s^2/n^2 较小，可忽略不计，则 L=（4+ν）/（1+ν）。在有限元建模时，可根据式（8-6）确定的 L 将砂墙间距进行调整以消除井阻的影响。

8.3.2.2 粉喷桩的平面应变化

章定文[27]根据轴向总刚度相等原则，将粉喷桩简化为沿路基纵向分布的连续墙，简化时，保持墙体的宽度等于桩的直径，降低墙体的弹性模量，如图 8-17 所示。以粉喷桩平面布置为正方形为例，对群桩而言，单位桩间距长度的群桩总刚度为

$$S_1 = \frac{mAE}{H} \tag{8-7}$$

式中：m 为横向桩的排数；A 为桩的断面面积；E 为桩的弹性模量；H 为桩长。

等效后，单位桩间距长度墙体的总刚度为

$$S_2 = \frac{m'DLE'}{H'} \tag{8-8}$$

式中：m' 为墙体的排数；D 为墙体宽度；L 为桩沿路基纵向分布的间距（此处假定平面布置为正方形，故 L 即为正方形分布桩间距）；E' 为墙体的弹性模量；H' 为墙体深度，与原桩长 H 相等。

由 S_1=S_2 得

$$E' = \frac{mAE}{m'DL} \tag{8-9}$$

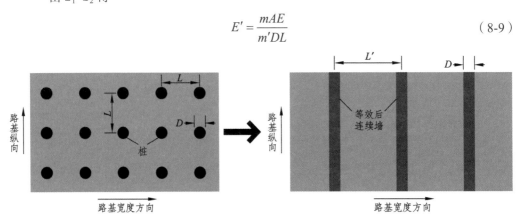

图8-17 粉喷桩空间问题平面化（L'为墙距）

8.3.3　有限元模型构建

8.3.3.1　塑料排水板及粉喷桩的模拟

既有高速公路拓宽改建工程多为双向四车道拓宽为双向六车道或八车道，本节以由四车道拓宽八车道为研究背景，考虑到单侧拼接式拓宽为主流拓宽方式之一，且其沉降更大 [24]，故不妨以单侧拼接式拓宽为例，选用 PLAXIS 软件，建立高速公路拓宽路基软土地基处理的有限元模型，软土地基分别采用塑料排水板及粉喷桩两种典型地基处理措施处理。假定地基由 14 m 厚的淤泥黏土和 5 m 厚的密实砂土组成，地下水位位于地表以下 1 m 处，原路基宽 26 m，高 6 m，拓宽宽度为 16 m，新旧路基的边坡坡度均取为 1∶1.5。

本节重点讨论新建路基软土地基处理方式不同对拓宽路基所致力学响应，暂视老路基软土地基不做任何处理。如打设塑料排水板，则采用宽度 b 为 100 mm，厚度 δ 为 4 mm 的标准型塑料排水板，其长度为 14 m，恰贯穿淤泥黏土层，平面布置为等边三角形，间距为 1.3 m，且在新路基底部铺设 0.5 m 厚砂垫层。取 $\alpha=1$，由式（8-2）可得 $d_{wa}=66$ mm。s、s_p 及 β 取值参考赵维炳等 [26] 的研究成果，分别取为 1.2、1.2、7。有限元建模时，根据上述等效方法，将砂井地基简化为砂墙地基，由式（8-3）～式（8-6）可得：砂墙间距 $2B=4.4$ m；砂墙地基水平和竖向渗透系数的调整系数为 $D_x=2.022$，$D_z=0.88$。取砂井地基（本文即为淤泥黏土地基）水平和竖向渗透系数分别为 5.0×10^4 m/d、4.0×10^4 m/d，则等效后，砂井影响区域内地基水平和竖向渗透系数分别调整为 $k_x=1.011\times10^{-3}$ m/d，$k_z=3.52\times10^{-4}$ m/d。在有限元模型中，由于砂井直径相对整个模型尺寸而言甚小，因此本节采用 PLAXIS 内嵌的"Drain"排水线单元模拟塑料排水板，软件假定排水线上的超孔隙水压为 0。

如采用粉喷桩处理，则粉喷桩桩径为 0.5 m，桩长 15 m，进入持力层（密实砂土）1 m，平面布置为正方形，间距 1.3 m，在新路基荷载作用范围内共横向布置 13 排。将粉喷桩视为理想线弹性体，弹性模量 $E=200$ MPa，泊松比 $\nu=0.3$，桩体重度 $\gamma=19$ kN/m³。模拟时，将连续墙间距放大为原粉喷桩间距的 2 倍，则横向墙体的排数 $m'=7$，由式（8-9）可得 $E'=112.2$ MPa。为较好地模拟粉喷桩与土体之间的相互作用，采用软件内嵌的"Interface"界面单元进行模拟，在桩的左右两侧及底部设置界面，取界面强度折减因子 $R_{inter}=0.65$。选用高精度的 15 节点三角形单元离散粉喷桩。

塑料排水板地基及粉喷桩复合地基等效后的几何模型及尺寸如图 8-18 所示。

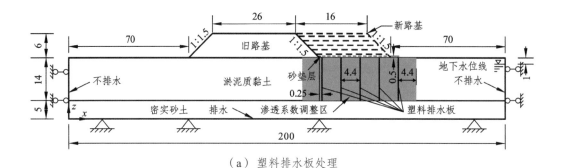

（a）塑料排水板处理

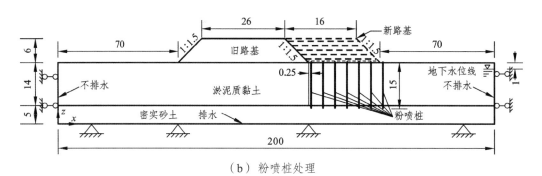

（b）粉喷桩处理

图8-18　塑料排水板地基及粉喷桩复合地基等效后的几何模型及尺寸（单位：m）

8.3.3.2　土体本构模型及参数

采用高精度的15节点三角形单元离散土体，各土层均采用莫尔-库仑（Mohr-Coulomb)弹性理想塑性模型。材料参数选取参考蒋鑫等[24]的研究成果，见表8-2。

表8-2　土体参数表

项目		单位	土层类型				
			密实砂土	淤泥质黏土	旧路基	新路基	砂垫层
材料模型		—	莫尔-库仑	莫尔-库仑	莫尔-库仑	莫尔-库仑	莫尔-库仑
材料类型		—	排水	不排水	排水	排水	排水
参数	弹性模量 E	MPa	60.0	1.5	15.0	13.0	30.0
	泊松比 ν	—	0.33	0.32	0.30	0.30	0.3
	干重度 γ_{unsat}	kN/m³	21.5	15.0	19.0	19.0	20.0
	饱和重度 γ_{sat}	kN/m³	22.0	18.0	20.0	20.0	21.0
	水平渗透系数 k_x	m/d	1.0	5.0×10^{-4}	1.0	1.0	1.0
	竖向渗透系数 k_z	m/d	1.0	4.0×10^{-4}	1.0	1.0	1.0

续表

项目		单位	土层类型				
			密实砂土	淤泥质黏土	旧路基	新路基	砂垫层
参数	黏聚力 c	kPa	1.0	30.0	32.0	31.0	1.0
	内摩擦角 φ	°	38.0	13.0	24.0	25.0	35.0

8.3.3.3 边界条件、初始条件及动态施工力学模拟

取模型的左右两侧水平向位移约束，竖直向自由，不排水；底侧水平向及竖直向位移均约束，排水；上侧水平向及竖直向均自由，排水，其中排水状况通过定义固结边界条件实现。

因初始时刻地基水平分层，且地基表面及地下水位均水平，故采用 K_0 过程生成初始应力，即生成与土自重相平衡的竖向应力及通过侧向土压力系数 K_0 计算得出水平应力。暂模拟老路基一次性填筑，填筑时间为 330 d，老路基建成 3 年后予以拓宽。新路基采用分步建造的方法，将路基均分为 6 层，每层 1 m，施工工序如图 8-19 所示。如打设塑料排水板，首先模拟塑料排水板、砂垫层（0.5 m 厚）及第 1 层新路基（0.5 m 厚）的填筑，填筑耗时 30 d，然后施工间歇 30d，再进行第二层新路基的填筑，以此类推。而粉喷桩复合地基第一道施工工序为粉喷桩及第 1 层新路基（1 m 厚）的填筑，之后施工工序与打设塑料排水板的工况相同。

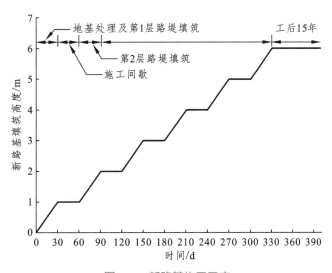

图8-19　新路基施工工序

8.3.4 数值模拟主要成果分析与讨论

8.3.4.1 路基施工沉降

图 8-20 给出了三种工况下新路基填筑完毕时路基顶面沉降（即路基施工沉降）的横向分布。由图 8-20 可见，三种工况下路基顶面施工沉降曲线均呈勺状，老路基顶面出现一定程度的向上隆起，无处理措施、塑料排水板处理、粉喷桩处理三种工况下老路基顶面向上隆起的最大值分别为 43.88 mm、37.11 mm、11.17 mm，新路基填筑无疑对老路基产生了较大的扰动，塑料排水板处理所造成的施工扰动明显强于粉喷桩处理。而沉降主要发生于新路基顶面，当路基拓宽范围的软土地基无处理措施及塑料排水板处理时，最大沉降基本出现在新路基形心处，其值分别为 514.37 mm、610.82 mm，后者比前者增加了 18.8%。而采用粉喷桩处理后，最大沉降位置大致向内转移至老路基坡脚附近，其值为 165.87 mm，仅为无处理时的 32.2%，比塑料排水板处理减小了 72.8%。从总体上看，就施工沉降而言，粉喷桩处理对老路基的扰动最小。而塑料排水板处理加速了软土地基的固结，使得其施工沉降最大，对老路基的拖拽效应及其诱发的向上隆起也最大。因此，建议塑料排水板结合隔离措施共同使用，以减小对老路基的扰动，而不致老路路面产生弯拉破坏影响行车安全。

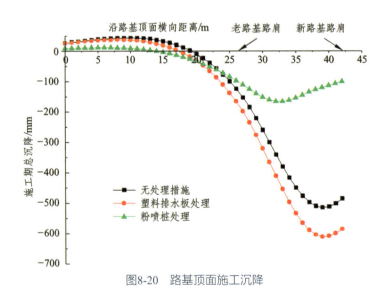

图8-20 路基顶面施工沉降

8.3.4.2 路基工后沉降

图 8-21 给出了三种工况下工后 15 年路基顶面的沉降值。由图 8-21 可见，当无处理措施时，工后沉降曲线形态呈勺状，与施工沉降曲线形态类似，最大沉降也出现于新路基形心处，其值为 116.96 mm。当采用塑料排水板或粉喷桩处理时，工后沉降曲线呈盆状，

沉降最大位置转移至新老路基结合部附近，分别为 50.29 mm、33.82 mm，比无处理措施时减小 57.0%、71.1%。同时，无处理措施、塑料排水板处理、粉喷桩处理三种工况下最大差异沉降分别为 103.49 mm、36.42 mm，31.71 mm。由此可见，当路基拓宽范围的软土地基采用塑料排水板或粉喷桩处理后，均可有效地减小工后沉降及工后差异沉降，且粉喷桩处理较塑料排水板处理效果更佳。

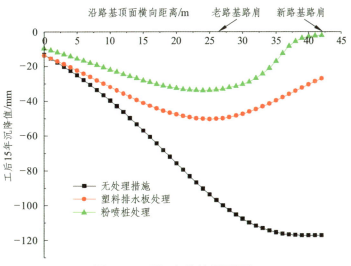

图8-21 工后15年路基顶面沉降

8.3.4.3 软土地基侧向位移

图 8-22 给出了新旧路基结合部老路基坡脚处地基的侧向位移沿深度的分布曲线。由图 8-22 可见，地基无处理措施和采用塑料排水板处理时，侧向位移曲线形态大致相同，均鼓向老路基一侧。随着新路基的填筑，侧向位移值呈逐渐增大的趋势，且淤泥质黏土层的侧移明显大于密实砂土层。两种工况不同的是，无处理措施时工后 15 年的侧向位移有一定程度的回缩；而采用塑料排水板处理时，工后 15 年的侧向位移仍向老路基一侧继续增大。塑料排水板处理可减小施工期间的侧向位移，但工后 15 年侧向位移值则与无处理措施时大致相同。而粉喷桩处理时，软土地基侧向位移虽然仍主要发生于淤泥质黏土层，下卧密实砂土层表现甚微，但侧向位移分布形态与前两种工况不尽相同，曲线鼓肚状圆顺性丧失，随新路堤的填筑，侧向位移值先向老路基一侧增大，然后逐渐回缩，到新路堤填筑第 4 层后，侧向位移曲线鼓向新路基一侧，工后 15 年后地基侧向位移亦仍处于向新路基一侧的发散状态，但无论是施工期间还是工后 15 年，侧向位移值明显小于前两种工况。

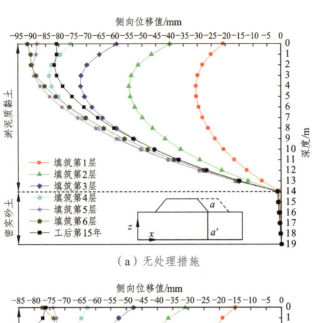

（a）无处理措施

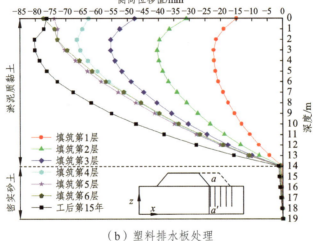

（b）塑料排水板处理

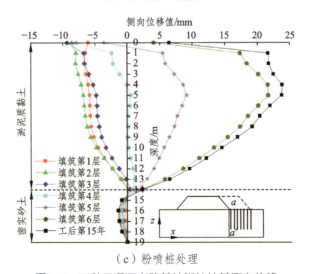

（c）粉喷桩处理

图8-22　三种工况下老路基坡脚处地基侧向位移

8.3.4.4 软土地基超孔隙水压

图 8-23 给出了老路基建成 3 年后及各工况下新路基填筑施工结束时，软土地基内的超孔隙水压分布情况（PLAXIS 中超孔隙水压以压为负）。从图 8-23（a）可以看出，老路基建成 3 年后，超孔隙水压较大值出现在老路堤中心下淤泥质黏土层中部，但超孔隙水压绝对值已经很小，说明在本例计算条件下此时老路基下的软土地基固结已基本完成。而由图 8-23（b）可见，无处理措施工况下新路基填筑结束时，超孔隙水压较大值区域转移至路基拓宽范围内的软土地基，最大值约为图 8-23（a）的 12 倍；无论是塑料排水板处理[见图 8-23（c）]还是粉喷桩处理[见图 8-23（d）]，超孔隙水压较大值主要发生于新旧路基结合部靠老路基坡脚处，软基内超孔隙水压的最大值相比无处理措施工况，均有较大幅度衰减，粉喷桩处理衰减得更明显，这说明粉喷桩更适用于软土地基高速公路路基拓宽改建的快速安全处理。

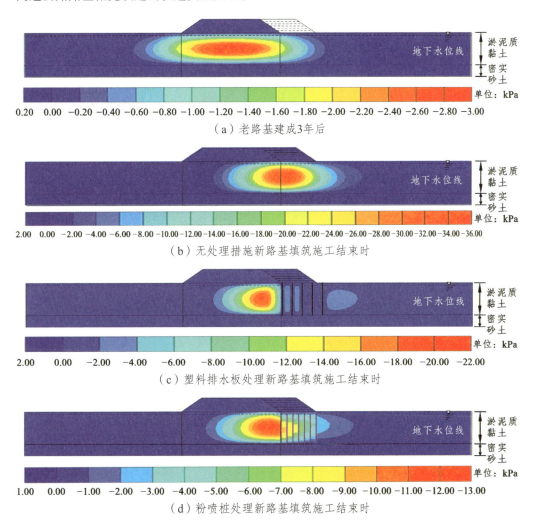

（a）老路基建成3年后

（b）无处理措施新路基填筑施工结束时

（c）塑料排水板处理新路基填筑施工结束时

（d）粉喷桩处理新路基填筑施工结束时

图8-23 老路基建成3年后及各工况下新路基填筑施工结束时软土地基超孔隙水压云图

因在有限元模型构建时，假定下卧密实砂土层及 14 m 厚淤泥质黏土表面均透水，淤泥质黏土中部垂向排水路径更长，故不妨选取淤泥质黏土层中部横向剖面，即距路基底面以下 7 m 深处的水平剖面作为超孔隙水压相对较大的典型剖面。图 8-24 给出了三种工况下新路基填筑全过程及工后 15 年典型剖面的超孔隙水压变化情况。可见，三种工况下超孔隙水压变化曲线的形态不尽相同，但随新路堤的填筑，超孔隙水压均相应增大，其变化趋势基本一致，且工后 15 年典型剖面的超孔隙水压均趋于 0。

施工过程中，当地基无处理措施时，超孔隙水压最大，且新路基一侧的超孔隙水压远大于老路基一侧，最大值出现在新路基形心处。显然，由于老路基地基沉降基本完成，而新路基地基接近原状土，随超孔隙水压的消散，新路基一侧将产生很大的沉降，且沉降最大值与超孔隙水压最大值出现的位置大致相同。但由于超孔隙水压消散缓慢，无论是施工期间或是工后 15 年，新路基一侧沉降总是大于老路基一侧。

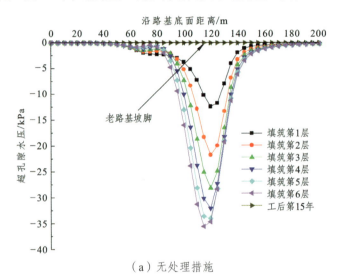

（a）无处理措施

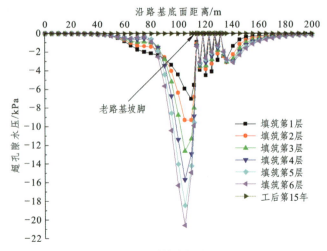

（b）塑料排水板处理

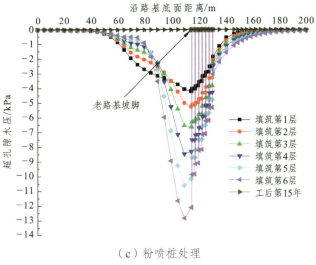

（c）粉喷桩处理

图8-24　三种工况下典型剖面超孔隙水压变化情况

当采用塑料排水板处理时，新路基一侧的超孔隙水压曲线呈明显锯齿状，在打设塑料排水板的区域，超孔隙水压为 0，靠近塑料排水板的区域，超孔隙水压很快消散，最大值出现在老路堤坡脚附近。这是因为，塑料排水板增加了软土地基的排水途径，缩短了排水距离，使新路基下地基超孔隙水压快速消散，固结速度加快，反映到施工沉降则表现为新路基一侧沉降远大于老路基一侧。施工结束后，新路基一侧地基固结也基本完成，因此，工后沉降相应减小，工后沉降曲线呈盆状，而不再是无处理措施时的勺状曲线形态，最大值出现在新老路基结合部附近，地基土有向此处压缩的趋势，对于老路基坡脚处的地基侧向位移，则表现为趋于老路基一侧。而地基无处理时，由于新路基一侧工后沉降大于老路基一侧，使得新路基对老路基有一个拖拽作用，致使老路基坡脚侧向位移向新路基一侧回缩。

而对于粉喷桩处理，因视粉喷桩不透水（软件通过设定为非孔介质材料实现），因此在粉喷桩实施区域，超孔隙水压为 0，而其他区域的超孔隙水压曲线形态与无处理时基本一致，但超孔隙水压值比无处理措施时小很多，这说明粉喷桩处理不仅能够提高地基强度、增大变形模量，还可有效减小新路基一侧施工及工后沉降，限制地基侧向位移，同时在一定程度上也起到了"防渗"的作用，使新老路基地基排水条件相对独立，减小因路基拓宽对老路基产生的扰动。

8.3.5　数值模拟结论的现场试验验证

萧甬线采用并行等高于既有线方案新增二线，铁四院课题组曾于 1995 年 10 月至 1996 年 10 月在 K123+800~K124+400 段开展现场筑堤试验[28]，其中采用了包括塑料排水带（即本节塑料排水板）及粉喷桩在内的 6 种不同处理方案，本节拟选取其试验成果对前文数值模拟宏观结论予以验证。需要说明的是，尽管前文暂以高速公路路基拓宽为背景，而萧甬线增建隶属于铁路行业，但两者均为单侧拼接拓宽，基本原理应当是相同的。

该试验段位于东南海积平原区，分布着厚度大于 25 m 的淤泥质黏土，既有线地基未做任何处理。图 8-25 为分别采用 4 种处理方案时增建二线地基表面中心实测沉降曲线（采用 GetData Graph Digitizer 软件自铁四院课题组的研究成果[28] 提取而得）。图 8-26 为增建二线地基表面中心沉降值，其中施工沉降为实测值，总沉降为按单向分层总和法理论计算最终沉降。图 8-27 为 1997 年 1 月 24 日实测新路基坡脚侧向位移值（采用 GetData Graph Digitizer 软件自铁四院课题组的研究成果[28] 提取而得），表 8-3 列出了既有线的沉降及侧向位移。

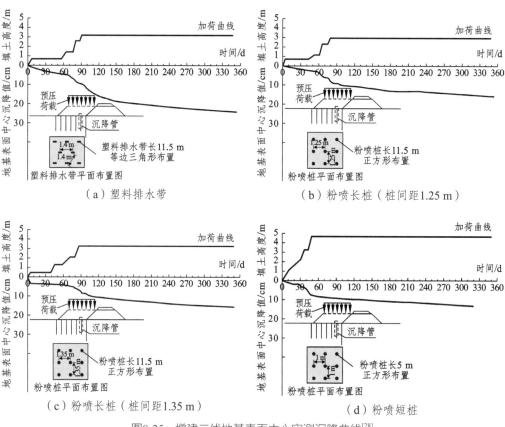

图8-25　增建二线地基表面中心实测沉降曲线[28]

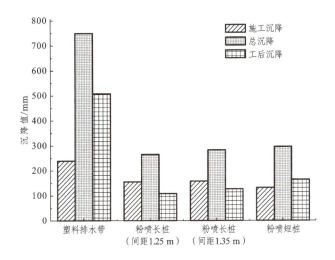

图8-26　增建二线地基表面中心沉降值[28]

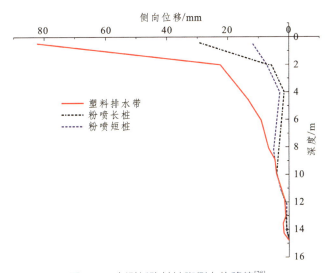

图8-27　实测新路基坡脚侧向位移值[28]

表8-3　既有线沉降及位移[28]

	填土高度（含预压土）/m	右砟脚沉降/mm	左砟脚沉降/mm	右砟脚侧向位移/mm	左砟脚侧向位移/mm	抬道次数
塑料排水带	3.819	23	136	10	122	12
粉喷长桩（1.25 m）	3.585	24	97	14.5	61	5
粉喷长桩（1.35 m）	3.919	18	87	4	47	6
粉喷短桩	4.706	18	70	22	55	4

以上试验结果表明：① 无论是施工沉降还是工后沉降，粉喷桩处理均小于塑料排水带处理，且塑料排水带处理的沉降-时间曲线较粉喷桩处理偏陡，说明前者沉降速率大，不利于老路基的稳定；② 粉喷桩处理时侧向位移仅为塑料排水带处理时的1/3，数值模拟所获地基侧向位移（见图8-22）与图8-27的曲线形态有所出入，可能是现场实测时护道填筑、排水沟挖除对侧斜位移影响产生；③ 塑料排水带处理时既有线砟脚处沉降与侧移均大于粉喷桩处理，塑料排水带处理对既有路基的影响显著；④ 粉喷桩的桩间距、桩长均影响处理效果，从加荷曲线看，粉喷短桩填土高度最大、加荷速率最快，但施工期沉降、对既有线造成的沉降和侧移及抬道次数均最小，就该工程而言，采用桩长较短、桩间距较密的粉喷桩处理方案效果更佳。

现场试验结果充分证明了前文数值模拟宏观结论的正确性，即无论是沉降、侧向位移或是对既有线的影响，塑料排水板处理效果均不如粉喷桩处理。

8.3.6　塑料排水板处理措施的改进和优化

前文数值模拟与现场试验均表明，直接使用塑料排水板等排水固结法处理拓宽路基软土地基时，效果并不理想，尤其是对老路基造成的施工扰动较大，影响老路基一侧的稳定。在实际工程中，如条件受限，仍采用塑料排水板处理拓宽路基软土地基时，不妨进行改进和优化，即：① 对于双侧拼接式拓宽，可在新路基一侧实施反压护道，长杭线并行增建新线软土地基采用袋装砂井加反压护道的处理方式，处理期间建立施工监测网并严格控制填土速率，取得了较好的效果[29]；② 塑料排水板适当远离老路基坡脚，使其作用范围只在新路基一侧，以保证老路基的稳定；③ 邻近老路基坡脚处地基采用间距或长度渐变的塑料排水板作为缓冲过渡区；④ 采用粉喷桩等复合地基处理作为缓冲过渡区；⑤ 在新老路基之间打设沉降隔离墙等隔离措施。图8-28为各改进和优化处理措施的示意图。

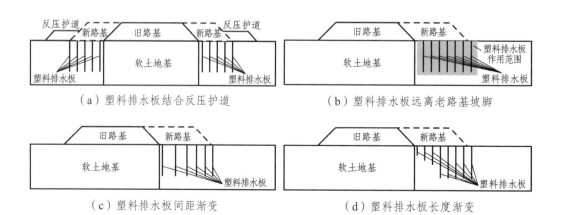

（a）塑料排水板结合反压护道　　　　　（b）塑料排水板远离老路基坡脚

（c）塑料排水板间距渐变　　　　　　　（d）塑料排水板长度渐变

（e）粉喷桩过渡处理　　　　　　　（d）塑料排水板结合沉降隔离墙

图8-28　处理措施改进和优化示意图

8.3.7　电算分析主要结论与建议

（1）三种工况下路基施工沉降曲线均呈勺状，工后沉降曲线则由无处理措施时的勺状演变为塑料排水板或粉喷桩处理时的盆状。与无处理措施相比，塑料排水板处理会增大新路基施工沉降，老路基向上隆起表现仍明显；粉喷桩处理可有效减小施工沉降，工后沉降及工后差异沉降抑制效果优于塑料排水板处理。

（2）地基无处理措施和塑料排水板处理时，侧向位移曲线均鼓向老路基一侧。塑料排水板虽可减小施工期间的侧向位移，但最终的侧向位移与无处理措施时接近；随新路堤的填筑，粉喷桩处理时侧向位移先向老路基一侧增大，而后回缩，最终鼓向新路基一侧。粉喷桩处理可显著减小地基的侧向位移。

（3）新路基填筑结束时，超孔隙水压较大值区域均出现在新旧路基结合部，塑料排水板处理后，新路堤一侧的超孔隙水压呈锯齿状，超孔隙水压消散加快；粉喷桩处理后，超孔隙水压值整体减小。

（4）建议采用粉喷桩处理高速公路路基拼接式拓宽的软土地基，以避免塑料排水板所造成的强烈施工扰动，但工后 15 年时粉喷桩处理地基侧向位移仍处于向新路基一侧的发散状况，这可能与老路基地基无处理有关，仍需高度关注由此诱发的工程风险。

（5）现场筑堤试验充分验证了数值模拟结论的正确性，塑料排水板不宜直接用于拓宽路基软土地基处理，本节系统提出的改进与优化措施可为类似工程提供科学指导。

8.4　应用实例电算实施中的若干核心之处

针对 8.2 节宽路堤作用下软土地基沉降特性所开展的有限元电算工作，大致有以下几点可借鉴：

（1）关于电算程序选用。该实例欲阐述宽路堤作用下软土地基沉降特性，需考虑土的塑性本构模型、初始应力、路堤填筑施工模拟、软土固结等，且可视为平面应变问题，故根据这些核心需求，可直接选用 PLAXIS 程序。

（2）关于模型几何范围。根据对称性可仅选取半结构开展分析；因需横向平行比较宽路堤、窄路堤，为避免模型范围对两者结果的影响，针对窄路堤，仍采用与宽路堤完全相同的模型宽度，当然这样处理后一定程度上导致窄路堤工况下需剖分较多数量的单元。

（3）与工程标准的衔接。宽、窄路堤的宽度、边坡坡比等经参考《公路工程技术标准》（JTG B01—2014）而确定，这正是有限元电算与行业标准紧密结合的体现之一，进一步的阐述详见 9.3.5 节。

（4）因采用 PLAXIS V8.2 版本，该版本尚无法通过指定起点、终点坐标的方式精准定义剖面位置，故输出地基面沉降、路堤表面沉降的横向分布曲线时，采用了 5.5.1 节的做法；而为了准确、方便输出路堤坡脚处地基侧向位移，则在建模时有意识地在坡脚处增绘一条垂直线，网格剖分时程序将自动在该垂直线上产生若干节点，再类似 5.5.1 节的做法绘制地基侧向位移沿深度的分布曲线。

（5）关于有限元电算技术应用优势的体现。同时考虑了宽路堤、窄路堤两种类型路堤，而针对宽路堤，同时考虑了淤泥质黏土的弹性模量为 1.5 MPa、3.0 MPa、4.5 MPa、6.0 MPa、7.5 MPa、9.0 MPa 等工况，可便捷开展大规模平行工况的横向比较，即参数分析。注意到，如同时针对宽、窄路堤开展土工离心模型试验，若采用相同尺寸的模型箱，因宽路堤工况下路堤宽达数十米甚至上百米，则针对宽、窄路堤应分别选用适宜的模型率方可便于后续模型制作、试验开展，这个瓶颈在有限元电算中可轻松得以解决。另外，该实例所讨论的软土地基并未进行地基处理，实际工程中一般不会在未经处理的软土地基上直接填筑高达数米的路堤而开展现场试验，只能通过室内土工离心模型试验开展相关讨论，而有限元电算则可顺利解决此问题。

（6）有限元电算分析所获宏观结论的正确性，可一定程度上经离心模型试验、现场试验等从定性层面予以证实，具体见图 8-7、图 8-15。

针对 8.3 节软土地基高速公路路基拓宽塑料排水板与粉喷桩处治比较的有限元电算工作，大致有几点可借鉴：

（1）因采用 PLAXIS 程序，该程序仅可开展轴对称问题和平面应变问题的分析，故需通过固结度等效、轴向刚度等效等方法将空间布设的塑料排水板、粉喷桩等进行简化，方可视为平面应变问题，从而适应 PLAXIS 程序的需求，且节省三维电算的机时、硬盘数据存储量等。

（2）塑料排水板采用排水线单元（Drain）予以模拟，而粉喷桩则通过实体置换的方式模拟，同时粉喷桩桩周及底部设置界面单元，以描述土 - 结构的相互作用。排水线单元、界面单元和实体单元（15 节点三角形单元）等三种不同类型的单元同时存在于数值模型中，用户无须对不同类型单元节点自由度的耦合予以额外处理，程序均完全自动实现，且网格剖分完全自动化，这无疑大幅度提高了建模效率，让用户从烦琐易错的网格剖分工作中摆脱出来，更关注问题本身。

（3）引入前人针对某实体工程开展现场试验所获结果，可从宏观层面、定性角度证实电算结果的正确性。注意针对该实例，在同一地段（可近似认为地基条件完全相同）开展不同处治技术的现场试验，无疑是相当难以组织的。

（4）电算分析获得了软土地基沉降、侧向位移和超孔隙水压等多项力学响应，根据其时间、空间分布规律，多角度、多层次地充分展现了两种不同处治方式下的差异性，有利于更深入认识工作机理、科学改进设计技术，而这体现了应用路基结构有限元电算技术的优势。

关于宽路堤作用下软土地基沉降特性的电算分析，更详细的阐述可参见 Jiang Xin 等[1]、陈晓丽[30]的研究成果；而关于软土地基高速公路路基拓宽塑料排水板与粉喷桩处治比较的电算分析，更详细的阐述则可见 Jiang Xin 等[2]、蒋怡[15]的研究成果。

参考文献

[1] JIANG XIN, CHEN XIAOLI, FU YONGGUO, et al. Analysis of settlement behaviour of soft ground under wide embankment [J]. The Baltic Journal of Road and Bridge Engineering. 2021, 16 (4): 153-175.

[2] JIANG XIN, JIANG YI, WU CHAO-YANG, et al. Numerical analysis for widening embankments over soft soils treated by PVD and DJM columns[J]. International Journal of Pavement Engineering. 2020, 21 (3): 267-279.

[3] 蒋鑫，蒋怡，梁雪娇，等．软土地基高速公路路基拓宽改建全过程变形特性数值模拟[J]．铁道科学与工程学报，2015，12（5）：1039-1046．

[4] 林乐彬，刘寒冰，苏志满，等．拓宽加载对旧路基附加沉降影响数值分析[J]．公路交通科技，2008，25（10）：41-44．

[5] 翁效林，张留俊．拓宽路基下软土地基工后沉降预测[J]．长安大学学报（自然科学版），2011，31（1）：17-21．

[6] 蒋鑫，陈晓丽，肖杭，等．软土地基新建宽路堤典型案例及其判识方法评析[J]．交通运输工程与信息学报，2019，17（1）：59-66．

[7] 黄生根，张晓炜．超宽公路路基沉降特性研究[J]．岩石力学与工程学报，2007，26（增2）：4079-4083．

[8] 栾光日，王连俊，李懿，等．高速铁路站场宽路堤复合地基沉降特性分析[J]．铁道学报，2014，36（10）：95-101．

[9] 申益民．广州地铁车辆段超宽路堤软土地基设计[J]．路基工程，1992（2）：16-19．

[10] ZHANG LIMIN. Settlement patterns of soft soil foundations under embankments[J]. Canadian Geotechnical Journal, 1999, 36: 774-781.

[11] 蒋鑫，邱延峻，周成．路堤荷载作用下软基沉降特性研究[J]．水文地质工程地质，2006（1）：111-114．

[12] 陈建峰，石振明，沈明荣．宽路堤软土路基沉降的有限元模拟[J]．公路交通科技，2003，20（4）：23-25，37．

[13] 陈建峰，石振明．宽路堤和地基土共同作用分析[J]．公路交通科技，2006，23（2）：6-9．

[14] 毛成，邱延峻．超宽路堤软土地基加固的固结沉降数值分析[J]．东北公路，2002，25（3）：31-33．

[15] 蒋怡．软土地基高速公路拓宽路基变形特性及塑料排水板与粉喷桩处治对比[D]．成都：西南交通大学，2015．

[16] RICK WOODS, AMIR RAHIM.SAGE CRISP technical reference manual[M]. The CRISP Consortium Ltd., 2001．

[17] 甘善杰．超宽路堤软土地基沉降研究[J]．路基工程，2006（3）：16-19．

[18] 耿建宇．公路路基拓宽改建力学行为及典型工程对策研究[D]．成都：西南交通大学，2013．

[19] 吉文志．塑料排水板法及其在沈大路改扩建工程软基处理中的应用[D]．大连：大连理工大学，2003．

[20] 王斌，陈嘉福，许永明，等．高速公路拼接段EPS轻质路堤现场试验研究[J]．公路交通科技，2008，25（1）：27-32，42．

[21] 刘观仕，孔令伟，李雄威，等．高速公路软土路基拓宽粉喷桩处治方案分析与验证[J]．岩石力学与工程学报，2008，27（2）：309-315．

[22] 张军辉．不同软基处理方式下高速公路加宽工程变形特性分析[J]．岩土力学，2011，32（4）：1216-1222．

[23] 陈磊，刘汉龙，陈永辉．高速公路拓宽工程地基处理效果的数值分析[J]．岩土力学，2006，27（11）：2066-2070．

[24] 蒋鑫，耿建宇，邱延峻．高地下水位软土地基高速公路路基拓宽方式力学行为比较[J]．中外公路，2013，33（1）：18-23．

[25] 陈小丹，赵维炳．考虑井阻和涂抹的砂井地基平面应变等效方法分析[J]．岩土力学，2005，26（4）：567-571．

[26] 赵维炳，陈永辉，龚友平．平面应变有限元分析中砂井的处理方法[J]．水利学报，1998（6）：53-57．

[27] 章定文 . 软土地基上高速公路扩建工程变形特性研究[D] . 南京：东南大学，2004 .

[28] 铁四院课题组 . 萧甬线增建第二线工程软土路基筑堤试验研究[C]//铁道部第四勘测设计院 . 软土地基试验研究文集 . 武汉：中国地质大学出版社，2001：289-312 .

[29] 铁四院一处 . 长杭线并行增建新线软土路基沉降对既有路基稳定影响的试验[C]//铁道部第四勘测设计院 . 软土地基试验研究文集 . 武汉：中国地质大学出版社，2001：270-276 .

[30] 陈晓丽 . 宽路堤作用下软土地基沉降特性分析[D] . 成都：西南交通大学，2019 .

第9章 相关问题的进一步讨论

9.1 概　述

本章主要尝试采用夹叙夹议的形式，结合笔者多年来从事道路工程精细化数值模拟的体会、思考，讨论路基结构有限元电算实施中的其他有趣问题，包括如何校验与修正所建立的电算模型、电算分析中若干重要关系的深入辨析、如何有效学习路基结构有限元电算技术等。

9.2 电算模型的校验与修正

有限元电算软件是现代高科技的结晶，凝聚着计算数学、有限元法、岩土力学、计算机图形学、计算机程序设计等诸多学科的知识，真正用对这些程序是件不容易的事情。除了参照第 3~5 章所述，精心、谨慎考虑电算模型构建的各种细节之外，尚需对电算模型的可靠性予以校核，并适当修正电算模型。可从电算程序本身是否可靠、用户是否已正确掌握电算程序的运用方法及建立的电算模型是否正确等层面依次予以讨论。

9.2.1 检查电算程序的校核类文档

一般情况下，市面上所能获得的电算程序在开发时，即进行了一定的校验工作，以确保向用户提供可靠的服务。类似机动车，产品尚未正式出厂销售前，即在试车场开展高温、大纵坡、冰雪等多种复杂甚至极端严苛条件下的车辆性能测试。电算程序多通过 Validation Manual、Verification Manual 等文档来展现开发时所开展的各种校核工作。如 PLAXIS Version 8 就提供了一份 Validation Manual，列举了 13 个算例，涉及弹性问题、塑性问题及固结与地下水流动等的相关校核，如图 9-1 所示。

图 9-2 为 Phase2 Version 6.0 提供的关于边坡稳定模块的 Verification Manual，其中列举了 34 个算例。

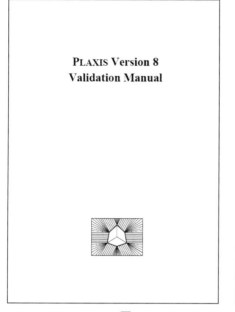

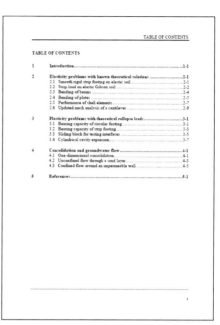

图9-1　PLAXIS Version8 Validation Manual

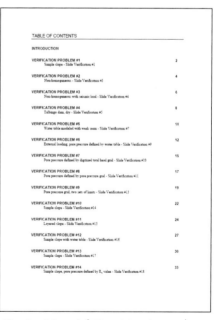

图9-2　Slope Stability Module in Phase2 Verification Manual（Phase2 Version 6.0）

　　软件所提供的 Validation Manual、Verification Manual 等文档都无疑想向用户证实自己所开发的电算程序正确可靠，其做法一般是将软件的计算结果与封闭的解析解答、其他相对较为成熟的第三方软件所获结果或较为经典的试验结果对比。用户拟选用何款电算程序之前，应仔细检查该程序是否已相对严肃地、完整地、规范地提供上述校核类文档，应尽量慎用那些严重缺失此类校核类文档的电算程序。

尽管电算程序开发时已经过多次测试、校核，但其实仍无法完全避免错用的潜在风险，这与有限元电算本身就含有不可避免的数值与模拟误差等有关，故不少程序都特地在显著位置提供了免责声明（Disclaimer），提醒用户应谨慎使用这些程序，并对所获数值模拟结果自行负责，图 9-3 为 PLAXIS 2D Version 8 所提供的免责声明。

Disclaimer:

PLAXIS is a finite element program for geotechnical applications in which soil models are used to simulate the soil behaviour. The PLAXIS code and its soil models have been developed with great care. Although a lot of testing and validation have been performed, it cannot be guaranteed that the PLAXIS code is free of errors. Moreover, the simulation of geotechnical problems by means of the finite element method implicitly involves some inevitable numerical and modeling errors. The accuracy at which reality is approximated depends highly on the expertise of the user regarding the modelling of the problem, the understanding of the soil models and their limitations, the selection of model parameters, and the ability to judge the reliability of the computational results. Hence, PLAXIS may only be used by professionals that possess the aforementioned expertise. The user must be aware of his/her responsibility when he/she uses the computational results for geotechnical design purposes. The PLAXIS organisation cannot be held responsible or liable for design errors that are based on the output of PLAXIS calculations.

图9-3　PLAXIS 2D Version 8所提供的免责声明

9.2.2　上机操作"标准"算例

可视软件例题手册（Tutorial Manual）所提供的算例为"标准"算例，建议在正式开展自己的电算工作前，严格遵照相应软件所提供的考题手册（Validation Manual）、例题手册（Tutorial Manual），有针对性地结合拟分析的问题，亲自上机操作实践程序所提供的"标准"算例。一方面经与考题手册、例题手册所提供的解答对比，可进一步核实软件是否正确；另一方面也可大致评估自己是否已正确掌握该程序在相关方面的功能、使用方法及注意事项等。

在亲自上机操作实践这些"标准"算例的过程中，有几点需要引起重视：

（1）电算程序本身多已经过较为严格的校核、测试，故如果按照例题手册实践"标准"算例，出现某些警告、错误等提示，或与例题手册结果不尽吻合时，一般情况下多因用户不慎或错误操作引起，用户应主动暂停后续操作，即刻参照例题手册，细致回顾、检查自己所建立的数值模型。

（2）用户在上机操作实践这些"标准"算例的过程中，应不断提出问题，并尝试解决。

如：程序针对这个问题是如何处理的？为什么这样处理？这样处理的实质、核心究竟是什么？如果不这样处理，可能有什么不良后果？等等。

（3）一般情况下，例题手册针对某算例，多仅提供了某种实施策略，当然这个策略自然是正确可行的，然而这个策略有可能并非唯一或最佳，用户待完整实施该算例，获得必要的感性认识后，可再次复盘，进一步深入思考可能的其他变通办法，从而在正确的基础上实现灵活化处理。

9.2.3　结合模型试验或现场试验

注意以上工作的开展其实尚无法切实表示建立的电算模型可靠。以某个或某几个有限算例的实施，来试图证实建立的电算模型可靠是欠妥当的。对建立的电算模型可靠性予以评估的较为有效的办法应是结合模型试验或现场试验，尤其是室内土工离心模型试验，这是因为土工离心模型试验的各项试验条件处于精准可控状态。图9-4为作者团队开展的水平软弱地基路堤、斜坡软弱地基路堤的电算模型[1]与既有室内土工离心模型[2]的结果对比。

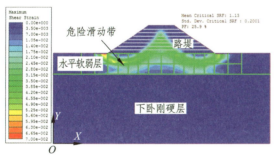
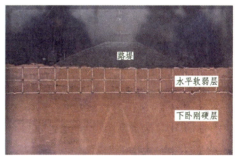

（a）水平软弱地基路堤计算结果[1]　　　（b）水平软弱地基路堤离心试验结果[2]

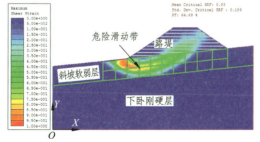

（c）斜坡软弱地基路堤计算结果[1]　　　（d）斜坡软弱地基路堤离心试验结果[2]

图9-4　基于离心模型试验结果的电算模型校验与修正

在利用土工离心模型试验开展电算模型的校验与修正时，需要注意几点：

（1）宜以离心模型所对应的原型为准来建立数值模型，离心模型试验所获结果需考虑模型率后再与数值模型开展横向比较。当然在建立数值模型时，还应注意问题是否可简化为平面应变问题或轴对称问题，并充分利用对称性，因地制宜地确定模型的求解维度、几何尺寸，以缩减计算规模、节省机时。以图 9-4 所示案例为例，因描述的是路堤长带状荷载作用下斜坡软土地基的变形特性，故尽管离心模型试验为 3D 模型，但数值模型简化为平面应变问题即可。

（2）离心模型试验开展时，多仅选取若干重要测点的力学响应予以观测，故可考虑在数值模型建立时，有意识地在离心模型对应处设置硬点以产生节点，从而便于更好地开展数值模型与离心模型的对比。图 9-4 所示案例即严格按照离心模型试验的方案设计，于路堤荷载范围斜坡软弱层内有意识地布设了与离心模型完全一致的测点，详见图 9-4（a）（c）中的网格线。

（3）模型试验布设的测点有限，而数值模型可通过等值线图（云图）的形式输出整个剖面的力学响应分布情况。如简单地以某个或某几个测点为准开展二者的比较，考虑到试验、电算均存在各自不可避免的误差，故有可能某个（些）测点结果吻合得较好，而另外的测点出入甚大，即不宜单点对比，而宜调整为曲线图、等值线图（等色图）的形式，从力学响应的时空分布规律、具体数值数量级大小等宏观层面予以验证。

（4）尽管离心模型试验为数值模型提供了良好的校验、修正基础，但一定要注意到，离心模型试验本身就因启动、制动、加速、减速等存在着固有误差，而数值模型亦涉及非线性求解算法、收敛标准等的差异，故二者其实是不可能做到完美吻合的，应在充分认识离心模型试验误差的前提下，从单元类型选择、网格剖分、边界条件设置、本构模型选用、材料参数确定、非线性求解策略拟定等层面入手，谨慎地校验、修正数值模型。

9.3　路基结构有限元电算的若干重要关系辨析

9.3.1　专用软件与通用软件之间的关系

前述章节提及、运用到了不少有限元电算程序于路基结构分析当中，此时读者或许有所困惑，书中所讨论的多为专用软件，只能适合分析某类或某些类问题，大型通用有限元软件功能强大，含有极其丰富的单元库、材料库，为什么还要针对特定问题分别选用特定的专用软件，而不直接使用目前市面上可获得的大型通用软件来解决所有问题？这样处理不是可以"包治百病"，节省更多的学习、熟悉不同程序的时间吗？

通用软件与专用软件之间的关系或可用"二八定律"来描述，通用软件固然相当强大，但这些软件主旨服务对象众多，故多强调多种类型的单元、荷载、边界条件等，但就是因为其试图增强普适性，而在专业性、易用性方面失去了竞争力。路基等岩土结构的有限元电算分析不像结构工程一样，要求形成多种类型单元的组合模型（如同时使用实体单元、板单元、壳单元、膜单元、索单元等）、荷载组合及分项系数、最不利施加（结构工程中的有限元电算非常关注此点，如分析影响线、影响面），而是要求尽量描述材料非线性、几何非线性、变结构非线性、接触非线性、场耦合等。大型通用软件往往不方便满足这些特殊要求，尽管其功能强大，但置于路基结构的背景之下，大致仅能使用到该软件少量的功能。

以不同类型单元的节点自由度耦合为例，不妨回顾第 6 章，在 PLAXIS 3D 程序中，如考虑砂井、塑料排水板等竖向排水体，仅需先使用 Drain 单元，而后针对土层采用四面体 10 节点单元予以离散，注意在此过程中，其实一般的使用者几乎都感觉不到 Drain 单元与四面体 10 节点单元在节点自由度上的耦合，这就大大减小了建模的难度，可把工作重心调整到如何科学抽象物理世界并高效解决工程实际问题当中。实际上，这也是尽管已有不少大型通用有限元软件，但针对路基等岩土结构，仍有不少专用软件被纷纷开发出来的强大驱动力。

9.3.2　前处理、计算求解和后处理三者之间的关系

从纵向看，路基结构有限元电算依次包括前处理、计算求解和后处理三大步骤，但这三者并非简单意义上的先后顺序，前处理的时候要考虑计算求解、后处理，而计算求解、后处理的时候或许要倒过来重新思考前处理中的不足，重新完善模型，三者并非完全割裂、彼此独立，而是相互交织、相互融合，需要在实施过程中反复斟酌，多次尝试。

下面稍举两个案例予以说明：

（1）计算求解过程中需要考虑前处理。利用 Phase2 开展前处理建立模型时，尽管该程序可采用 3 节点三角形单元、6 节点三角形单元等单元类型，并拥有渐变式、均布式等网格剖分方式，然而针对边坡稳定性的强度折减法分析，程序建议采用均布式的 6 节点三角形单元离散模型，故考虑到后续计算求解的需求，仍需要在前处理中采用均布式的 6 节点三角形单元，且针对简单或复杂模型，单元数量分别设定为 1 500 个、3 000 个。

（2）后处理中需要考虑前处理。PLAXIS 软件的早期版本（V7.2）在后处理输出特定剖面的力学响应分布图时，因程序本身无法输入剖面起点、终点的坐标值，故其实是无法精准指定剖面位置的，如需要绘制路堤坡脚处地基剖面侧向位移随深度分布的曲线则存在困难，故可考虑在前处理时有意识地在路堤坡脚处加一条垂直线，将地基划分为左、右两块材料模型及参数完全相同的区域，则网格剖分时自然会在该垂直线上产生若干节点，从而便于后处理时精准绘制该剖面侧向位移随深度的分布曲线，具体可参见第 8 章图 8-2、图 8-10。

9.3.3 精细化与简略化之间的关系

有限元电算可考虑解析法、试验法等开展路基结构分析的诸多难以考虑的细节，这时候或有人认为把电算模型建立得越精细越好，比如说建模时把路拱、边沟、截水沟等都考虑在电算模型中，这个思路是不可取的。固然有限元模型建立时可把这些因素都一并纳入，但一方面，如过多考虑这些所谓的细节，将导致后续离散化的过程中网格难以生成，或所生成的网格质量堪忧；另一方面，过多考虑这些细节，有可能忽视了其他更重要的因素，而导致电算结果面目全非，甚至出现非线性分析无法收敛、或收敛速度很慢等情况。应对实际物理模型予以合理的抽象、简化，抓大放小，该精细化的地方需要精细化，该简略化的地方需要简略化，这与拟分析问题的重点在何处、精细化建模所需成本等有直接关系。

以第 7 章的路基重力式挡土墙为例，在利用 Phase2 建立模型时，特别地在挡土墙的墙趾、墙顶处，设置节点为张开模式，这个细节其实就是考虑了这两处系凌空自由面，有可能发生墙 - 土之间的错动。而对于第 6 章的砂井处治软土地基路堤算例，实际工程中砂井可能存在折断、井阻、涂抹等现象，这些不见得非得在有限元电算模型中全部予以细致的描述。

9.3.4 有限元电算与试验（实验）之间的关系

有限元电算可视为某种形式的虚拟试验，而模型试验、材料试验、现场试验等均为物理试验，有限元电算与试验之间是相辅相成的。一方面，有限元电算模型多通过模型试验、现场试验而校核、修正，材料试验则多为有限元电算提供材料参数；另一方面，有限元电算又可为模型试验、现场试验等的方案设计，如断面选择、测点位置确定（需尽量布设在最不利位置）、传感器选型（如量程、精度）等提供有力的依据，同时有限元电算还可克服模型试验、现场试验开展周期长、费用高、人身安全风险大等缺陷。

这里需要特别指出几点：

（1）有人尝试将有限元电算结果与模型试验、现场试验的结果对比，说明试验结果可靠，这从逻辑上是不严谨的，一般情况下应将试验结果作为校核有限元电算的参照标准。

（2）有人只是简单地同时罗列有限元电算结果与试验结果，认为两者相近即了事，这也是欠妥当的，既然两者相似，倒过来说，直接开展有限元电算即可，是否还有必要颇费周折地开展试验？较好的做法是，通过有限的试验成果来校验、修正有限元电算模型，然后再在经校验后的有限元电算模型基础上，开展其他试验暂时没有进行，甚至无法进行的相关分析。比如说，更细致的内在力学机理分析、更详尽的参数敏感性分析等。

（3）在有限元电算中，某些材料参数并不能直接通过材料试验获得，往往靠经验取值，比如说在 PLAXIS 程序中考虑土 - 结构相互作用时所输入的界面强度折减系数 R_{inter}（Strength reduction factor for interface）。另外，有的时候通过土工试验等获得的材料参数亦不能直接运用于有限元电算，如：谢康和等[3] 在利用 PDSS 程序开展宁波机场跑道袋装砂井地基固结有限元分析时提及，有限元计算所用的各土层渗透系数比室内试验值放大了 1~10 倍，这是因为国外大量的研究结果表明，土层现场的渗透系数要比室内试验值大得多。

（4）模型试验的开展往往需要适当简化，如早年所研发的土工离心机系统或缺少机器手，无法实现不停机状态下路堤的分层分步填筑，而是靠逐步增大离心加速度的方式近似模拟，这自然与有限元电算模型是不尽完全吻合的；现场试验不可控的因素更多，比如说路堤填筑施工受天气等因素影响，现场安排往往较为复杂多变，这些都暂时无法在有限元电算模型中予以非常细致的刻画（实际上也没有必要这样细致的刻画），何况路基结构有限元电算非线性特征显著，故有限元电算结果与试验结果两者之间存在误差是完全正常的，关键还是在于仔细观察两者的宏观规律、力学响应分布的数量级等是否较为吻合。

9.3.5　电算分析与工程设计之间的关系

路基结构的有限元电算分析与工程设计之间有着密切的关系。路基的结构设计多是遵循相关技术规范（规程、标准、指南），按照某种流程、方法，以某个（或某些）指标为目标，通过计算分析，获得这些指标，然后判断这些指标是否满足技术规范的要求。下面分别结合第 6 章、第 7 章的案例，讨论有限元电算分析与路基设计之间的关系。

（1）第 6 章的经砂井处治的软土地基路堤，假设按照我国现行《公路路基设计规范》（JTG D30—2015），其实就是已经初拟了砂井处治软土地基的某种方案（如井长、井距、井径、平面布置形式等），然后按照规范所述解析方法或经验公式，以路基工后沉降、稳定性为指标，判断在此种设计方案的条件下，路基工后沉降、稳定性是否满足规范所制定的标准。如满足，则将此方案纳入设计备选，综合经济性等因素决定最终的设计方案；如不满足，则放弃该方案。而有限元电算实际上就是取代了规范所述解析方法或经验公式，故欲有效利用有限元电算开展路基结构设计，需要清楚地了解目前设计规范所采用的设计指标及标准，并尝试在有限元电算模型中求得这些设计指标，比如说，可将图 6-45 中"Loading type"由"Minimum excess pore pressure"调整为"Staged construction"，同时设定"Time interval"为 5 475 day，得到最终沉降，然后将最终沉降减去施工沉降，即得到路基工后 15 年（即 5 475 d）的沉降。

（2）第 7 章的路基重力式挡土墙，按照我国现行《公路路基设计规范》（JTG

D30—2015），是已设定重力式挡土墙采用何材质修建，如混凝土或砖石等圬工材料，然后将初拟几何尺寸（如墙高、墙厚）的挡土墙单独拿出来，把土压力等作为荷载，作用于挡土墙上，根据力平衡、力矩平衡等，引入抗滑动、抗倾覆等，判断该挡土墙是否满足要求，如不满足要求，则再次调整挡土墙尺寸重新开展检算。其中挡土墙的土压力按照土力学原理计算，而力平衡、力矩平衡等则按照材料力学原理计算。有限元电算分析与规范设计所走的技术路线不同，前者是放在弹性力学、塑性力学范畴，将挡土墙、墙背填土等视为一个整体，站在连续介质力学角度，并非简单地将墙背填土作用假设为外荷载，故该法可较好地考虑土 - 结构相互作用、墙背填土荷载的逐级施加、填筑荷载施加过程中墙体的变位等。

可见，路基结构有限元电算其实并不会把设计规范相关条文纳入，而主要依赖于设计者使用电算程序开展分析工作。此时或有人提出问题，有限元电算看起来这么复杂，还不如直接使用设计规范所述的解析法或经验公式，这对于目前规范层面已有的成熟设计技术自然是可接受的。但假设前述的软土地基同时采用塑料排水板与水泥土搅拌桩综合处治[4]，此种设计技术目前规范层面未见明确描述，自然就无法遵循设计规范开展设计，而只能依赖于工程类比及经验开展设计，即面对新技术、新结构、新材料、新工艺等，设计规范其实往往束手无策；同时还需注意到，设计规范上的解析法或经验公式往往多经过高度的简化，比如说采用竖向排水体法计算软土地基路堤沉降时，因采用分层总和法，实际上完全没有考虑软土地基的侧向变形效应。

当然，目前路基设计规范中所提供的各种方法虽然无法应对非常规设计，且结构计算分析中有不少的简化，但它凝聚着诸多工程技术人员的经验、心血，且依托一些设计类软件（如北京理正软件股份有限公司所开发的理正岩土软土地基路堤、堤坝设计软件），分析、设计效率较高，而应用有限元电算技术，则对工程技术人员要求较高。

9.4　学习路基结构有限元电算技术的途径

正如第 1 章所述，路基结构有限元电算实施并非一定以先完全掌握，甚至精通计算数学、土的本构模型等理论为前提，而是重点运用工程师的思维方法，学会如何科学抽象、简化问题，抓大放小，紧紧抓住主要矛盾或矛盾的主要方面。欲高效学习、灵活掌握路基结构有限元电算技术，需要妥善解决几个问题：怎么知道哪款软件适合拟分析的问题？如何获得这款软件？从何处入手学习这款软件？如何构建自己的路基结构电算模型等。

9.4.1　顶层设计，高瞻远瞩

欲有效开展路基结构有限元电算，首先需跳出来，站在一定高度，思考问题的核心、实质和关键，采取类似庖丁解牛的做法，逐步将复杂问题肢解、细化，然后再串联成线，才能为后续适宜电算程序的寻找、电算分析的具体开展奠定基础。比如说针对第 6 章的砂井处治软土地基路堤，面对此题目，首先要宏观思考几个问题：

（1）该问题的力学实质是什么？该问题主要是试图求解路堤荷载作用下经砂井处治后软土地基的沉降，因软土的特性，故需考虑固结现象，宜采用更适合饱和软黏土的材料模型（如该算例采取的 Soft soil 模型），需真实模拟路堤的分层分步填筑等。

（2）问题的维度选取为 3D 还是 2D？因该算例中含有平面布设呈方形的砂井，如考虑为 2D 问题，则必须将空间分布的砂井进行平面应变化的等效处理，此时该如何科学处理？如采用 3D 模型，模型沿路基纵向的长度该如何确定？有适宜砂井（强透水性材料）模拟的单元类型吗？

（3）是否可利用对称性？如考虑对称性，该如何考虑？取右半结构还是左半结构更合适？考虑对称性后对边界条件的施加、砂井的模拟将带来哪些影响？

（4）其他方面：如边界条件如何设置，有限元网格如何剖分，初始应力如何考虑，等等。

上述方面的深度思考有助于把握拟分析问题的核心，抓住电算模拟的要害，也为适宜电算程序的选用指明了可行方向。当然这样的思考绝非一朝一夕就可以做到的，需要长期的实践，在摸爬滚打中不断积累经验，获得足够的感性认识和切身体会。

9.4.2　多管齐下，初识面目

路基结构的有限元电算实施显然离不开电算程序（软件）这一载体。目前已涌现出诸多电算程序（软件），这些软件的纷纷出现类似提供了多种套餐，初学者对选择哪款程序开展自己的电算分析工作往往存在困惑，提出诸多问题：为什么用这款程序而不用那款程序？为什么针对这个问题用这款程序，而针对那个问题又改用那款程序？为什么用程序的这个版本，而不用那个版本？这时应充分调研，因地制宜，尽量做到有的放矢，选用适宜的电算程序，以提高工作效率。

1. 访问相关电算软件的官方网站

通过 Google、百度等搜索引擎，找到相关电算软件的官方网站，浏览关于电算软件的功能、特色的介绍，尤其是类似 Product Sheet 的手册。比如说，通过搜索引擎找到关于 SAGE-CRISP 有限元电算程序的介绍（http：//www.sage-usa.com/images/scrisp$-usa.pdf），上面提供了该软件较为详细的信息，如图 9-5 所示。该介绍指出此程序适用于路堤、挡土结构、隧道、桩基础等的分析，拥有结构性的杆、梁等单元，后处理中可生成弯矩分布、屈服状态等图形。

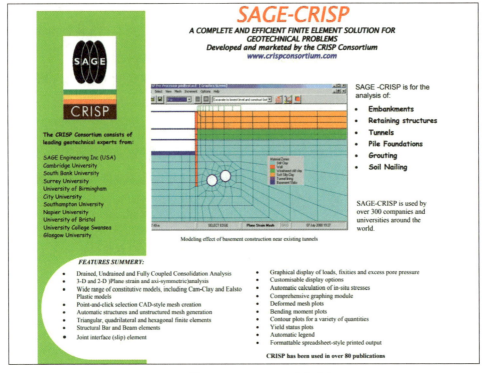

图9-5　关于SAGE-CRISP程序的介绍

图 9-6、图 9-7 分别为各官方网站关于 ICFEP（https://www.imperial.ac.uk/geotechnics/research/facilities-and-expertise/icfep/#）、RS2（https://www.rocscience.com/help/rs2/overview/technical-specifications）程序的介绍。

图9-6　关于ICFEP程序的介绍

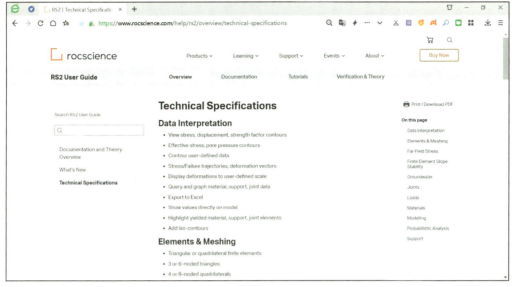

图9-7　关于RS2程序的介绍

2. 浏览相关论著、报告、会议

可浏览前人利用这些软件已发表的相关论著（包括学位论文、会议论文、期刊论文、学术专著）、技术报告等，观察前人利用这些程序已经开展了哪些方面的工作，大致是如何开展的，从而了解这些软件的功能、特色。其中有一些著作专门介绍各类电算程序，如通用有限元程序[5]、结构力学计算机程序[6]、冲击与振动领域的计算机程序[7]、水工结构工程与岩土工程计算程序（不局限于有限元法）[8~10]、工程地质领域的计算机程序[11,12]。《水工结构分析与计算机应用》[13] 则于其附录列出了水利水电工程设计分析计算部分应用软件汇总表。

有一些程序开发者甚至定期或不定期举办所开发程序的用户会议，图 9-8 为 Zace Services 公司于 2022 年 8 月 26 日（星期五）组织的岩土与结构数值研讨会（基于 ZSOIL.PC 软件）；图 9-9 为 Rocscience 公司于 2021 年 4 月 20 日—4 月 21 日召开的 Rocscience International Conference。

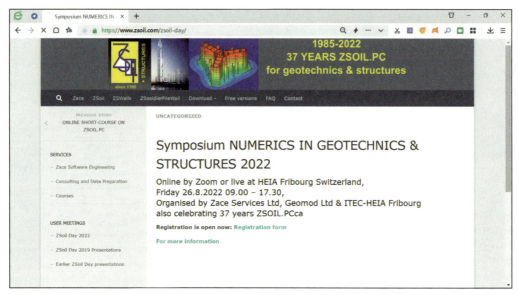

图9-8　Symposium Numerics in Geotechnics & Structures 2022

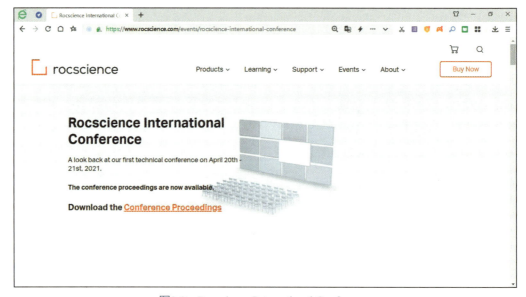

图9-9　Rocscience International Conference

　　PLAXIS 还出版了一些实用手册，上面提供了不少利用 PLAXIS 软件所开展的电算分析案例，如图 9-10 所示。

　　CRISP 程序则将利用该程序完成电算分析并发表的科技论文详细列于其官方网站（http://www.mycrisp.com/publications/index.html），如图 9-11 所示。

图9-10　PLAXIS Bulletin

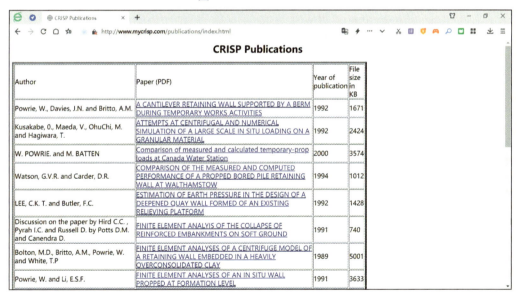

图9-11　CRISP Publications

3. 浏览讨论交流论坛

除了某些软件所建立的讨论论坛之外，国内亦有不少关于仿真分析的论坛，如仿真科技论坛（https://forum.simwe.com，见图 9-12）、岩土网旗下岩土论坛（https://bbs.

yantuchina.com/thread.php?fid=81，见图 9-13）等，读者可适当通过访问这些论坛，获得关于电算软件功能、特色的一些介绍。

图9-12　仿真科技论坛

图9-13　YantuBBS论坛

　　当然因路基结构有限元电算实践性很强，每个问题侧重点均有所不同，需要使用者大量实践，亲自上机调试操作，积累丰富的经验，方可获得良好的感性认识，才能真正因地制宜，针对不同问题选择适宜的电算程序。

9.4.3　广开渠道，巧觅程序

当根据拟分析问题的需要，初步确定选用某款电算程序后，就需要思考如何获得这款程序了。获得电算程序的主要途径是从软件开发者或代理机构处购买或租赁，包括单机版、网络节点版等，所需费用与租赁时长、是否包括保修服务、网络节点数量、全功能版（Full）还是基础版（Basic）等有关。图 9-14 为不同版本的 SIGMA/W 功能比较，图 9-15 为 Rocscience 系列软件产品的价格清单。

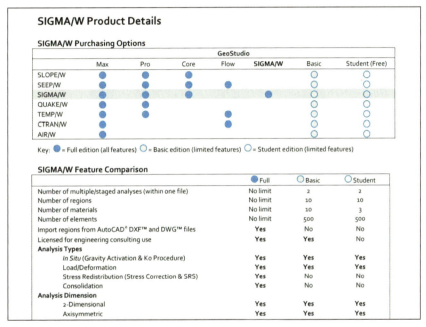

图9-14　SIGMA/W不同版本功能比较

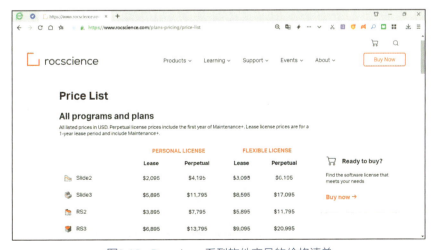

图9-15　Rocscience系列软件产品的价格清单

有些程序为了扩大宣传、增强影响力，帮助潜在客户在决定正式购买前尝鲜体验，很可能会提供免费试用版（Free trial）、学生版（Student Version）、教育版（Education Version）等。这些版本的程序或有效可使用期限有限，或节点总数、材料类型总数、材料参数取值等受限，或图形用户界面背景有水印、无法保存输出结果，申请这些程序试用版时可能需提供公司（企业）电子邮箱等。图 9-16 为 Rocscience 系列软件产品试用版申请下载的截图，可以看出，这些试用版软件可免费试用 15 d，且试用期间所有功能均对用户开放。本书第 3~5 章所使用的 AFENA 程序即为学生版（Student Version），限于 1 000 个节点内使用。

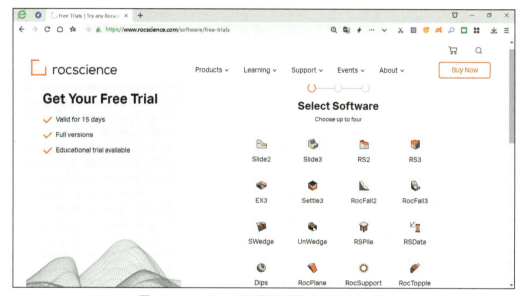

图9-16　Rocscience系列软件产品试用版申请下载

对于某些程序，因开发者已通过纸质版形式的著作、报告等公开全部源代码，但用户需要将这些源代码键入电脑，编译链接成可执行程序，方可使用，故这些程序一方面可按照开发者所提供的方式购买，另一方面可自行将这些源代码键入电脑，重新编译链接。如 A.M.Britto 等[14]提供了 CRISP 程序的全部源代码，用户可按照该书前言（Preface）末所提供的方式购买磁盘，如图 9-17 所示。

而有些程序，开发者则直接免费提供全部源代码（电子版本）和经编译链接后的可执行程序等于某网站系统，供有兴趣者下载使用。如 *Programming the finite element method* 一书作者之一，美国科罗拉多矿业大学的 D. V. Griffiths 教授，通过网站系统提供了该书第 5 版所列的全部源代码及可执行程序（https://inside.mines.edu/~vgriffit/5th_ed/），这无疑大大减轻了读者自行键入源代码的繁琐工作，如图 9-18 所示。

The computer programs described in this book are available on magnetic tape for mini-computers, and on floppy disk for IBM PC-compatible micro-computers. The software may be purchased from:

Ellis Horwood Ltd.,
Market Cross House,
Cooper Street,
Chichester PO19 1EB,
West Sussex.

图9-17　购买CRISP软件的方式[14]

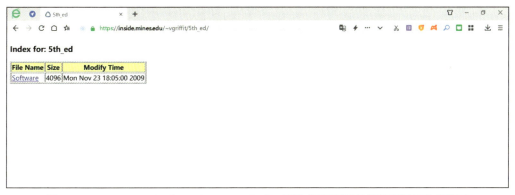

图9-18 *Programming the finite element method*一书第5版所提供的源代码及可执行程序

9.4.4　例题入手，顺藤摸瓜

类似机动车的驾驶，如不亲自坐到驾驶室操作，不亲自上路实践，仅靠观看各类视频、教程，自然是无法真正学会驾驶技术的。故学习有限元电算技术最好的办法就是从典型例题入手，以尽快获得感性认识。一般情况下软件提供了类似 Tutorial Manual、User Manual 等的手册，上面列出了一些例题，这些例题多经过仔细斟酌而确定，以帮助软件开发者达到试图向用户表明他们所开发的软件可靠易用、功能强大的目的，正如前文所述，这些例题一定程度上可视为所谓的"标准"算例。强烈建议读者根据拟分析问题的需要，按照这些手册，有针对性地学习钻研相关的例题。当然如条件允许，全部从头至尾学习这些例题自然学习效果更好。图 9-19 所示的 AFENA User Manual（用户手册）即于第 18 ~ 23 章给出了若干典型例题的电算求解过程。

把这些所谓的"标准例题"学会，深入钻研，方才能在其基础上创新改造，完成自己的电算分析工作，即遵循"引进、消化、吸收、创新、再创新"之流程。如 *AFENA user manual version 6.0* 实际上并未提供路基结构的算例，本书第 3~5 章即在 *AFENA user manual version 6.0* 第 22 章 "Excavation & fill examples" 例题 6 "Excavation and fill near a retaining wall" 理解、消化的基础上，予以改造，完成了路基结构的有限元电算分析工作。

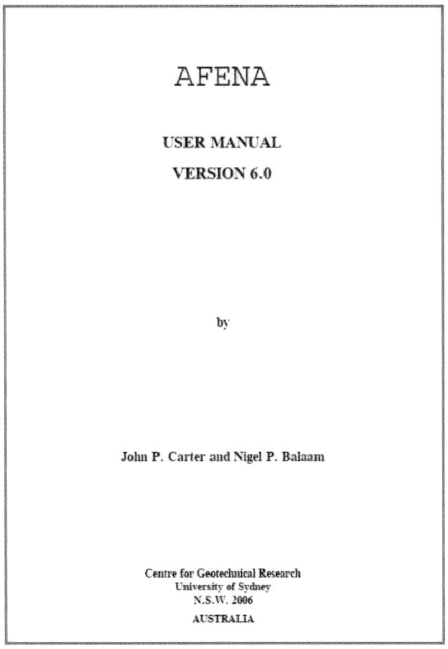

AFENA

USER MANUAL
VERSION 6.0

by

John P. Carter and Nigel P. Balaam

Centre for Geotechnical Research
University of Sydney
N.S.W. 2006
AUSTRALIA

图9-19　AFENA User Manual

9.4.5　由简到繁，合理猜测

建立精细的数值模型，获得满意的解答，是开展路基结构有限元电算追求的目标，但要注意这个过程并非一蹴而就，读者切不可试图初期就建立非常细致、完整的电算模型，而应从简到繁，由浅至深。比如说，初期可采用线弹性模型，因不存在迭代，花费少量计算机时，即可初步判断模型是否正确，如运行不通过，则或许网格剖分、边界条件设置等存在着错误，需要倒过头来揣摩模型的各种细节。待这些错误得以纠正后，将线弹性模型修改为非线性模型，赋予相应的材料参数，再开展颇费机时的非线性分析，这样的做法更为妥当。

同时要尽量结合工程经验，合理猜测，判断模型是否正确。比如说，第 2 章利用 AFENA 开展近挡土墙的开挖与填筑算例的分析，在 EQUI 这一宏指令未添加前，按照程序用户手册提供的原始宏命令流，看起来可正常执行计算，程序并未明确报错，但注意到所生成的变形后位移矢量图与人们的猜测、生活实际有所矛盾，故此时要迅速停下来，深入思考，寻求背后的原因及改正办法。

9.4.6　直面问题，重视错误

早年 PLAST 程序设计的时候，开发者即意识到因程序本身甚为复杂，用户往往难以自行判断建模过程中是否失误，比如说单元拓扑关系输入时，未严格按照逆时针方向依次输入各节点号等，故特地编入了 CHECK1.FOR、CHECK2.FOR 等子程序，以帮助用户诊断错误，一旦出现某些错误，程序将自动终止并及时反馈错误提示。

随着 CAE 技术的融入，PLAXIS、Phase2 等程序均有良好的自我诊断功能，当用户因各种原因意外出错时，程序将迅速以错误、警告等方式给出信息提示，用户应高度重视这些提示，这些错误、警告背后所隐藏问题的成功解决，一方面可确保后续电算的正常实施，另一方面也是自我提高的绝佳时机，需勇于面对，勿过分心存恐惧，千万不可随意放过、草率了事。

以第 2 章利用 AFENA 开展的近挡土墙的开挖与填筑算例为例，假设不慎将 L002 行中的第 3 个参数 NUMMAT（不同材料类型的数量）由"4"填写为"3"，则运行 AFENA 时弹出图 9-20 所示对话框，这表明程序在执行 PMESH 子程序时发生了致命错误，程序侦测到包含"4 8 Sheet-pile wall"这一行时错误的数据，AFENA 不可继续执行计算。将 NUMMAT 这一参数由"3"修改为"4"，重新执行计算，则错误消失。

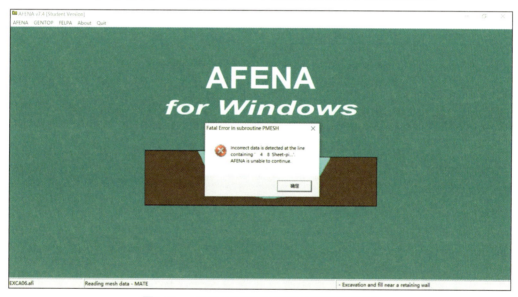

图9-20　AFENA程序运行时出现的某错误提示

当然需要注意到，程序开发者不可能为所有可能面临的问题都提供错误诊断提示，用户仍需要非常谨慎小心地应用电算技术。

9.4.7　杜绝闭关，积极交流

随着互联网的飞速发展，人们的沟通、交流越发频繁、便捷。在学习路基结构有限元电算技术的过程中，应充分运用互联网这个宝贵资源，积极与同行交流切磋。一些电算软件官方网站提供了 FAQ（Frequently asked questions，常见问题）等栏目，图 9-21、图 9-22 分别为 ZSOIL.PC、Rocscience 系列软件官方网站所提供的用户线上交流平台。

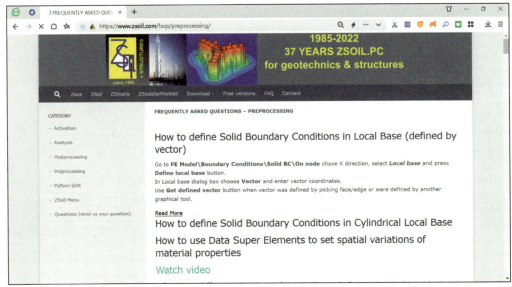

图9-21　ZSOIL.PC软件官方网站所提供的用户线上交流平台

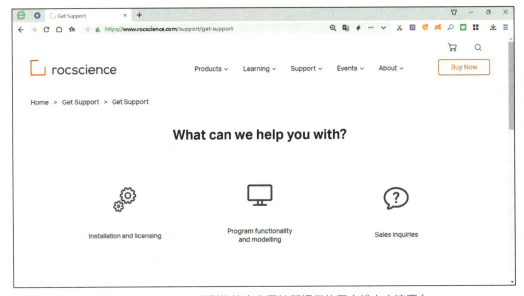

图9-22　Rocscience系列软件官方网站所提供的用户线上交流平台

　　国内有一些网站亦提供了讨论交流的平台，如仿真科技论坛（https://forum.simwe.com）、岩土网旗下岩土论坛（https://bbs.yantuchina.com/thread.php?fid=81）、小木虫学术科研互动社区（http://muchong.com/f-292-1）等。

　　当然还有不少志同道合者通过建立 QQ 群、微信群、公众号等开展交流讨论，分享心得体会。

9.4.8　纵横比较，开拓视野

针对同一个问题，可采用不同的电算软件，或同一软件的不同版本；当采用同一软件的时候，或有不同的办法处理。在路基结构有限元电算技术学习、实施的过程中，建议多多开展纵向比较（如同一软件的不同版本）、横向比较（如不同软件），从而开拓视野，非常有助于从宏观层面了解、掌握某款电算软件应用的核心技巧。下面略举三例予以说明：

（1）模拟土工格栅。PLAXIS Version 7 中土工格栅（Getotextile）视为仅可受拉的弹性体，其属性参数仅为弹性轴向刚度"EA"（单位：力 / 单位宽度）；而 PLAXIS Version 8.2 中的土工格栅（Geogrid）则视为仅可受拉的弹性或弹塑性体，当视为弹性时，只需输入轴向拉伸刚度"EA"（见图 9-23）；当视为弹塑性时，则需要输入轴向拉伸刚度"EA"和最大轴向拉力"N_p"，如图 9-24 所示。

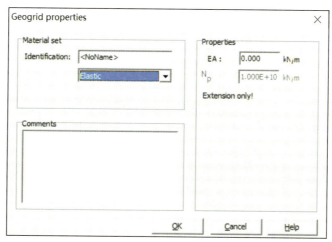

图9-23　PLAXIS Version 8.2中"Geogird"属性（土工格栅视为弹性）

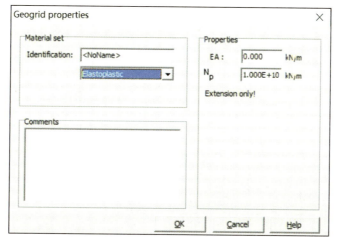

图9-24　PLAXIS Version 8.2中"Geogird"属性（土工格栅视为弹塑性）

通过上述案例，即可看到对于同一程序 PLAXIS，随着时代发展、技术需求，当模拟同一问题时，不同版本所带来的改变。这是可以理解的，随着科技进步，人们自然希望能在路基结构有限元电算中更细致、更全面地考虑各种之前无法或不便考虑的细节。

一般情况下，不少程序还列出了其自身的发展、改进、更新历史。图 9-25 为 RS2 程序发布后的主要更新之处。使用者适当浏览这些信息，对了解、熟悉并迅速掌握某款软件的最新技术有一定帮助。

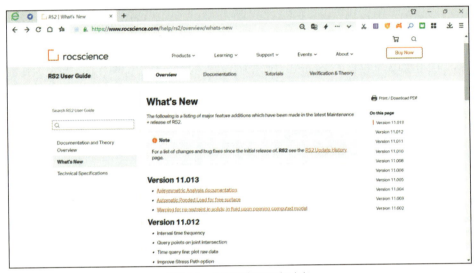

图9-25　RS2的主要更新之处

（2）模拟土与结构物之间的相互作用。PLAXIS 3D 程序引入 Interface 界面单元及界面强度折减系数 R_{inter}，而 Phase2 程序则引入 Joint 单元及切向、法向刚度等，如图 9-26 所示。

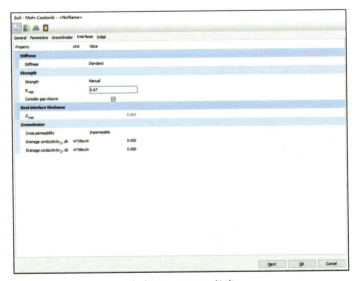

（a）PLAXIS 3D程序

（b）Phase2程序

图9-26　PLAXIS 3D和Phase2程序模拟土与结构物之间的相互作用

（3）模拟水泥土搅拌桩处治软土地基路堤。可利用 PLAXIS 3D 程序类似第 6 章案例那样细致地描述，也可考虑按照面积置换率，将水泥土搅拌桩处治后的地基等效为复合地基，该复合地基的黏聚力、内摩擦角、弹性模量、重度等按照式（9-1）~式（9-4）计算，泊松比可暂不调整。这是利用同一电算程序，用不同的办法来处理同一问题，需要根据拟分析问题要达到的细致程度而确定采用何种办法。

$$c_{sp} = (1-\omega)c_s \tag{9-1}$$

$$\tan\varphi_{sp} = \omega\tan\varphi_p + (1-\omega)\tan\varphi_s \tag{9-2}$$

$$E_{sp} = mE_p + (1-m)E_s \tag{9-3}$$

$$\gamma_{sp} = \gamma_s + m\gamma_p \tag{9-4}$$

式中：c_{sp}、φ_{sp}为复合地基抗剪强度指标；E_{sp}为复合模量；γ_{sp}为复合地基重度；c_s、φ_s为加固前软土的抗剪强度指标；ω为与桩体应力集中系数及面积置换率相关的系数，$\omega=m\mu$；m为面积置换率，$m=d^2/d_e^2$，d为桩体直径，d_e为一根桩分担的处理地基面积的等效圆直径（正三角形布桩时，$d_e=1.05\,s$；正方形布桩时，$d_e=1.13\,s$，矩形布桩时$d_e=1.13\sqrt{s_1 s_2}$，s、s_1、s_2分别为桩间距、纵向间距和横向间距）；μ为应力集中系数，$\mu=n/[1+(n-1)m]$，n为桩土应力比，无实测资料时，黏性土$n=2\sim4$；φ_p为桩体抗剪强度指标；E_p、E_s分别为桩体和土体的弹性模量；γ_p、γ_s分别为桩体和软土的重度。

9.4.9　日新月异，与时俱进

随着时代的发展，路基结构有限元电算领域也出现了一些新的技术，现根据笔者的学习体会，列举若干新技术，供读者参考。

1. 程序开发语言的多样化

由于涉及大量的数值计算，如矩阵运算、方程组求解等，早年有限元电算程序多由 Fortran 语言编制，时至今日，Fortran 仍然是数值计算领域所使用的主要语言。如 AFENA 程序采用 Fortran77 和 Fortran95 编制，slope64 程序则采用 Fortran2003 编制。

后来一些研究者尝试运用 C、C++、MATLAB[15,16]、Mathematic、Python、Java[17] 等语言编制有限元电算程序。美国加利福尼亚大学伯克利分校的 Roozbeh Geraili Mikola 博士利用 JavaScript 语言开发了一款脚本式语言的岩土工程有限元电算程序 ADONIS（http://www.geowizard.org/index.html），这款程序不仅可采用 Windows 菜单、工具栏进行操作，还可以直接修改文本形式的 Script 文件。下面略举一例予以说明。

图 9-27 为拟利用有限元强度折减法分析一均质土坡的稳定性，可通过 ADONIS 的图形用户界面求解该题，具体操作步骤详见：http://www.geowizard.org/files/adonis/tutorials/Tutorial_03_en.pdf, 同时可直接通过编辑、修改 Script 文件建模求解（见图9-28）。

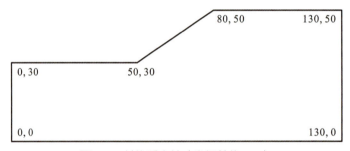

图9-27　某均质土坡（坐标单位：m）

```
newmodel()

set("unit","stress-pa")

line("startPoint",0,0,"endPoint",130,0)
line("startPoint",130,0,"endPoint",130,50)
line("startPoint",130,50,"endPoint",80,50)
line("startPoint",80,50,"endPoint",50,30)
line("startPoint",50,30,"endPoint",0,30)
line("startPoint",0,30,"endPoint",0,0)

triangle("elemtype","T6")
discretize("maxedge",1.5)
triangle("maxedge",1.5)

set("gravity",0,9.8)

applybc("xyfix","xlim",129.383,132.649,"ylim",-1.464,51.348)
applybc("xyfix","xlim",-6.418,132.874,"ylim",-6.418,0.788)
applybc("xyfix","xlim",-1.013,0.563,"ylim",-5.743,30.629)

material("create","Mohr-
Coulomb","matid",1,"matname","Soil","density",1938.8,"shear",1.78571e+07,"bulk",8.33333e+07,"coh"
,5000,"fric",30,"dil",0,"tens",5000)
material("assign","matid",1)

solve("fos","isFosMCTens","on")
```

图9-28　基于Script文件求解的代码

当然，有限元编程亦由早年的面向过程逐渐转变为面向对象[18]。

2．FEM 与其他数值计算方法的结合

有限元法除了可单独运用之外，尚可考虑将其与无界元法（Infinite element method，IEM）、离散元法（Discrete element method，DEM）、极限平衡法（Limit equilibrium method，LEM）等其他数值计算方法相结合。比如说，适宜用于复合地基电算的三维非线性分析程序 FNIJ3D 采用了有限元 - 无界元的耦合 [19]；GeoStuido 系列软件中可从 SEEP/W、SIGMA/W 和 QUAKE/W 软件中调用孔隙水压力值，从 SIGMA/W 软件或 QUAKE/W 软件中调用应力值，然后运用于极限平衡法软件 SLOPE/W 开展边坡稳定性分析；美国肯塔基大学开发的 KENTRACK 程序则实现了有限元法与弹性层状体系理论的结合 [20]。此外，半解析数值方法 [21] 亦受到关注。

3．计算求解中的特别技术

现代有限元电算中已先后引入子结构 [22]、重启动 [23]、云计算、并行处理 [24]、有限元程序自动生成系统 FEPG[25]、随机有限元、扩展有限元 [26,27] 等技术。

同时诚如文献 [28] 所指出，"每一个使用者都从头开始为进行程序设计而作大量的重复工作是无意义的"，为了充分利用前辈们的研究积累，可在程序开发时特意直接运用某些已相对较为成熟的计算引擎，如美国联邦航空管理局的 FEAFAA 程序计算引擎实则为 NIKE3D，NIKE3D 是一款用于分析三维固体静态和动态响应的隐式有限变形有限元程序。

9.4.10　追本溯源，理论强基

电算软件是现代多学科高科技的结晶，在初步掌握其应用技术后，应在适当时候倒过来，深入学习非线性有限元法、土塑性力学、计算数学等基础理论，从而进一步增强开展电算分析时的自信。比较可行的办法是直接阅读各软件提供的原始性科学手册（Scientific Manual）、材料模型手册（Material Models Manual）等，图 9-29 为 PLAXIS Version 8 所提供的科学手册、材料模型手册的封面。当然查阅各软件帮助文档末所列参考文献也是很好的途径，这些参考文献其实是软件设计开发时参考借鉴的重要基础，图 9-30 为 PLAXIS Version 8 Material Models Manual 末所附参考文献。

另外，可钻研类似 A.M.Britto 等 [14]、张爱军等 [19] 等类似文献所提供的有限元程序源代码，这些著作写作时较好地做到了将原理算法与程序设计相结合，阅读、调试这些代码对理解背后的原理、提高电算水平颇有裨益。

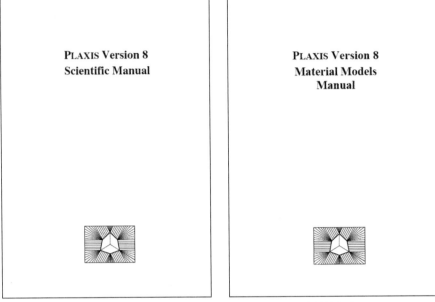

图9-29　PLAXIS Version 8所提供的科学手册、材料模型手册

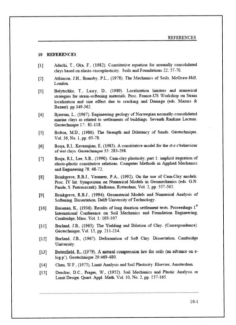

图9-30　PLAXIS Version 8 Material Models Manual末所附参考文献（仅部分）

再者可在大致学会第6章所述PLAXIS 3D、第7章所述Phase2等商业化电算程序后，倒过头来，适当使用一些旧式的 DOS 程序（如第 2 章所述 PLAST 程序），这些程序基本上不具备良好的图形用户界面，需要使用者精心填写、准备输入数据卡片。若有限单元法基础理论不过关，则在使用过程中往往频繁报错、漏洞百出，使用者通过不断调试、

逐步修正这些错误、警告，同时结合文本形式输出结果的图形可视化处理，必将受益匪浅，对正确应用现代商业化电算程序具有积极作用。

9.4.11　工程引导，提高素养

注意到前述主要强调有限元电算技术本身，除此之外，尚应紧密结合路基结构这一工程实体。路基结构几何上看起来似乎较为简单，但结构分析具有其独特性，需多多接触工程实践、施工现场，钻研相应的技术规范（规程、标准、指南），努力提高工程素养。下面略举两例说明提高工程素养对正确、灵活开展路基结构有限元电算的重要性。

（1）假定开展粉喷桩处治软土地基路堤的有限元电算，如取粉喷桩直径为 5 cm，PLAXIS 3D 程序仍能正常执行计算求解，但显然直径 5 cm 的粉喷桩在实际工程中根本不存在，电算程序本身并没有能力判断这些参数是否正确、合理，这些都需要使用者具有相对良好的工程素养。

（2）又如袋装砂井处治软土地基路堤的有限元电算，要注意到袋装砂井的直径仅为 7~10 cm，这个几何尺寸与路基宽度来说，相差好几个数量级，如要建立 3D 有限元电算模型，且采用实体置换、调整渗透系数的方式模拟袋装砂井，则自然需高度注意有限元网格剖分时袋装砂井与周围土体网格尺度差异过于悬殊可能对结果带来的不利影响，需要非常谨慎地处理网格剖分疏密程度过渡等问题。这实际上也启发我们或直接采用 PLAXIS 3D 程序中内嵌的 Drain 结构性单元模拟袋装砂井更为合适。

9.4.12　心怀敬畏，谨慎笃行

路基结构有限元电算涉及土力学、弹性力学、塑性力学、流变力学、结构动力学、计算机程序设计、计算力学、数值分析、计算机图形学等诸多领域，学科的交叉、融合特征突出，用对并非易事，需要在具体实施过程中时刻保持敬畏之心，不断追问自己：模型这样抽象合适吗？是否符合力学原理？是否真正刻画了物理问题？等等。有限元电算无疑是强大的，但在使用过程中，一定要注意其前提、假设、简化，切不可将路基结构有限元电算简单粗暴地视为数字游戏，被各种表面炫目的图形、动画等蒙蔽，而轻视了其背后的原理理论。

正如 Leroy Z. Emkin[29] 所指出，"计算机不可能，而且永远不可能，成为人类知识、经验、远见、灵感、创造力、独立思维，以及自古以来的勤奋的替代品。虽然在结构工程实践中计算机是非常有价值的工具，但是结构工程师必须认识到对工程学的细节（即原理，方法，标准，道德，等等）的全面了解，比懂得怎样在计算机屏幕上游逛不知道要重要多少。"谨慎正确地使用有限元电算技术，让其成为咱们开展路基结构分析的有效工具，而不是对计算机的滥用。

参考文献

[1] 朱奇炯. 基于可靠度的斜坡软弱地基路堤稳定性研究[D]. 成都：西南交通大学，2013.

[2] 魏永幸，罗强，邱延峻. 渝怀线斜坡软弱地基填方工程特性及工程技术研究[R]. 成都：铁道第二勘察设计院，2005.

[3] 谢康和，周健. 岩土工程有限元分析理论与应用[M]. 北京：科学出版社，2002.

[4] JIANG XIN, HU JINMING, SUN RONG, et al. A novel approach to determine the treatment range of prefabricated vertical drains and cement-soil mixing piles for wide and high embankment on soft ground [J]. Advanced Theory and Simulations, 2023, 2300905.

[5] BREBBIA C A. Finite element systems—a handbook[M]. Springer-Verlag, 1985.

[6] W PILKEY, K SACZALSKI, H SCHAEFFER. Structural mechanics computer programs: surveys, assessments, and availability[M]. The University Press of Virginia, 1974.

[7] WALTER, BARBARA PILKEY. Shock and vibration computer programs: reviews and summaries[M]. The Shock and Vibration Information Center, United States Department of Defense, 1975.

[8] 姜弘道. 水工结构工程与岩土工程的现代计算方法及程序[M]. 南京：河海大学出版社，1992.

[9] 王德信，潘东海，郭之章，等. 水利水电工程大型通用程序集（一）[M]. 南京：河海大学出版社，1999.

[10] 潘家铮，陈际明，刘世康，等. 水利水电工程设计分析计算软件包使用指南[M]. 北京：北京科学技术出版社，1992.

[11] 黄运飞，冯静. 计算工程地质学 理论·程序·实例[M]. 北京：兵器工业出版社，1992.

[12] 黄运飞，黄润秋. 中国工程地质软件大全[M]. 北京：地质出版社，1993.

[13] 潘家铮，许百立，陈际明，等. 水工结构分析与计算机应用[M]. 北京：北京科学技术出版社，1995.

[14] A M BRITTO, M J GUNN. Critical state soil mechanics via finite elements[M]. Ellis Horwood Limited, 1987.

[15] GUY SIMPSON. Practical finite element modeling in earth science using Matlab [M]. John Wiley & Sons Ltd., 2017.

[16] YOUNG W HWON, HYOCHOONG BANG. The finite element method using MATLAB

（Second Edition）[M]. CRC Press，2000.

[17] GENNADIY NIKISHKOV. Programming finite elements in Java™ [M]. Springer-Verlag London Limited, 2010.

[18] 俞铭华，吴剑国，曹骥，等．有限元法与面向对象编程[M]．北京：科学出版社，2004．

[19] 张爱军，谢定义．复合地基三维数值分析[M]．北京：科学出版社，2004．

[20] HUANG Y H, Lin C, DENG X J, et al. Kentrack: a computer program for hot-mix asphalt and conventional ballast railway trackbeds[R]. Asphalt Institute, National Asphalt Pavement Association. 1984.

[21] 曹志远，张佑启．半解析数值方法[M]．北京：国防工业出版社，1992．

[22] 张汝清，董明．结构计算程序设计[M]．重庆：重庆出版社，1988．

[23] JOHN P CARTER, NIGEL P BALAAM. AFENA user manual version 6.0[M]. University of Sydney, 2006．

[24] 茹忠亮．岩土工程并行有限元程序设计[M]．北京：煤炭工业出版社，2007．

[25] 北京飞箭软件有限公司．基于FEPG的有限元方法[Z]．北京飞箭软件有限公司，2003.

[26] 师访．扩展有限元理论及Fortran编程[M]．徐州：中国矿业大学出版社，2020.

[27] 余天堂．扩展有限单元法——理论、应用及程序[M]．北京：科学出版社，2014.

[28] 于学馥，郑颖人，刘怀恒，等．地下工程围岩稳定分析[M]．北京：煤炭工业出版社，1983．

[29] LEROY Z EMKIN．结构工程师对计算机的滥用——一个清楚而现实的危险[J]．王海兰，孙树立，译．力学与实践，1999，21（5）：11-14．

<table>
<tr><td>附　录</td><td></td></tr>
</table>

路堤结构 AFENA 电算分析数据输入文件

说明：

（1）本附录给出了 3.4.1.4 节路堤结构（模型宽度为 36 m）和 3.11.1 节含板桩墙路堤结构这两个算例，利用 AFENA 程序开展电算分析时的数据输入文件（AFI 文件），这些文件系文本格式，可运用 UltraEdit 等文本编辑器打开查看。因篇幅所限，各自的主结果输出文件（AFO 文件）均暂未列出，读者只需按照第 2 章所述流程使用此数据输入文件重新执行计算即可得到结果输出文件（AFO 文件）。

（2）根据 *AFENA user manual version 6.0* 所述，数据输入文件（AFI 文件）实则可进一步精炼化，但为了便于初学者更轻松地理解利用 AFENA 程序开展路基结构有限元电算的具体流程，本书仍采用较为原始、稍显笨拙的表达形式来编写数据输入文件。

（3）对于 3.4.1.4 节路堤结构算例，路堤高度 3m，路堤宽度为 15 m，路堤边坡坡比为 1∶1.5，地基由上至下依次为 7 m 厚的 Soft clay 和 10m 厚的 Stiff clay，Stiff clay 土层下为基岩。路堤分 4 层分步填筑，每层填筑 0.75 m。考虑到结构的对称性，取右半结构开展分析。模型的宽度为 36 m（恰为路堤基底宽度的 3 倍）。具体的网格剖分详见图 3-10（f）。

视 Stiff clay、Soft clay、路堤等的单元类型（第 27 类单元，8 节点单元）、材料模型（弹塑性 Mohr-Coulomb 连续体）及参数均与 2.5 节算例完全相同。模型的左、右侧均为水平向位移约束、垂直向自由，底侧水平向和垂直向的位移均约束。

（4）对于 3.11.1 节含板桩墙路堤结构算例，其他条件、参数均与 3.4.1.4 节路堤结构算例相同，仅在路堤坡脚处设置一板桩墙（采用 AFENA 程序中的第 8 类单元离散），假定板桩墙深 9.5 m，即贯穿 Soft clay 土层，深入 Stiff clay 土层 2.5 m。

1. AFENA 程序数据输入文件（AFI 文件）（注：路堤坡脚处未设置板桩墙）

AFENA - Example -embankment fill

295 84 3 2 2 8 0 0 0 9 11

COOR

1	0	0.00000E+00	0.00000E+00
2	0	2.00000E+00	0.00000E+00
3	0	0.00000E+00	1.25000E+00
4	0	4.00000E+00	0.00000E+00
5	0	4.00000E+00	1.25000E+00
6	0	6.00000E+00	0.00000E+00
7	0	8.00000E+00	0.00000E+00
8	0	8.00000E+00	1.25000E+00
9	0	1.00000E+01	0.00000E+00
10	0	1.20000E+01	0.00000E+00
11	0	1.20000E+01	1.25000E+00
12	0	1.40000E+01	0.00000E+00
13	0	1.60000E+01	0.00000E+00
14	0	1.60000E+01	1.25000E+00
15	0	1.80000E+01	0.00000E+00
16	0	2.00000E+01	0.00000E+00
17	0	2.00000E+01	1.25000E+00
18	0	2.20000E+01	0.00000E+00
19	0	2.40000E+01	0.00000E+00
20	0	2.40000E+01	1.25000E+00
21	0	2.60000E+01	0.00000E+00
22	0	2.80000E+01	0.00000E+00
23	0	2.80000E+01	1.25000E+00
24	0	3.00000E+01	0.00000E+00
25	0	3.20000E+01	0.00000E+00
26	0	3.20000E+01	1.25000E+00
27	0	3.40000E+01	0.00000E+00
28	0	3.60000E+01	0.00000E+00
29	0	3.60000E+01	1.25000E+00

30	0	2.00000E+00	2.50000E+00
31	0	0.00000E+00	2.50000E+00
32	0	0.00000E+00	3.75000E+00
33	0	4.00000E+00	2.50000E+00
34	0	6.00000E+00	2.50000E+00
35	0	4.00000E+00	3.75000E+00
36	0	8.00000E+00	3.75000E+00
37	0	8.00000E+00	2.50000E+00
38	0	1.00000E+01	2.50000E+00
39	0	1.20000E+01	3.75000E+00
40	0	1.20000E+01	2.50000E+00
41	0	1.40000E+01	2.50000E+00
42	0	1.60000E+01	3.75000E+00
43	0	1.60000E+01	2.50000E+00
44	0	1.80000E+01	2.50000E+00
45	0	2.00000E+01	3.75000E+00
46	0	2.00000E+01	2.50000E+00
47	0	2.20000E+01	2.50000E+00
48	0	2.40000E+01	3.75000E+00
49	0	2.40000E+01	2.50000E+00
50	0	2.60000E+01	2.50000E+00
51	0	2.80000E+01	3.75000E+00
52	0	2.80000E+01	2.50000E+00
53	0	3.00000E+01	2.50000E+00
54	0	3.60000E+01	2.50000E+00
55	0	3.20000E+01	3.75000E+00
56	0	3.60000E+01	3.75000E+00
57	0	3.40000E+01	2.50000E+00
58	0	3.20000E+01	2.50000E+00
59	0	6.00000E+00	5.00000E+00
60	0	4.00000E+00	6.25000E+00
61	0	4.00000E+00	5.00000E+00
62	0	2.00000E+00	5.00000E+00
63	0	0.00000E+00	5.00000E+00

64	0	0.00000E+00	6.25000E+00
65	0	1.00000E+01	5.00000E+00
66	0	8.00000E+00	6.25000E+00
67	0	8.00000E+00	5.00000E+00
68	0	1.20000E+01	6.25000E+00
69	0	1.20000E+01	5.00000E+00
70	0	1.40000E+01	5.00000E+00
71	0	1.60000E+01	6.25000E+00
72	0	1.60000E+01	5.00000E+00
73	0	1.80000E+01	5.00000E+00
74	0	2.00000E+01	6.25000E+00
75	0	2.00000E+01	5.00000E+00
76	0	2.20000E+01	5.00000E+00
77	0	2.40000E+01	6.25000E+00
78	0	2.40000E+01	5.00000E+00
79	0	2.60000E+01	5.00000E+00
80	0	2.80000E+01	6.25000E+00
81	0	2.80000E+01	5.00000E+00
82	0	3.00000E+01	5.00000E+00
83	0	3.60000E+01	6.25000E+00
84	0	3.20000E+01	6.25000E+00
85	0	3.20000E+01	5.00000E+00
86	0	3.40000E+01	5.00000E+00
87	0	3.60000E+01	5.00000E+00
88	0	3.60000E+01	8.75000E+00
89	0	3.40000E+01	7.50000E+00
90	0	3.60000E+01	7.50000E+00
91	0	3.20000E+01	8.75000E+00
92	0	3.00000E+01	7.50000E+00
93	0	3.20000E+01	7.50000E+00
94	0	2.80000E+01	8.75000E+00
95	0	2.60000E+01	7.50000E+00
96	0	2.80000E+01	7.50000E+00
97	0	2.40000E+01	8.75000E+00

98	0	2.20000E+01	7.50000E+00
99	0	2.40000E+01	7.50000E+00
100	0	2.00000E+01	8.75000E+00
101	0	1.80000E+01	7.50000E+00
102	0	2.00000E+01	7.50000E+00
103	0	1.60000E+01	8.75000E+00
104	0	1.40000E+01	7.50000E+00
105	0	1.60000E+01	7.50000E+00
106	0	1.20000E+01	8.75000E+00
107	0	1.00000E+01	7.50000E+00
108	0	1.20000E+01	7.50000E+00
109	0	8.00000E+00	8.75000E+00
110	0	6.00000E+00	7.50000E+00
111	0	8.00000E+00	7.50000E+00
112	0	0.00000E+00	8.75000E+00
113	0	4.00000E+00	8.75000E+00
114	0	0.00000E+00	7.50000E+00
115	0	2.00000E+00	7.50000E+00
116	0	4.00000E+00	7.50000E+00
117	0	3.40000E+01	1.00000E+01
118	0	3.60000E+01	1.08750E+01
119	0	3.60000E+01	1.00000E+01
120	0	3.00000E+01	1.00000E+01
121	0	3.20000E+01	1.00000E+01
122	0	3.20000E+01	1.08750E+01
123	0	2.60000E+01	1.00000E+01
124	0	2.80000E+01	1.00000E+01
125	0	2.80000E+01	1.08750E+01
126	0	2.20000E+01	1.00000E+01
127	0	2.40000E+01	1.00000E+01
128	0	2.40000E+01	1.08750E+01
129	0	1.80000E+01	1.00000E+01
130	0	2.00000E+01	1.00000E+01
131	0	2.00000E+01	1.08750E+01

132	0	1.40000E+01	1.00000E+01
133	0	1.60000E+01	1.00000E+01
134	0	1.60000E+01	1.08750E+01
135	0	1.00000E+01	1.00000E+01
136	0	1.20000E+01	1.08750E+01
137	0	1.20000E+01	1.00000E+01
138	0	8.00000E+00	1.08750E+01
139	0	6.00000E+00	1.00000E+01
140	0	8.00000E+00	1.00000E+01
141	0	0.00000E+00	1.08750E+01
142	0	4.00000E+00	1.08750E+01
143	0	0.00000E+00	1.00000E+01
144	0	2.00000E+00	1.00000E+01
145	0	4.00000E+00	1.00000E+01
146	0	3.40000E+01	1.17500E+01
147	0	3.60000E+01	1.26250E+01
148	0	3.60000E+01	1.17500E+01
149	0	3.20000E+01	1.26250E+01
150	0	3.00000E+01	1.17500E+01
151	0	3.20000E+01	1.17500E+01
152	0	2.60000E+01	1.17500E+01
153	0	2.80000E+01	1.26250E+01
154	0	2.80000E+01	1.17500E+01
155	0	2.20000E+01	1.17500E+01
156	0	2.40000E+01	1.26250E+01
157	0	2.40000E+01	1.17500E+01
158	0	1.80000E+01	1.17500E+01
159	0	2.00000E+01	1.26250E+01
160	0	2.00000E+01	1.17500E+01
161	0	1.40000E+01	1.17500E+01
162	0	1.60000E+01	1.26250E+01
163	0	1.60000E+01	1.17500E+01
164	0	1.00000E+01	1.17500E+01
165	0	1.20000E+01	1.26250E+01

166	0	1.20000E+01	1.17500E+01
167	0	6.00000E+00	1.17500E+01
168	0	8.00000E+00	1.26250E+01
169	0	8.00000E+00	1.17500E+01
170	0	2.00000E+00	1.17500E+01
171	0	4.00000E+00	1.17500E+01
172	0	0.00000E+00	1.17500E+01
173	0	4.00000E+00	1.26250E+01
174	0	0.00000E+00	1.26250E+01
175	0	3.40000E+01	1.35000E+01
176	0	3.60000E+01	1.43750E+01
177	0	3.60000E+01	1.35000E+01
178	0	3.20000E+01	1.43750E+01
179	0	3.20000E+01	1.35000E+01
180	0	3.00000E+01	1.35000E+01
181	0	2.60000E+01	1.35000E+01
182	0	2.80000E+01	1.35000E+01
183	0	2.80000E+01	1.43750E+01
184	0	2.20000E+01	1.35000E+01
185	0	2.40000E+01	1.43750E+01
186	0	2.40000E+01	1.35000E+01
187	0	1.80000E+01	1.35000E+01
188	0	2.00000E+01	1.43750E+01
189	0	2.00000E+01	1.35000E+01
190	0	1.40000E+01	1.35000E+01
191	0	1.60000E+01	1.43750E+01
192	0	1.60000E+01	1.35000E+01
193	0	1.00000E+01	1.35000E+01
194	0	1.20000E+01	1.43750E+01
195	0	1.20000E+01	1.35000E+01
196	0	6.00000E+00	1.35000E+01
197	0	8.00000E+00	1.43750E+01
198	0	8.00000E+00	1.35000E+01
199	0	2.00000E+00	1.35000E+01

200	0	0.00000E+00	1.43750E+01
201	0	4.00000E+00	1.43750E+01
202	0	4.00000E+00	1.35000E+01
203	0	0.00000E+00	1.35000E+01
204	0	3.40000E+01	1.52500E+01
205	0	3.60000E+01	1.61250E+01
206	0	3.40000E+01	1.70000E+01
207	0	3.60000E+01	1.52500E+01
208	0	3.60000E+01	1.70000E+01
209	0	3.20000E+01	1.61250E+01
210	0	3.20000E+01	1.70000E+01
211	0	3.00000E+01	1.52500E+01
212	0	3.00000E+01	1.70000E+01
213	0	3.20000E+01	1.52500E+01
214	0	2.80000E+01	1.61250E+01
215	0	2.80000E+01	1.70000E+01
216	0	2.80000E+01	1.52500E+01
217	0	2.60000E+01	1.70000E+01
218	0	2.60000E+01	1.52500E+01
219	0	2.40000E+01	1.52500E+01
220	0	2.40000E+01	1.61250E+01
221	0	2.20000E+01	1.70000E+01
222	0	2.20000E+01	1.52500E+01
223	0	2.40000E+01	1.70000E+01
224	0	1.80000E+01	1.70000E+01
225	0	1.80000E+01	1.52500E+01
226	0	2.00000E+01	1.70000E+01
227	0	2.00000E+01	1.52500E+01
228	0	2.00000E+01	1.61250E+01
229	0	1.40000E+01	1.52500E+01
230	0	1.60000E+01	1.70000E+01
231	0	1.40000E+01	1.70000E+01
232	0	1.60000E+01	1.61250E+01
233	0	1.60000E+01	1.52500E+01

234	0	1.00000E+01	1.52500E+01
235	0	1.20000E+01	1.61250E+01
236	0	1.20000E+01	1.52500E+01
237	0	6.00000E+00	1.52500E+01
238	0	8.00000E+00	1.52500E+01
239	0	8.00000E+00	1.61250E+01
240	0	2.00000E+00	1.52500E+01
241	0	4.00000E+00	1.52500E+01
242	0	0.00000E+00	1.52500E+01
243	0	4.00000E+00	1.61250E+01
244	0	0.00000E+00	1.61250E+01
245	0	1.14375E+01	1.73750E+01
246	0	1.20000E+01	1.70000E+01
247	0	1.00000E+01	1.70000E+01
248	0	7.62500E+00	1.73750E+01
249	0	6.00000E+00	1.70000E+01
250	0	8.00000E+00	1.70000E+01
251	0	4.00000E+00	1.70000E+01
252	0	2.00000E+00	1.70000E+01
253	0	3.81250E+00	1.73750E+01
254	0	0.00000E+00	1.70000E+01
255	0	0.00000E+00	1.73750E+01
256	0	1.81250E+00	1.77500E+01
257	0	0.00000E+00	1.77500E+01
258	0	0.00000E+00	1.81250E+01
259	0	5.43750E+00	1.77500E+01
260	0	3.43750E+00	1.81250E+01
261	0	3.62500E+00	1.77500E+01
262	0	1.03125E+01	1.81250E+01
263	0	7.25000E+00	1.77500E+01
264	0	6.87500E+00	1.81250E+01
265	0	9.06250E+00	1.77500E+01
266	0	1.08750E+01	1.77500E+01
267	0	9.18750E+00	1.88750E+01

```
268   0   8.12500E+00   1.85000E+01
269   0   9.75000E+00   1.85000E+01
270   0   4.87500E+00   1.85000E+01
271   0   6.12500E+00   1.88750E+01
272   0   6.50000E+00   1.85000E+01
273   0   3.06250E+00   1.88750E+01
274   0   1.62500E+00   1.85000E+01
275   0   0.00000E+00   1.88750E+01
276   0   3.25000E+00   1.85000E+01
277   0   0.00000E+00   1.85000E+01
278   0   7.18750E+00   1.92500E+01
279   0   8.06250E+00   1.96250E+01
280   0   7.50000E+00   2.00000E+01
281   0   6.25000E+00   2.00000E+01
282   0   8.62500E+00   1.92500E+01
283   0   3.75000E+00   2.00000E+01
284   0   5.37500E+00   1.96250E+01
285   0   5.00000E+00   2.00000E+01
286   0   5.75000E+00   1.92500E+01
287   0   4.31250E+00   1.92500E+01
288   0   2.68750E+00   1.96250E+01
289   0   1.43750E+00   1.92500E+01
290   0   0.00000E+00   2.00000E+01
291   0   0.00000E+00   1.92500E+01
292   0   0.00000E+00   1.96250E+01
293   0   2.87500E+00   1.92500E+01
294   0   2.50000E+00   2.00000E+01
295   0   1.25000E+00   2.00000E+01

ELEM
  1   1    1    4   33   31    2    5   30    3
  2   1    4    7   37   33    6    8   34    5
  3   1    7   10   40   37    9   11   38    8
  4   1   31   33   61   63   30   35   62   32
```

5　1　33　37　67　61　34　36　59　35

6　1　37　40　69　67　38　39　65　36

7　1　63　61　116　114　62　60　115　64

8　1　61　67　111　116　59　66　110　60

9　1　67　69　108　111　65　68　107　66

10　1　114　116　145　143　115　113　144　112

11　1　116　111　140　145　110　109　139　113

12　1　111　108　137　140　107　106　135　109

13　1　10　13　43　40　12　14　41　11

14　1　13　16　46　43　15　17　44　14

15　1　16　19　49　46　18　20　47　17

16　1　19　22　52　49　21　23　50　20

17　1　22　25　58　52　24　26　53　23

18　1　25　28　54　58　27　29　57　26

19　1　40　43　72　69　41　42　70　39

20　1　43　46　75　72　44　45　73　42

21　1　46　49　78　75　47　48　76　45

22　1　49　52　81　78　50　51　79　48

23　1　52　58　85　81　53　55　82　51

24　1　58　54　87　85　57　56　86　55

25　1　69　72　105　108　70　71　104　68

26　1　72　75　102　105　73　74　101　71

27　1　75　78　99　102　76　77　98　74

28　1　78　81　96　99　79　80　95　77

29　1　81　85　93　96　82　84　92　80

30　1　85　87　90　93　86　83　89　84

31　1　108　105　133　137　104　103　132　106

32　1　105　102　130　133　101　100　129　103

33　1　102　99　127　130　98　97　126　100

34　1　99　96　124　127　95　94　123　97

35　1　96　93　121　124　92　91　120　94

36　1　93　90　119　121　89　88　117　91

37　2　143　145　171　172　144　142　170　141

38　2　145　140　169　171　139　138　167　142

39	2	140	137	166	169	135	136	164	138
40	2	172	171	202	203	170	173	199	174
41	2	171	169	198	202	167	168	196	173
42	2	169	166	195	198	164	165	193	168
43	2	203	202	241	242	199	201	240	200
44	2	202	198	238	241	196	197	237	201
45	2	198	195	236	238	193	194	234	197
46	2	242	241	251	254	240	243	252	244
47	2	241	238	250	251	237	239	249	243
48	2	238	236	246	250	234	235	247	239
49	2	137	133	163	166	132	134	161	136
50	2	133	130	160	163	129	131	158	134
51	2	130	127	157	160	126	128	155	131
52	2	127	124	154	157	123	125	152	128
53	2	124	121	151	154	120	122	150	125
54	2	121	119	148	151	117	118	146	122
55	2	166	163	192	195	161	162	190	165
56	2	163	160	189	192	158	159	187	162
57	2	160	157	186	189	155	156	184	159
58	2	157	154	182	186	152	153	181	156
59	2	154	151	179	182	150	149	180	153
60	2	151	148	177	179	146	147	175	149
61	2	195	192	233	236	190	191	229	194
62	2	192	189	227	233	187	188	225	191
63	2	189	186	219	227	184	185	222	188
64	2	186	182	216	219	181	183	218	185
65	2	182	179	213	216	180	178	211	183
66	2	179	177	207	213	175	176	204	178
67	2	236	233	230	246	229	232	231	235
68	2	233	227	226	230	225	228	224	232
69	2	227	219	223	226	222	220	221	228
70	2	219	216	215	223	218	214	217	220
71	2	216	213	210	215	211	209	212	214
72	2	213	207	208	210	204	205	206	209

```
73   3 254 251 261 257 252 253 256 255
74   3 251 250 263 261 249 248 259 253
75   3 250 246 266 263 247 245 265 248
76   3 257 261 276 277 256 260 274 258
77   3 261 263 272 276 259 264 270 260
78   3 263 266 269 272 265 262 268 264
79   3 277 276 293 291 274 273 289 275
80   3 276 272 286 293 270 271 287 273
81   3 272 269 282 286 268 267 278 271
82   3 291 293 294 290 289 288 295 292
83   3 293 286 285 294 287 284 283 288
84   3 286 282 280 285 278 279 281 284
```

BOUN

```
 1   0   1   1
 2   0   1   1
 3   0   1   0
 4   0   1   1
 6   0   1   1
 7   0   1   1
 9   0   1   1
10   0   1   1
12   0   1   1
13   0   1   1
15   0   1   1
16   0   1   1
18   0   1   1
19   0   1   1
21   0   1   1
22   0   1   1
24   0   1   1
25   0   1   1
27   0   1   1
28   0   1   1
```

29	0	1	0
31	0	1	0
32	0	1	0
54	0	1	0
56	0	1	0
63	0	1	0
64	0	1	0
83	0	1	0
87	0	1	0
88	0	1	0
90	0	1	0
112	0	1	0
114	0	1	0
118	0	1	0
119	0	1	0
141	0	1	0
143	0	1	0
147	0	1	0
148	0	1	0
172	0	1	0
174	0	1	0
176	0	1	0
177	0	1	0
200	0	1	0
203	0	1	0
205	0	1	0
207	0	1	0
208	0	1	0
242	0	1	0
244	0	1	0
254	0	1	0
255	0	1	0
257	0	1	0
258	0	1	0

```
275  0  1  0
277  0  1  0
290  0  1  0
291  0  1  0
292  0  1  0


MATE
  1  27  Stiff clay
  50.E+3    0.49    0.0    120.0    0.0    0.0    3    1    2    1
   18.0    18.0    0.0    1.2    0.0    0.0    0.0    0.0
   10.0    0.0    112.0    0.0    0    0.0
    0.0    0.0
  2  27  Soft clay
   5.E+3    0.49    0.0    40.0    0.0    0.0    3    1    2    0
   16.0    16.0    0.0    0.5    0.0    0.0    0.0    0.0
  3  27  Fill
  60.E+3    0.3    0.0    60.0    30.0    30.0    3    1    2    0
   20.0    20.0    0.0    1.0    0.0    0.0    0.0    0.0


GEOS
   17.0    0.0    0


END


MACR
EXCA    12
STRE    1
PLTS
EQUI
LOOP    4
TIME
FILL    3
TANG
FORM
PVEC
```

```
SOLV
DISP      1
STRE      1
PLTM
PLTS
NEXT
END
 73  74  75  76  77  78  79  80  81  82  83  84
 73  74  75
 76  77  78
 79  80  81
 82  83  84
END


STOP
```

2. AFENA 程序数据输入文件（AFI 文件）（注：路堤坡脚处设置板桩墙）

```
AFENA - Example -embankment fill
 295  89   4   2   3   8   0   0   0   9  11


COOR
  1   0   0.00000E+00   0.00000E+00
  2   0   2.00000E+00   0.00000E+00
  3   0   0.00000E+00   1.25000E+00
  4   0   4.00000E+00   0.00000E+00
  5   0   4.00000E+00   1.25000E+00
  6   0   6.00000E+00   0.00000E+00
  7   0   8.00000E+00   0.00000E+00
  8   0   8.00000E+00   1.25000E+00
  9   0   1.00000E+01   0.00000E+00
 10   0   1.20000E+01   0.00000E+00
 11   0   1.20000E+01   1.25000E+00
 12   0   1.40000E+01   0.00000E+00
```

13	0	1.60000E+01	0.00000E+00
14	0	1.60000E+01	1.25000E+00
15	0	1.80000E+01	0.00000E+00
16	0	2.00000E+01	0.00000E+00
17	0	2.00000E+01	1.25000E+00
18	0	2.20000E+01	0.00000E+00
19	0	2.40000E+01	0.00000E+00
20	0	2.40000E+01	1.25000E+00
21	0	2.60000E+01	0.00000E+00
22	0	2.80000E+01	0.00000E+00
23	0	2.80000E+01	1.25000E+00
24	0	3.00000E+01	0.00000E+00
25	0	3.20000E+01	0.00000E+00
26	0	3.20000E+01	1.25000E+00
27	0	3.40000E+01	0.00000E+00
28	0	3.60000E+01	0.00000E+00
29	0	3.60000E+01	1.25000E+00
30	0	2.00000E+00	2.50000E+00
31	0	0.00000E+00	2.50000E+00
32	0	0.00000E+00	3.75000E+00
33	0	4.00000E+00	2.50000E+00
34	0	6.00000E+00	2.50000E+00
35	0	4.00000E+00	3.75000E+00
36	0	8.00000E+00	3.75000E+00
37	0	8.00000E+00	2.50000E+00
38	0	1.00000E+01	2.50000E+00
39	0	1.20000E+01	3.75000E+00
40	0	1.20000E+01	2.50000E+00
41	0	1.40000E+01	2.50000E+00
42	0	1.60000E+01	3.75000E+00
43	0	1.60000E+01	2.50000E+00
44	0	1.80000E+01	2.50000E+00
45	0	2.00000E+01	3.75000E+00
46	0	2.00000E+01	2.50000E+00

47	0	2.20000E+01	2.50000E+00
48	0	2.40000E+01	3.75000E+00
49	0	2.40000E+01	2.50000E+00
50	0	2.60000E+01	2.50000E+00
51	0	2.80000E+01	3.75000E+00
52	0	2.80000E+01	2.50000E+00
53	0	3.00000E+01	2.50000E+00
54	0	3.60000E+01	2.50000E+00
55	0	3.20000E+01	3.75000E+00
56	0	3.60000E+01	3.75000E+00
57	0	3.40000E+01	2.50000E+00
58	0	3.20000E+01	2.50000E+00
59	0	6.00000E+00	5.00000E+00
60	0	4.00000E+00	6.25000E+00
61	0	4.00000E+00	5.00000E+00
62	0	2.00000E+00	5.00000E+00
63	0	0.00000E+00	5.00000E+00
64	0	0.00000E+00	6.25000E+00
65	0	1.00000E+01	5.00000E+00
66	0	8.00000E+00	6.25000E+00
67	0	8.00000E+00	5.00000E+00
68	0	1.20000E+01	6.25000E+00
69	0	1.20000E+01	5.00000E+00
70	0	1.40000E+01	5.00000E+00
71	0	1.60000E+01	6.25000E+00
72	0	1.60000E+01	5.00000E+00
73	0	1.80000E+01	5.00000E+00
74	0	2.00000E+01	6.25000E+00
75	0	2.00000E+01	5.00000E+00
76	0	2.20000E+01	5.00000E+00
77	0	2.40000E+01	6.25000E+00
78	0	2.40000E+01	5.00000E+00
79	0	2.60000E+01	5.00000E+00
80	0	2.80000E+01	6.25000E+00

81	0	2.80000E+01	5.00000E+00
82	0	3.00000E+01	5.00000E+00
83	0	3.60000E+01	6.25000E+00
84	0	3.20000E+01	6.25000E+00
85	0	3.20000E+01	5.00000E+00
86	0	3.40000E+01	5.00000E+00
87	0	3.60000E+01	5.00000E+00
88	0	3.60000E+01	8.75000E+00
89	0	3.40000E+01	7.50000E+00
90	0	3.60000E+01	7.50000E+00
91	0	3.20000E+01	8.75000E+00
92	0	3.00000E+01	7.50000E+00
93	0	3.20000E+01	7.50000E+00
94	0	2.80000E+01	8.75000E+00
95	0	2.60000E+01	7.50000E+00
96	0	2.80000E+01	7.50000E+00
97	0	2.40000E+01	8.75000E+00
98	0	2.20000E+01	7.50000E+00
99	0	2.40000E+01	7.50000E+00
100	0	2.00000E+01	8.75000E+00
101	0	1.80000E+01	7.50000E+00
102	0	2.00000E+01	7.50000E+00
103	0	1.60000E+01	8.75000E+00
104	0	1.40000E+01	7.50000E+00
105	0	1.60000E+01	7.50000E+00
106	0	1.20000E+01	8.75000E+00
107	0	1.00000E+01	7.50000E+00
108	0	1.20000E+01	7.50000E+00
109	0	8.00000E+00	8.75000E+00
110	0	6.00000E+00	7.50000E+00
111	0	8.00000E+00	7.50000E+00
112	0	0.00000E+00	8.75000E+00
113	0	4.00000E+00	8.75000E+00
114	0	0.00000E+00	7.50000E+00

115	0	2.00000E+00	7.50000E+00
116	0	4.00000E+00	7.50000E+00
117	0	3.40000E+01	1.00000E+01
118	0	3.60000E+01	1.08750E+01
119	0	3.60000E+01	1.00000E+01
120	0	3.00000E+01	1.00000E+01
121	0	3.20000E+01	1.00000E+01
122	0	3.20000E+01	1.08750E+01
123	0	2.60000E+01	1.00000E+01
124	0	2.80000E+01	1.00000E+01
125	0	2.80000E+01	1.08750E+01
126	0	2.20000E+01	1.00000E+01
127	0	2.40000E+01	1.00000E+01
128	0	2.40000E+01	1.08750E+01
129	0	1.80000E+01	1.00000E+01
130	0	2.00000E+01	1.00000E+01
131	0	2.00000E+01	1.08750E+01
132	0	1.40000E+01	1.00000E+01
133	0	1.60000E+01	1.00000E+01
134	0	1.60000E+01	1.08750E+01
135	0	1.00000E+01	1.00000E+01
136	0	1.20000E+01	1.08750E+01
137	0	1.20000E+01	1.00000E+01
138	0	8.00000E+00	1.08750E+01
139	0	6.00000E+00	1.00000E+01
140	0	8.00000E+00	1.00000E+01
141	0	0.00000E+00	1.08750E+01
142	0	4.00000E+00	1.08750E+01
143	0	0.00000E+00	1.00000E+01
144	0	2.00000E+00	1.00000E+01
145	0	4.00000E+00	1.00000E+01
146	0	3.40000E+01	1.17500E+01
147	0	3.60000E+01	1.26250E+01
148	0	3.60000E+01	1.17500E+01

149	0	3.20000E+01	1.26250E+01
150	0	3.00000E+01	1.17500E+01
151	0	3.20000E+01	1.17500E+01
152	0	2.60000E+01	1.17500E+01
153	0	2.80000E+01	1.26250E+01
154	0	2.80000E+01	1.17500E+01
155	0	2.20000E+01	1.17500E+01
156	0	2.40000E+01	1.26250E+01
157	0	2.40000E+01	1.17500E+01
158	0	1.80000E+01	1.17500E+01
159	0	2.00000E+01	1.26250E+01
160	0	2.00000E+01	1.17500E+01
161	0	1.40000E+01	1.17500E+01
162	0	1.60000E+01	1.26250E+01
163	0	1.60000E+01	1.17500E+01
164	0	1.00000E+01	1.17500E+01
165	0	1.20000E+01	1.26250E+01
166	0	1.20000E+01	1.17500E+01
167	0	6.00000E+00	1.17500E+01
168	0	8.00000E+00	1.26250E+01
169	0	8.00000E+00	1.17500E+01
170	0	2.00000E+00	1.17500E+01
171	0	4.00000E+00	1.17500E+01
172	0	0.00000E+00	1.17500E+01
173	0	4.00000E+00	1.26250E+01
174	0	0.00000E+00	1.26250E+01
175	0	3.40000E+01	1.35000E+01
176	0	3.60000E+01	1.43750E+01
177	0	3.60000E+01	1.35000E+01
178	0	3.20000E+01	1.43750E+01
179	0	3.20000E+01	1.35000E+01
180	0	3.00000E+01	1.35000E+01
181	0	2.60000E+01	1.35000E+01
182	0	2.80000E+01	1.35000E+01

183	0	2.80000E+01	1.43750E+01
184	0	2.20000E+01	1.35000E+01
185	0	2.40000E+01	1.43750E+01
186	0	2.40000E+01	1.35000E+01
187	0	1.80000E+01	1.35000E+01
188	0	2.00000E+01	1.43750E+01
189	0	2.00000E+01	1.35000E+01
190	0	1.40000E+01	1.35000E+01
191	0	1.60000E+01	1.43750E+01
192	0	1.60000E+01	1.35000E+01
193	0	1.00000E+01	1.35000E+01
194	0	1.20000E+01	1.43750E+01
195	0	1.20000E+01	1.35000E+01
196	0	6.00000E+00	1.35000E+01
197	0	8.00000E+00	1.43750E+01
198	0	8.00000E+00	1.35000E+01
199	0	2.00000E+00	1.35000E+01
200	0	0.00000E+00	1.43750E+01
201	0	4.00000E+00	1.43750E+01
202	0	4.00000E+00	1.35000E+01
203	0	0.00000E+00	1.35000E+01
204	0	3.40000E+01	1.52500E+01
205	0	3.60000E+01	1.61250E+01
206	0	3.40000E+01	1.70000E+01
207	0	3.60000E+01	1.52500E+01
208	0	3.60000E+01	1.70000E+01
209	0	3.20000E+01	1.61250E+01
210	0	3.20000E+01	1.70000E+01
211	0	3.00000E+01	1.52500E+01
212	0	3.00000E+01	1.70000E+01
213	0	3.20000E+01	1.52500E+01
214	0	2.80000E+01	1.61250E+01
215	0	2.80000E+01	1.70000E+01
216	0	2.80000E+01	1.52500E+01

217	0	2.60000E+01	1.70000E+01
218	0	2.60000E+01	1.52500E+01
219	0	2.40000E+01	1.52500E+01
220	0	2.40000E+01	1.61250E+01
221	0	2.20000E+01	1.70000E+01
222	0	2.20000E+01	1.52500E+01
223	0	2.40000E+01	1.70000E+01
224	0	1.80000E+01	1.70000E+01
225	0	1.80000E+01	1.52500E+01
226	0	2.00000E+01	1.70000E+01
227	0	2.00000E+01	1.52500E+01
228	0	2.00000E+01	1.61250E+01
229	0	1.40000E+01	1.52500E+01
230	0	1.60000E+01	1.70000E+01
231	0	1.40000E+01	1.70000E+01
232	0	1.60000E+01	1.61250E+01
233	0	1.60000E+01	1.52500E+01
234	0	1.00000E+01	1.52500E+01
235	0	1.20000E+01	1.61250E+01
236	0	1.20000E+01	1.52500E+01
237	0	6.00000E+00	1.52500E+01
238	0	8.00000E+00	1.52500E+01
239	0	8.00000E+00	1.61250E+01
240	0	2.00000E+00	1.52500E+01
241	0	4.00000E+00	1.52500E+01
242	0	0.00000E+00	1.52500E+01
243	0	4.00000E+00	1.61250E+01
244	0	0.00000E+00	1.61250E+01
245	0	1.14375E+01	1.73750E+01
246	0	1.20000E+01	1.70000E+01
247	0	1.00000E+01	1.70000E+01
248	0	7.62500E+00	1.73750E+01
249	0	6.00000E+00	1.70000E+01
250	0	8.00000E+00	1.70000E+01

251	0	4.00000E+00	1.70000E+01
252	0	2.00000E+00	1.70000E+01
253	0	3.81250E+00	1.73750E+01
254	0	0.00000E+00	1.70000E+01
255	0	0.00000E+00	1.73750E+01
256	0	1.81250E+00	1.77500E+01
257	0	0.00000E+00	1.77500E+01
258	0	0.00000E+00	1.81250E+01
259	0	5.43750E+00	1.77500E+01
260	0	3.43750E+00	1.81250E+01
261	0	3.62500E+00	1.77500E+01
262	0	1.03125E+01	1.81250E+01
263	0	7.25000E+00	1.77500E+01
264	0	6.87500E+00	1.81250E+01
265	0	9.06250E+00	1.77500E+01
266	0	1.08750E+01	1.77500E+01
267	0	9.18750E+00	1.88750E+01
268	0	8.12500E+00	1.85000E+01
269	0	9.75000E+00	1.85000E+01
270	0	4.87500E+00	1.85000E+01
271	0	6.12500E+00	1.88750E+01
272	0	6.50000E+00	1.85000E+01
273	0	3.06250E+00	1.88750E+01
274	0	1.62500E+00	1.85000E+01
275	0	0.00000E+00	1.88750E+01
276	0	3.25000E+00	1.85000E+01
277	0	0.00000E+00	1.85000E+01
278	0	7.18750E+00	1.92500E+01
279	0	8.06250E+00	1.96250E+01
280	0	7.50000E+00	2.00000E+01
281	0	6.25000E+00	2.00000E+01
282	0	8.62500E+00	1.92500E+01
283	0	3.75000E+00	2.00000E+01
284	0	5.37500E+00	1.96250E+01

285	0	5.00000E+00	2.00000E+01
286	0	5.75000E+00	1.92500E+01
287	0	4.31250E+00	1.92500E+01
288	0	2.68750E+00	1.96250E+01
289	0	1.43750E+00	1.92500E+01
290	0	0.00000E+00	2.00000E+01
291	0	0.00000E+00	1.92500E+01
292	0	0.00000E+00	1.96250E+01
293	0	2.87500E+00	1.92500E+01
294	0	2.50000E+00	2.00000E+01
295	0	1.25000E+00	2.00000E+01

ELEM

1	1	1	4	33	31	2	5	30	3
2	1	4	7	37	33	6	8	34	5
3	1	7	10	40	37	9	11	38	8
4	1	31	33	61	63	30	35	62	32
5	1	33	37	67	61	34	36	59	35
6	1	37	40	69	67	38	39	65	36
7	1	63	61	116	114	62	60	115	64
8	1	61	67	111	116	59	66	110	60
9	1	67	69	108	111	65	68	107	66
10	1	114	116	145	143	115	113	144	112
11	1	116	111	140	145	110	109	139	113
12	1	111	108	137	140	107	106	135	109
13	1	10	13	43	40	12	14	41	11
14	1	13	16	46	43	15	17	44	14
15	1	16	19	49	46	18	20	47	17
16	1	19	22	52	49	21	23	50	20
17	1	22	25	58	52	24	26	53	23
18	1	25	28	54	58	27	29	57	26
19	1	40	43	72	69	41	42	70	39
20	1	43	46	75	72	44	45	73	42
21	1	46	49	78	75	47	48	76	45

22	1	49	52	81	78	50	51	79	48
23	1	52	58	85	81	53	55	82	51
24	1	58	54	87	85	57	56	86	55
25	1	69	72	105	108	70	71	104	68
26	1	72	75	102	105	73	74	101	71
27	1	75	78	99	102	76	77	98	74
28	1	78	81	96	99	79	80	95	77
29	1	81	85	93	96	82	84	92	80
30	1	85	87	90	93	86	83	89	84
31	1	108	105	133	137	104	103	132	106
32	1	105	102	130	133	101	100	129	103
33	1	102	99	127	130	98	97	126	100
34	1	99	96	124	127	95	94	123	97
35	1	96	93	121	124	92	91	120	94
36	1	93	90	119	121	89	88	117	91
37	2	143	145	171	172	144	142	170	141
38	2	145	140	169	171	139	138	167	142
39	2	140	137	166	169	135	136	164	138
40	2	172	171	202	203	170	173	199	174
41	2	171	169	198	202	167	168	196	173
42	2	169	166	195	198	164	165	193	168
43	2	203	202	241	242	199	201	240	200
44	2	202	198	238	241	196	197	237	201
45	2	198	195	236	238	193	194	234	197
46	2	242	241	251	254	240	243	252	244
47	2	241	238	250	251	237	239	249	243
48	2	238	236	246	250	234	235	247	239
49	2	137	133	163	166	132	134	161	136
50	2	133	130	160	163	129	131	158	134
51	2	130	127	157	160	126	128	155	131
52	2	127	124	154	157	123	125	152	128
53	2	124	121	151	154	120	122	150	125
54	2	121	119	148	151	117	118	146	122
55	2	166	163	192	195	161	162	190	165

56	2	163	160	189	192	158	159	187	162
57	2	160	157	186	189	155	156	184	159
58	2	157	154	182	186	152	153	181	156
59	2	154	151	179	182	150	149	180	153
60	2	151	148	177	179	146	147	175	149
61	2	195	192	233	236	190	191	229	194
62	2	192	189	227	233	187	188	225	191
63	2	189	186	219	227	184	185	222	188
64	2	186	182	216	219	181	183	218	185
65	2	182	179	213	216	180	178	211	183
66	2	179	177	207	213	175	176	204	178
67	2	236	233	230	246	229	232	231	235
68	2	233	227	226	230	225	228	224	232
69	2	227	219	223	226	222	220	221	228
70	2	219	216	215	223	218	214	217	220
71	2	216	213	210	215	211	209	212	214
72	2	213	207	208	210	204	205	206	209
73	3	254	251	261	257	252	253	256	255
74	3	251	250	263	261	249	248	259	253
75	3	250	246	266	263	247	245	265	248
76	3	257	261	276	277	256	260	274	258
77	3	261	263	272	276	259	264	270	260
78	3	263	266	269	272	265	262	268	264
79	3	277	276	293	291	274	273	289	275
80	3	276	272	286	293	270	271	287	273
81	3	272	269	282	286	268	267	278	271
82	3	291	293	294	290	289	288	295	292
83	3	293	286	285	294	287	284	283	288
84	3	286	282	280	285	278	279	281	284
85	4	108	106	137					
86	4	137	136	166					
87	4	166	165	195					
88	4	195	194	236					
89	4	236	235	246					

BOUN

1	0	1	1
2	0	1	1
3	0	1	0
4	0	1	1
6	0	1	1
7	0	1	1
9	0	1	1
10	0	1	1
12	0	1	1
13	0	1	1
15	0	1	1
16	0	1	1
18	0	1	1
19	0	1	1
21	0	1	1
22	0	1	1
24	0	1	1
25	0	1	1
27	0	1	1
28	0	1	1
29	0	1	0
31	0	1	0
32	0	1	0
54	0	1	0
56	0	1	0
63	0	1	0
64	0	1	0
83	0	1	0
87	0	1	0
88	0	1	0
90	0	1	0
112	0	1	0

```
114   0   1   0
118   0   1   0
119   0   1   0
141   0   1   0
143   0   1   0
147   0   1   0
148   0   1   0
172   0   1   0
174   0   1   0
176   0   1   0
177   0   1   0
200   0   1   0
203   0   1   0
205   0   1   0
207   0   1   0
208   0   1   0
242   0   1   0
244   0   1   0
254   0   1   0
255   0   1   0
257   0   1   0
258   0   1   0
275   0   1   0
277   0   1   0
290   0   1   0
291   0   1   0
292   0   1   0


MATE
  1  27  Stiff clay
    50.E+3     0.49      0.0    120.0      0.0      0.0   3   1   2   1
      18.0     18.0      0.0      1.2      0.0      0.0      0.0      0.0
      10.0      0.0    112.0      0.0   0      0.0
       0.0      0.0
```

```
  2  27  Soft clay
   5.E+3    0.49    0.0    40.0    0.0    0.0   3   1   2   0
   16.0    16.0     0.0    0.5    0.0    0.0   0.0   0.0
  3  27  Fill
  60.E+3    0.3    0.0    60.0   30.0   30.0   3   1   2   0
   20.0    20.0    0.0    1.0    0.0    0.0   0.0   0.0
  4   8  Sheet-pile wall
  10.E+6   4.E+5   12.E+7   3   3   1   2   3


GEOS
   17.0    0.0   0


END


MACR
EXCA      12
EXCA       5
STRE       1
PLTS
EQUI
FILL       5
LOOP       4
TIME
FILL       3
TANG
FORM
PVEC
SOLV
DISP       1
STRE       1
PLTM
PLTS
NEXT
END
```

```
73  74  75  76  77  78  79  80  81  82  83  84
85  86  87  88  89
85  86  87  88  89
73  74  75
76  77  78
79  80  81
82  83  84
END


STOP
```

后　记

完稿之际，掩卷沉思。这本书大致是我 20 多年来在道路工程精细化数值模拟领域持续思考的一些学习体会。20 世纪中后期有限单元法的诞生、发展，已经并还正在翻天覆地改变着这个世界。现代地面交通设施对快速、重载、智能、安全、舒适的进一步迫切需求使得路基结构精细化分析越发重要，而这些都因有限元法的引入而成为可能。

在此感谢 Ray W.Clough、O.C.Zienkiewicz 等国际有限元先驱者所作的开创性工作；感谢 Klaus-Jürgen Bathe、Hugh D. Hibbitt 等学术大师开发出 ADINA、ABAQUS 等大型通用有限元程序；感谢 R.L.Taylor、A.M.Britto 和 M.J.Gunn 等慷慨地公开了所开发的 FEAP、CRISP 等程序的全部源代码……正是有无数前辈们的努力、付出，才有我们现在所享用的多款高性能有限元电算软件。

感谢我的学生们在道路工程精细化数值模拟领域的辛勤探索，和他（她）们的讨论、交流，无疑是件非常愉快的事情。

本书暂未就如何运用大型通用软件开展路基结构有限元电算，如何在某些软件基础上进行新单元类型、新材料模型的植入（即二次开发，类似于改车、修车）及如何自行利用 Fortran 语言开发路基结构有限元电算程序（类似于造车）等开展详细阐述，笔者期待在后续学习、实践的过程中有机会撰写这样一本书继续与读者分享。

Finite mesh，infinite world，火热的时代正热烈地呼唤着我们。

蒋　鑫

2023 年 8 月于西南交通大学

xjiang01@163.com